跨境电商理论与实务
（第三版）

CROSS BORDER E-COMMERCE
THEORY AND PRACTICE
(THE THIRD EDITION)

主编 ◎ 阿里巴巴商学院 何丽敏 阿里巴巴讲师 洪方仁

编委 ◎ 郑锴 余红剑 孙璐 刘雪梅

中国海关出版社有限公司

·北京·

图书在版编目（CIP）数据

跨境电商理论与实务 / 柯丽敏，洪方仁主编.
3 版. -- 北京：中国海关出版社有限公司，2024.
ISBN 978-7-5175-0840-3

Ⅰ. F713.365.2

中国国家版本馆 CIP 数据核字第 202409RR83 号

跨境电商理论与实务（第三版）
KUAJING DIANSHANG LILUN YU SHIWU（DI-SAN BAN）

| 主　　编：柯丽敏　洪方仁
| 策划编辑：徐　硕
| 责任编辑：景小卫　王文静　朱　言
| 责任印制：王怡莎
| 出版发行：中国海关出版社有限公司
| 社　　址：北京市朝阳区东四环南路甲 1 号　　　　邮政编码：100023
| 网　　址：www.hgcbs.com.cn
| 编 辑 部：01065194242-7527（电话）
| 发 行 部：01065194221/4238/4246/5127/7543（电话）
| 社办书店：01065195616（电话）
| 　　　　　https://weidian.com/?userid=319526934（网址）
| 印　　刷：固安县铭成印刷有限公司　　　　经　　销：新华书店
| 开　　本：787mm×1092mm　1/16
| 印　　张：22　　　　　　　　　　　　　　　字　　数：430 千字
| 版　　次：2024 年 10 月第 3 版
| 印　　次：2024 年 10 月第 1 次印刷
| 书　　号：ISBN 978-7-5175-0840-3
| 定　　价：56.00 元

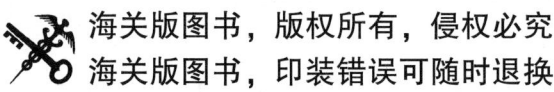

海关版图书，版权所有，侵权必究
海关版图书，印装错误可随时退换

编委会

指导：
 教育部高等学校电子商务专业教学指导委员会

顾问：
 章剑林 杭州师范大学阿里巴巴商学院副院长
 王 健 对外经济贸易大学国际商务研究中心主任

主编：
 柯丽敏 杭州师范大学阿里巴巴商学院副教授
 洪方仁 阿里巴巴（中国）网络技术有限公司专家讲师

编委：
 何菊芳 杭州师范大学阿里巴巴商学院教授
 余红剑 杭州师范大学阿里巴巴商学院副教授
 孙 璐 杭州师范大学阿里巴巴商学院副教授
 沈玉燕 杭州师范大学阿里巴巴商学院副教授
 金贵朝 杭州师范大学阿里巴巴商学院副教授
 刘雪梅 杭州师范大学阿里巴巴商学院讲师
 周 萍 天津财经大学副教授
 王 莉 浙江工业大学副教授
 郑 锴 阿里巴巴（中国）网络技术有限公司专家讲师
 朱定定 阿里巴巴（中国）网络技术有限公司专家讲师

应丽秋　阿里巴巴（中国）网络技术有限公司专家讲师
傅海姣　阿里巴巴（中国）网络技术有限公司专家讲师

支持单位：

中国（杭州）跨境电子商务综合试验区

中国（杭州）跨境电商人才联盟

阿里巴巴集团

易海创腾谷歌数字营销展示中心

国家电子商务虚拟仿真实验教学中心

序

近年来，跨境电商每年以不低于30%的增长速度发展。特别是自阿里巴巴2014年年底在美国上市以来，电子商务的发展更是突飞猛进。然而，无论是企业界，还是学术界，大家对跨境电商的理解还存在着很大的差距。正如大家对电子商务的理解千差万别，对跨境电商的理解更是不尽相同。"跨境电商"通常被狭义理解为跨境网上零售，主要就是中小企业通过网上交易、网上支付，将个人物品直接跨境卖给全球的消费者。这在以往并不属于通常意义上的传统国际贸易，因为，传统国际贸易更多的是国际货物买卖，而国际互联网的普及和应用创新让国际贸易门槛降低，逐渐引领全球贸易发生转型。因此，再看跨境电商的发展，它就不能仅限于个人物品的跨境网上零售。实际上，在外贸领域内对互联网及信息技术的不同层次的应用所带来的市场变化，包括主体变化、手段创新、业务运作方式变化、商业模式创新，甚至包括全球商业规则和法律环境变化等，这些都属于跨境电商的领域。

互联网全球普及也就将近30年的时间，这些年，全球市场发生了巨大变化，网络虚拟市场已经把人类带入了新的经济发展阶段，人类商业生态环境发生了突变。在这个变化中，有些物种适应不了生态环境的变化，自然会被淘汰；有些物种会通过逐步调整来适应新的生态环境的变化，从而继续生存下来。而在新的生态环境下，还会出现新的物种。这些物种就是我们所说的商业模式，也可以理解为"业态"或者"商业存在"。旧的商业模式在不断地被颠覆，新的商业模式不断出现，这就是我们所处的时代，我们有幸观察到这个商业世界的变化，也有幸能够参与其中。

对外经济贸易大学国际商务研究中心与阿里巴巴研究院曾经联合发布《跨境电子商务人才研究报告》，该报告显示，企业普遍认为现有学科人才培养方案严重脱离实践，相关专业的学生对跨境电商领域的知识了解得很不够。当然，人类才刚刚开始进入互联网时代，商业模式的创新至少还要持续10~15年，有关跨境电商的发展格局还没有完全定型，新知识、新概念层出不穷，我们还需要一个认知过程。

《跨境电商理论与实务》一书就是在这个背景下产生的，该书就是在跨境电商领域进行知识总结的一次探索。尽管理论和实务总结永远落后于实践，但是对现有实践的总结和提升会为各位读者提供一个更全面的看待跨境电商的视角。

特别要指出的是，编写本书的很多作者是跨境电商的实践者，他们更明白跨境电商从业者最需要了解的知识和实操经验，选取和描述的与此书配套的案例也非常有代表性，对读者理解相关知识有较好的启发作用。

未来跨境电商的实践操作会更多依赖平台。中国跨境电商平台，例如阿里巴巴平台，已经形成了相对完善的生态体系，各种服务主体会逐步在平台衍生出来，服务的内容也会逐步深入，分工和演变也会在平台上充分体现。《跨境电商理论与实务》一书在引入和介绍这些服务方面也做了一些尝试。

因此，《跨境电商理论与实务》一书基于中国跨境电商的发展和实践，既有理论总结，也有实操指导，内容丰富、结构合理。在社会急需了解和掌握跨境电商理论和实务的需求下，此书恰逢其时，对跨境电商从业人员具有很强的指导意义。本人愿意向广大读者推荐。

对外经济贸易大学国际商务研究中心主任
阿里研究院学术委员会委员　　王　健
APEC电子商务工商联盟专家委员会副主任

前 言

互联网正在不断影响着传统国际贸易的方式与手段，而跨境电商作为一种新型国际贸易手段，使得位居不同国家（地区）的交易主体能够方便快捷地完成进出口贸易中的展示、洽谈与成交等活动，并通过跨境物流或异地仓储送达商品、完成交易，从而实现传统国际贸易流程的电子化、数字化和网络化，成为各国（地区）经济增长的新引擎，是开放型经济转型升级的新动力。国务院下发的《关于促进跨境电子商务健康快速发展的指导意见》，强调通过"互联网+外贸"发挥我国制造业大国优势，实现优进优出、扩大海外营销渠道、促进企业和外贸转型升级。跨境电商的发展得到了各级政府与社会公众的高度重视，带动了大量中小微企业出口，成为新的外贸增长点。

跨境电商产业的快速发展需要大量的跨境电商人才支持，但现实是我国跨境电商行业人才缺口大，跨境电商人才紧缺已成为我国跨境电商产业进一步发展的制约因素之一。

跨境电商人才培养需要高质量的教材支持。目前跨境电商人才培养的教材可大致分为两类：一类主要由从事跨境电商实务与管理的一线专家组织编写，其着重强调实务，忽视了对相关管理学基础理论的学习，这容易导致学习者只知其一不知其二，很难将自己已有的知识与实际发生的情况结合在一起，很难结合具体问题进行具体分析，不利于学习者在跨境电商行业长期发展；另一类则主要由从事跨境电商相关课程教学的高校教师组织编写，着重强调诸如管理学、经济学及国际贸易等相关理论内容，对跨境电商相关实务重视不够，这容易导致学习者可能理论知识丰富，但缺乏实际动手操作能力，不能很快适应工作等问题。为尽可能避免以上不足，本书主要由阿里巴巴集团长期从事跨境电商实务与管理的专家及阿里巴巴商学院长期从事跨境电商教学与科研的骨干教师在共同反复研讨后合作编写。

本教材被评为浙江省普通本科高校"十四五"首批新工科、新医科、新农科、新文科重点教材，教材知识体系的编排遵循高等教育教学规律和人才成长规律，服务高等教育教学改革和人才培养，体现科学性、权威性、前沿性，做到知识性和价值性统一，把课程思政融入教材编写中。本教材在编写过程中特别注重跨境电商理论与跨境电商实践的结合。全书编写思路清晰，内容广度和深度把握合理，理论知识体系完整，基本覆盖目前跨境电子商务实操的各个环节。本书每一章都配备作者精心设计的高质量的案例分析材料及实操的训练题，以提升理论性课程授课的效果。全书内容以跨境电子商务的业务流程为主体框架，结合跨境电子商务案例，系统全面地介绍了跨境电子商务的理论与实操知识。内容包括跨境电商综述、跨境B2B电商平台基本认知和实际操作、跨境B2C电商平台基本认知和实际操作、跨境电商独立站基本认知和实际操作、跨境电商品牌营销、跨境电商风险控制等。其中，第一章由刘雪梅、柯丽敏编写，第二、三、四章由郑锴、柯丽敏编写，第五章由孙璐编写，第六、七章由柯丽敏编写，第八章由余红剑编写，第九章由洪方仁、柯丽敏编写。全书最后由柯丽敏完成统稿工作。谷歌数字营销培训中心李美群、阿里巴巴国际站培训中心何董培、欧阳伍娟、胡薇参与了教材编写大纲及知识点的规划和梳理。

本书第一版自2016年出版以来，连年荣登中国海关出版社畅销图书榜，受到市场的欢迎和高校用书者的好评。如今，笔者根据跨境电商发展形势的变化，推出了本书第三版。第三版反映了阿里巴巴国际站最新规则的变化，增加了新的内容，删掉了一些已经过时的内容。同时在写作上注重阐述规则背后的理论基础，以使学习者更有前瞻性。在出版形式上注重与现代信息技术融合，将技术变革、教学手段方法创新及时应用到教材编写中，在纸质书中嵌入二维码呈现课件、习题、慕课、微课等数字资源。

跨境电商方兴未艾，对跨境电商领域的认识还在积累、研究和深化之中，与此相关的很多概念和观点尚未成型或尚未完全达成共识，更由于编者水平有限、编写时间短等因素，书中的疏漏、不当之处难免，望读者不吝指正。

编者
2023年冬于杭州

目 录

第一章 跨境电商综述 … 1

第一节 了解跨境电商 … 3
一、跨境电商的内涵 … 3
二、跨境电商的特征 … 6
三、跨境电商的模式 … 10
四、跨境电商的意义 … 11

第二节 数字经济时代跨境电商的发展现状 … 13
一、总体现状 … 13
二、跨境电商 B2B … 16
三、跨境电商 B2C … 19

第三节 跨境电商发展的相关法律法规 … 21
一、跨境电商贸易、商务、运输相关法律法规 … 22
二、跨境电商监管相关法律法规 … 24

第四节 跨境电商综合试验区的建设 … 27
一、跨境电商综合试验区的作用 … 29
二、跨境电商综合试验区建设的政策支持 … 30
三、杭州跨境电商综合试验区的建设经验 … 31

第二章 阿里巴巴国际站 … 37

第一节 什么是跨境电商平台 … 39
一、跨境电商平台的含义 … 39

二、跨境电商平台的功能与特点 ·· 39
　　三、跨境电商平台的发展趋势 ·· 41

第二节　阿里巴巴平台 ·· 43
　　一、平台特点分析 ·· 44
　　二、平台操作实务 ·· 44
　　三、平台效果评估方法 ·· 66

第三节　平台客户的留存 ·· 69
　　一、互联网的客户资源池 ·· 69
　　二、平台客户的特点 ··· 71
　　三、平台客户的黏性 ··· 72

第三章　其他跨境 B2B 电商平台 ··· 75

第一节　中国制造网 ·· 77
　　一、平台特点分析 ·· 77
　　二、平台操作解析 ·· 77
　　三、平台效果评估 ·· 88

第二节　环球资源网 ·· 90
　　一、平台特点分析 ·· 90
　　二、平台操作解析 ·· 91
　　三、平台效果评估 ·· 98

第三节　敦煌网 ··· 98
　　一、平台特点分析 ·· 98
　　二、平台操作解析 ·· 99
　　三、平台效果评估 ··· 100

第四章　跨境 B2C 电商平台 ·· 103

第一节　什么是跨境 B2C 电商平台 ·· 105
　　一、跨境 B2C 电商平台的功能和特点 ···································· 105

二、跨境 B2C 电商平台的发展和趋势 ·· 105

三、跨境 B2C 平台特点及对比分析 ·· 106

第五章　跨境电商独立站 ·· 127

第一节　独立站简介 ·· 129

一、独立站的兴起 ·· 129

二、独立站的定义和特点 ·· 130

第二节　独立站建站 ·· 133

一、建站前的准备 ·· 133

二、建站工具选择 ·· 137

第三节　独立站推广 ·· 159

一、SEO ·· 160

二、关键词研究 ·· 163

三、社交媒体引流 ·· 166

四、KOL 引流 ·· 167

五、电子邮件营销 EDM ·· 167

六、第三方平台引流 ·· 168

第六章　跨境电商从业基本技能 ·· 171

第一节　跨境电商公司岗位与素质要求 ·· 173

一、跨境电商公司主要岗位介绍 ·· 173

二、跨境电商从业基本要求 ·· 174

第二节　图片处理软件 ·· 182

一、Photoshop 在网店中的应用 ·· 183

二、Photoshop 工作界面介绍 ·· 183

三、用 Photoshop 处理图片 ·· 188

四、海报制作 ·· 193

第三节　跨境电商英语 ································· 198
　　一、商务会谈口语 ································· 198
　　二、常用询盘/还盘用语 ··························· 202
　　三、高质量的外贸邮件 ····························· 205

第四节　跨境电商商务礼仪 ························· 213
　　一、商务礼仪 ······································· 213
　　二、消费习惯 ······································· 216
　　三、风土人情 ······································· 220

第七章　跨境电商网络营销推广 ··················· 225

第一节　搜索引擎 ···································· 227
　　一、搜索引擎概述 ································· 227
　　二、利用搜索引擎分析市场 ······················ 228
　　三、利用搜索引擎分析竞争对手 ················ 232
　　四、利用搜索引擎寻找买家 ······················ 236

第二节　社交网络营销 ······························· 239
　　一、社交网络的形成 ······························· 239
　　二、社交网络的作用 ······························· 239
　　三、主要社交网络介绍 ····························· 240

第八章　跨境电商品牌营销 ························· 247

第一节　品牌在跨境电商中的挑战与机遇 ······ 249
　　一、品牌的定义、构成要素与特征 ·············· 249
　　二、品牌在跨境电商中面临的挑战 ·············· 251
　　三、品牌在跨境电商中的机遇 ··················· 252

第二节　品牌营销的定义、管理内容与意义 ···· 254
　　一、品牌营销的定义 ······························· 254
　　二、跨境电商企业开展品牌营销的意义 ········ 255

三、跨境电商企业品牌营销管理的主要内容 …… 258

第三节　跨境电商品牌的定位与识别 …… 259
一、跨境电商品牌的定位 …… 259
二、跨境电商品牌的识别 …… 265

第四节　跨境电商品牌的传播与推广 …… 270
一、跨境电商品牌的传播 …… 270
二、跨境电商品牌的推广 …… 274

第五节　跨境电商品牌的利用与发展 …… 279
一、跨境电商品牌的利用 …… 279
二、跨境电商品牌的发展 …… 284

第六节　跨境电商品牌的更新与危机管理 …… 289
一、跨境电商品牌的更新 …… 289
二、跨境电商品牌的危机管理 …… 294

第九章　跨境电商风险控制 …… 303

第一节　跨境电商平台风险和应对 …… 305
一、风险分析 …… 305
二、应对策略 …… 306

第二节　跨境电商支付风险和应对 …… 307
一、现金付款 …… 307
二、信用证支付 …… 309
三、交货付款 …… 311
四、西联汇款 …… 312
五、PayPal 支付 …… 312
六、外汇风险 …… 313
七、避免外汇风险 …… 314

第三节　跨境电商海运风险和应对 …… 316
一、交货条件 …… 316
二、海运提单及其作用 …… 319

  三、海运提单风险 ………………………………………………………… 321
  四、从保险分类看海运风险 ……………………………………………… 322
 第四节　海外仓的风险和应对 ……………………………………………… 324
  一、海外仓的优点 ………………………………………………………… 325
  二、海外仓的风险 ………………………………………………………… 326
  三、海外仓风险防范措施 ………………………………………………… 327
 第五节　跨境电商空运风险和应对 ………………………………………… 329
  一、跨境电商空运风险 …………………………………………………… 329
  二、跨境电商空运风险应对 ……………………………………………… 330
 第六节　跨境电商退货、退运、滞留风险和应对 ………………………… 331
  一、造成退货、退运、滞箱、滞港风险的主要原因 …………………… 331
  二、退货需要提供的文件 ………………………………………………… 331
  三、直接退运步骤 ………………………………………………………… 332
  四、出口退运货物办理进口手续 ………………………………………… 332
  五、进口货物办理出口退运 ……………………………………………… 333

第一章

跨境电商综述

本章重点

本章学习重点是了解跨境电商的概念、特点，以及 B2B、B2C 模式的发展现状和代表企业，通过学习跨境电商的相关法律法规以及跨境电商综合试验区的发展状况，从而对跨境电商有更深入的了解。

学习目标

本章旨在让读者了解跨境电商的基本内涵、发展现状、法律法规和跨境电商综合试验区建设。完成本章学习，学习者应获得以下成果：

(1) 了解跨境电商的内涵与特征；

(2) 了解 B2B 和 B2C 发展现状；

(3) 了解跨境电商贸易、商务、运输相关法律法规；

(4) 了解跨境电商综合试验区的作用。

第一节　了解跨境电商

一、跨境电商的内涵

（一）概念

跨境电子商务（后文统称"跨境电商"）是指分属不同关境的交易主体，通过电子商务平台达成交易、进行电子支付结算，并通过跨境电商物流及异地仓储送达商品，从而完成交易的一种国际商业活动。跨境电商包括海外购物、代购、跨境零售、跨境B2B模式等，所有借助电商模式跨越关境的商业活动都属于跨境电商范畴。

从商业模式来看，跨境电商可分为跨境零售电商［B2C（企业对用户）和C2C（用户对用户）］和跨境B2B（企业对企业）电商，其中跨境B2B电商包含了使用跨境交易平台达成的线上交易，还有通过在线匹配实现离线交易的部分。从进出口方向来看，跨境电商可分为出口跨境电商和进口跨境电商。

（二）发展历程

和其他行业无异，跨境电商作为一种互联网新兴行业，也经历了从无到有、从小到大的发展过程。按发展程度划分，1999年至今跨境电商行业主要经历了信息服务、在线交易、产业链服务和精细化运营4个阶段。

1. 跨境电商1.0阶段（1999—2003年）

1999—2003年是跨境电商发展的第一阶段，该阶段的起步模式是线上展示、线下交易的信息模式。在该阶段，第三方平台的用处在于为企业信息和产品提供一个可以在线展示的平台。这个阶段的收益大部分来自于向在线展示信息的公司收取会员费（如年费）。在1.0阶段的发展过程中，逐步发展出招标、咨询服务等项目，旨在为供应商提供一站式信息流的增值服务。

2. 跨境电商2.0阶段（2004—2012年）

2004年敦煌网正式上线，跨境电商2.0也迎来了属于自己的平台。该阶段的跨境电商平台已经摆脱了自己作为纯粹信息黄页的展示功能，实现了线下交易、支付、物流等电子化步骤，分步完善了线上交易平台。与跨境电商 1.0 阶段相比较，跨境电商 2.0 阶段通过服务和资源的整合，借助电商平台，能更好地体现电商的本质，借助 B2B 平台模式和 B2C 平台模式有效打通上下游供应链。

3. 跨境电商 3.0 阶段（2013—2018 年）

2013 年，跨境电商行业开始进行转型，整个产业链在商业模式方面发生了重大变革，与此同时，3.0 的"大时代"已经悄然来临。

首先，跨境电商 3.0 阶段的特点如下：大规模工厂启动、B 型买家规模扩大、中大笔订单占比攀升、大型服务商参与其中、移动用户量掀起热潮。同时服务方面也迎来优化和发展，电商平台的承载水平得到强化、全产业链线上服务的普及也是 3.0 阶段的重要特征。

其次，在这个阶段，用户群体从早年间的基层创业者逐渐投向工厂和外贸公司，并且拥有卓越的生产、设计、管理能力。平台上销售的产品已经从二手货源转变为优良的一手货源。

最后，主要卖方群体正在被传统外贸到跨境电商的艰巨转型期牵制，生产模式也开始发生变化，由大型生产线向柔性制造靠拢，代理运营和产业链相互联系的服务缺口较大。同时，该阶段的平台模式也从 C2C 和 B2C 转向 B2B 和 M2B（生产者对企业），平台面临的订单主要来自于批发商的中大型交易。

该阶段跨境电商行业的新特征如下。

(1) 参与者多样化

小微基层企业、个体商户、网络商户在 2012 年之前为跨境电商的主要参与群体，但从 2013 年开始，外贸企业、工厂、品牌商家等传统贸易的主流参与者开始进入这一领域，跨境电商逐渐转向规模化经营。

(2) 产业链逐步完善

对于涉及跨境电商营销、通关商检、物流、支付等影响发展的问题，跨境电商企业和服务企业逐渐蔓延至产业链其他节点，通过整理汇总各个方面的资源来支撑一体化服务，服务商也应运而生，产业链和整个生态系统的服务链发展得更加明朗和全面。

（3）运营方式品牌化

早期跨境电商凭借中国作为世界制造大国的优势，以销售物美价廉的产品及OEM①代工为主，该阶段，不少企业逐渐思索走品牌运营的道路，尤其是一些规模较大的企业将规模化发展提上日程，通过建立健全己方平台，带领品牌走向海外市场，借助品牌化拔高自己在跨境电商中的地位。

4. 跨境电商4.0阶段（2019年至今）

（1）精细化运营、本土化运营

精细化运营是店铺精铺模式（介于精品爆款模式和铺货模式之间的电商运营策略）+专业运营的总称，也是一种资源投入程度巨大的运营模式，其中涉及产品货源、人力资源、推广资源、财务资源等多个领域，这些专业的领域构成了产品的"护城河"，用以阻止其他卖家进入这个细分领域。精细化运营通过针对目标客户的铺货方式，大大提高商品的转化率，并通过分析客户的跳出率、停留时长、分享着陆页（当潜在用户点击广告或者利用搜索引擎搜索后跳转显示给用户的网页）来判断是否将用户吸引。

跨境电商本土化运营通过入股投资、订立战略联盟关系、与当地经销商共同地推、与当地媒体建立良好关系等多种方式对自己的品牌进行有效推广。

（2）直播营销

2020年，在疫情影响下，直播电商模式出现爆发式增长。"直播+电商"新零售业态的加速崛起，不仅影响了人们的消费模式，也鼓励企业拓展国内外市场。无论是在国内还是国外，直播已经成为热门的新流量出口。2020—2021年，抖音、TikTok、小红书等国内外知名社交平台纷纷加入跨境直播电商行业，将跨境直播电商推向历史高度。

与传统跨境电商相比，跨境直播互动感强，主播在镜头前的一举一动，可以直接传递到用户面前，可靠性高，用户信任感强，消费黏性高。而且，相较于传统社交媒体中的视频，在跨境直播场景下，境外消费者不仅能观看视频，还可以通过与主播"交谈"，突破彼此之间的空间限制，因此跨境直播的优势日益凸显。

---

① OEM是Original Equipment Manufacture（原始设备制造商）的缩写，它是指一种"代工生产"方式，其含义是生产者不直接生产产品，而是利用自己掌握的"关键的核心技术"，负责设计和开发、控制销售"渠道"，具体的加工任务交给别的企业去做的方式。这种方式是在电子产业大量发展起来以后才在世界范围内逐步形成的一种普遍现象，微软、IBM等国际上的主要大企业均采用这种方式。

二、跨境电商的特征

（一）跨境电商的特性

1. 全球性

与传统交易方式相比，跨境电商的一个重要特点是可以忽略传统交易所具有的地理因素。互联网用户不必考虑地理因素就可以把产品推销出去，特别是将高附加值产品和服务推向市场。

2. 无形性

由于网络的发展，数字产品和服务的传输变得普遍盛行。数字传输作为一种无形的全球化网络环境，利用其中各种类型的媒体，将数据、语音和图像以计算机数据代码的形式集中在一起。

3. 匿名性

由于跨境电商的分散性和全球性，很难确定电子商务用户的身份及其地理位置。在线交易的消费者通常不会透露其真实身份或地理位置，重要的是，这根本不影响交易，网络的匿名性允许消费者有匿名的自由。但是在虚拟社会中，隐藏身份的便利性也导致了自由与责任之间的不平衡。

4. 即时性

对于网络来说，传输速率与地理距离无关。在传统的交易模式下，信件、电报、传真等传统信息交换方式的收发信息存在时间差。而电子商务中的信息交流就像生活中的面对面对话，一方传递信息，另一方几乎同时接收信息，无须考虑实际的时间和空间距离。

（二）跨境电商与境内电商的区别

跨境电商是指属于不同关境的交易主体，通过各种电子商务平台达成交易、完成营销、交汇、结付的国际商业活动，交易主体包括企业、商家和个人消费者。境内电商是指属于同一关境的交易主体通过电子商务平台实现商品交易的贸易活动。二者的共同点在于，首先，都要以电子商务平台作为载体并通过物流配送最终实现交易的完整环节，跨境电商的交易平台主要有亚马逊、速卖通、eBay等，境内电商主要通过淘宝、京东、拼多多等平台进行交易；其次，无论是跨境电商还是境内电商，本质上都是一种销售行为，核心目标都是销售商品；最后，两种交易模式都会面临不同的交易风险，企业应该做好风险防控，提高自身应对风险的能力。但是，跨境电商作为传统贸易的补充，与境内电商具有较大的互补性，在交易体量、交易环节等方面均存在着诸多差异，主要有以下几个方面。

1. 业务环节的差异

境内电商从事的是境内贸易，而跨境电商实际上从事的是跨境贸易。与境内电商相比，跨境电商的业务环节更为复杂，包括通关、检验检疫、结汇、出口退税、进口关税等。在货运方面，跨境电商是通过邮件包裹或快件出口的，而且货物运送距离长，所以从销售到送到消费者手中需要一定的时间，货物容易在运输过程中损坏，并且每个国家（地区）的邮政投递能力相对有限，包裹数量积累也容易造成贸易摩擦。境内电商发生在中国境内，货物距离短，能够快速送达消费者手中，货物损坏概率低。

2. 交易主体差异

境内电商实体一般位于中国境内，交易发生在境内公司与公司之间、境内公司与个人之间、境内个人与个人之间。而跨境电商的交易主体位于各个海关边境内，交易发生在境内与境外公司之间、境内公司与境外个人之间、境内个人与境外个人之间。因为贸易对象遍布全球，各自消费习惯、文化心理和生活习惯不同，跨境电商需要对国际流量引流、广告推广营销、境外本土品牌认知度等有更深入的了解，同时要对外贸、互联网、消费行为的分销系统，以及"本地化"等有深刻的理解，这比日常开展境内电商要困难得多。

3. 交易风险差异

在知识产权方面，跨境电商市场的很多企业缺乏产品定位，易引起知识产权纷争，引发的司法诉讼和赔偿手续较为烦琐。境内电商发生在同一国家，在商标、品牌等知识产权方面，交易双方有着较为统一的认识，侵权发生争议的可能性较小，即使争议发生，所需的处理时间也短，处理方式相对更为简单。

4. 适用规则差异

跨境电商比典型的境内电商有更详细、更复杂的规则需要调整，比如平台规则。除国内平台外，跨境电商企业也使用国外平台。国内已经有很多 B2B 和 B2C 平台，每个平台都有不同的运营规则，海外平台及其规则更是让人眼花缭乱。并且跨境电商必须熟悉国内外各种平台的运营规则，需要具备根据不同需求和商业模式进行多平台运营的技能。

境内电商只需要遵循境内电商的规则，而跨境电商应以国际一般贸易协定或双边贸易协定为基础。跨境电商应具有较强的政策和规则敏感性，对于国际贸易体系、规则和进出口管制、海关规则和政策的变化，要及时进行了解，以便更好地了解和分析进出口情况。

（三）跨境电商和传统国际贸易的区别

传统国际贸易是指一个国家（地区）与另一个国家（地区）之间的商品、劳务和技术的交换活动。它与跨境电商的共同之处在于：第一，均是国际性贸易活动，其交易的核心目标都是将商品在不同国家（地区）之间进行销售，以满足不同交易市场的需要；第二，物流和配送都是二者贸易流程中的核心环节，不论是跨境电商还是传统国际贸易都离不开稳定庞大的运输网络的支持；第三，二者都需要了解消费者的消费偏好，尊重目的国（地区）的法律法规、公序良俗；第四，在交易风险方面，两者都存在不同程度的交易风险，包括汇率风险、供应链问题、社会不稳定因素等。

与传统的国际贸易模式相比，跨境电商受地域范围限制较小，不易受到不同国家（地区）贸易保护措施的影响，交易环节涉及的中介机构较少，因此价格更低，利润率较高。但通关、结汇、退税、贸易纠纷处理不彻底等方面也存在明显障碍。跨境电商与传统国际贸易模式对比见表1-1。

表1-1 跨境电商与传统国际贸易模式对比

	跨境电商	传统国际贸易
沟通方式	线上沟通	线下沟通
运作基础	互联网平台	商务合同
订单类型	批次多、批量少	批次少、批量大
产品类目	产品类目多、更新速度快	产品类目少、更新速度慢
交易环节	简单（生产商—零售商—消费者或生产商—消费者），涉及中间商较少	复杂（生产商—贸易商—进口商—批发商—零售商—消费者），涉及中间商较多

表1-1(续)

	跨境电商	传统国际贸易
支付与结汇	信用证、电汇、互联网金融等，支付方式更多样	信用证、电汇等
运输	空运、集装箱海运、铁路运输、邮政小包快递、物流专线，运输方式更多样	空运、集装箱海运、铁路运输
资金流转	客户先付款，无须担心资金流转	一般是定尾模式，卖家需要垫付一定的资金
时效性	网上下单后直接发货，省时省事	需要进行样品打版确认，较为耗费时间
贸易性质	由电商平台做担保，没有直接的购销合同	需要进出口合同、货运单、发票等基本单据
经营模式	主要为 B2C 模式	主要为 B2B 模式

总的来说，与传统国际贸易不同，跨境电商的五大新特征为：多边化、小批量、高频度、透明化、数字化。

1. 跨境电商的多边化

多边化是指诸如信息流、商流、物流、资金流这些涉及跨境电商贸易的要素，在发展过程中由传统的双边向多边转变，表现为网络结构。在贸易过程中，跨境电商可以通过 A 国（地区）的交易平台、B 国（地区）的支付平台、C 国（地区）的物流平台完成不同国家（地区）的直接贸易。传统的国际贸易主要表现为两国（地区）之间的双边贸易，即使有多边贸易，也是通过线性结构的多次双边贸易来实现。

2. 跨境电商的小批量

与传统贸易相比，跨境电商订单多为小批量订单，部分消费订单甚至是单件，这是因为跨境电商实现了单个公司之间或单个公司与个人之间的交易，并且相较于传统交易方式拥有更多的产品品类，更新速度更快，具有庞大的产品信息数据库、个性化的广告推送、简单多样的支付方式等优势，通过掌握更多的客户数据，跨境电商公司可以设计和制造差异化和定制化的产品，以便更好服务于他们的客户。

3. 跨境电商的高频度

高频度是指跨境电商中单个企业或消费者按需即时购买、销售或消费的能力。在传统的国际贸易模式中，信息流、资金流和物流是分开的，但跨境电商可以将信息流、资金流、物流整合到一个平台同时完成和执行，因此双方的交易频率与传统贸易相比会明显增加。

4. 跨境电商的透明化

跨境电商可以通过电子商务和服务平台实现跨境公司之间的直接交易，以及实现公司与最终消费者之间的直接交易。在跨境电商模式下，供方和需方贸易活动还能够借助标准化、电子化的合同、提单、发票和凭证，实现各单证的即时递送，使得相关信息更加透明化，能够有效降低信息不对称带来的风险。尤其是通过削弱以及取代传统贸易中的一些重要的中间环节，国际贸易供应链变得更加扁平化，为制造商和消费者创造了"双赢"的局面。通过电子商务平台，国际贸易的准入要求得到放宽，贸易对象多样化发展。

5. 跨境电商的数字化

数字化有两层含义：一是意味着越来越多的传统跨境贸易通过电子平台进行，传统贸易环节的相关信息更好地以无纸化方式呈现。二是随着信息网络技术的深入应用，数字产品的品类和交易量迅速攀升，跨境电商销售或消费趋势更加明显。相比之下，传统的国际贸易主要存在于实物产品和服务之间。

三、跨境电商的模式

（一）跨境 B2B 电商

跨境 B2B（Business-to-Business）电商是指属于不同关境的企业与企业之间通过电子商务平台进行交易，进行支付和结算，通过跨境物流交付货物并完成交易的国际商业活动，它被纳入海关一般贸易统计。

电子商务平台一般分为信息服务平台和交易服务平台两种。其中，交易服务平台可以通过构建平台商业模式，实现供需双方之间的在线交易和支付。信息服务平台通常通过第三方平台发布信息。

B2B 占据电子商务模式的最大份额，它是最具可操作性和最成功的模式之一。B2B 模式也成为大多数跨境电商卖家的选择。通过供应链整合，B2B 模式形成综合服务平台，聚焦客户需求核心内容，提供比本地电商平台更高附加值的服务，从而用户流更大。

(二) 跨境零售电商

跨境 B2C（Business-to-Consumer）电子商务是指属于不同关境的公司直接在线向个人消费者进行产品销售和服务，通过电子商务平台进行交易、支付结算，通过跨境物流交付货物以完成交易的国际商务活动。主要包括国际快递包裹、海外仓、聚合后规模化运输三种物流模式。

国际快递包裹是指在两个或两个以上国家（地区）之间所进行的快递、物流业务。对于许多规模不大的企业来说，国际快递包裹是常用的物流选择。

海外仓是指卖方提前在境外租用仓库，先以海运或空运的形式将货物运到仓库，收到客户订单后直接从仓库发货。在境外建仓库后，运输成本大大降低，可以提高出货速度，但由于建设成本和运营成本高，要实现这种模式并不容易。

聚合后规模化运输有两种类型：一种是企业自己的集运，这种物流运输模式主要适用于 B2C 平台本身就是外贸公司的情况，企业自己从境内供应商那里购买商品，通过自己的 B2C 平台卖给境外买家，买方再出售商品以获得利润的差额。另一种是通过外贸企业联盟收货，主要采用规模优势、优势互补的原则，整合几家同类商品的小型外贸企业，形成 B2C 战略联盟，通过协议建立共同的外贸 B2C 物流运营中心。这种类型的缺点是运输周期长，物流手续复杂，企业前期需要投入大量资金，这是很多中小型外贸企业负担不起的。

B2C 模式与 B2B 模式的不同之处在于，B2C 模式消费者购买特定产品是为了满足特定的个性化需求，因此消费黏性不高。只有不断创新，满足消费者的个性化需求，电子商务才能增加消费者黏性，消费者才能再次购买产品。消费黏性的缺乏也使得电子商务必须提高产品质量，以更好地服务客户。

四、跨境电商的意义

近年来我国出口跨境电商异军突起，相关企业不断通过跨境电商渠道，把握出海机遇，致力于产品创新、品牌建设、全球业务布局的沉淀，助力"中国制造"实现转型升级与出海，跨境电商为各企业、行业、市场等带来的影响是具有颠覆性的。例如，在贸易成本方面，跨境电商可以降低交易前期、中期和后期三个阶段的交易成本。在交易前期，跨境电商通过克服传统贸易线下广告费用高昂、宣传效果差的缺点，使用线上平台为产品进行宣传，尤其是电商平台的售后评价体系，不仅节约了企业的宣传成本，而且具有线下宣传难以比拟的效果。在交易中期，借助互联网平台的快速发展，交易双方可以实现及时沟通与反馈，大大节省了交易过程中的沟通成本。在交易后期，基于物联网的发展，交易双方可以以极小成本掌握货物的动态、货款的交付情况，货物出现的售后问题也可以及时联系相关人员进行处理。从以上交易过程来看，相较于传统贸易而言，跨境电商参与门槛低，交易成本低廉，影响范围深远，并且随着跨境电商的发展，全球化红利的受益范围将进一步扩展，新的全球贸易体系也逐渐重塑。

（一）有利于主动应对全球贸易新格局，建设贸易强国

跨境电商作为全球外贸发展中的一种新型贸易形式，具有跨关境、全球化的特点，为我国应对新的贸易格局、避免被边缘化提供了新的途径。扩大和加强跨境电商是全球贸易新格局下与主要国家（地区）形成新型贸易关系的新途径，不仅有助于积极应对全球贸易新格局，也有助于通过打造全球化独立销售终端，助力中国从贸易大国向贸易强国转型。

（二）有利于抢抓全球跨境电商发展制高点，打造信息化强国

随着经济全球化和产业信息化的快速发展，跨境电商在世界经济中扮演着越来越重要的角色，跨境电商在世界多数国家（地区）都得到了大力支持与发展，并使其成为做强制造业、控制全球销售环节、进入别国市场的利器。目前全球已形成了亚马逊、eBay、Wish 等全球型跨境电商平台，并在这些平台上优先保护本国产业和商户。虽然我国电子商务交易量居全球第一，但跨境电商发展刚起步，基础较弱、障碍较多。

如果中国不加快发展跨境电商，掌握核心平台和技术，就会落入其他国家（地区）限制之中。国家通过建立跨境电商综合试验区，从国家战略高度规划跨境电商发展，打造具有全球竞争力的跨境电商平台，建立权威的全球跨境电商大数据交易中心，建立跨境电商服务体系服务全球，抢占海外市场，掌握电子商务行业高水平的跨境话语权和指挥权，推动了互联网时代我国产业信息化和国际化的发展，助力信息强国建设。

（三）有利于赋能制造企业，提升产业水平

传统企业在跨境电商的帮助下，其实已经解决了三个问题：市场问题、利润问题、价值问题。（1）市场问题，不是没有市场，是没有发现市场，通过电子商务平台实现"买全球卖全球"，大大拓宽市场信息来源，有效解决信息不对称带来的外贸订单减少

问题；（2）利润问题，不是没有利润，是没有利润分配的话语权，借助于网络的外贸链条的扁平化，通过压缩中间环节，直抵客户终端，可以有效压缩交易成本，从而处理企业利润下降的症结；（3）价值问题，通过线上和直销商业模式，通过自主把控营销渠道，建立自主品牌，挣脱"代工"和"价值链低端"的泥沼。

（四）有利于探索网络时代下政府行政监管方式的创新

现行的管理体制、政策法规和现有环境条件将不再能满足跨境电商的发展要求，传统贸易方式的监管普遍会出现"通关难、结汇难、退税难"等问题。在跨境电商发展过程中，积极排查解决"海关""税收""汇款""查验""商业""商品""金融"等方面面临的障碍，推动跨境贸易电子商务规范便利化，建立全流程监管标准体系，助力深化国际贸易电子商务领域新一轮监管体制机制改革。

第二节　数字经济时代跨境电商的发展现状

一、总体现状

目前，我国跨境电商行业发展主要体现三大特点：规模不断扩大，在进出口贸易中的比重不断提高；以出口为主；以B2B业务为主，B2C模式逐渐兴起，发展态势良好。同时，我国对跨境电商的支持力度大幅提升，接连出台了一系列相关政策，为跨境电商未来发展提供了充足的内部驱动力。

（一）跨境电商交易规模不断扩大，在国际贸易中的比重稳定上升

由于全球贸易趋同的趋势，越来越多的企业开始减少分销环节，压缩分销成本，缩短企业与消费者之间的距离，开拓海外市场，提高经济效益。跨境电商为其提供了一个有利可图的渠道。2022年，我国跨境电商市场规模发展到15.7万亿元，较2021年的14.2万亿元增长10.56%。此外，2018—2021年跨境电商市场规模（增速）分别为9万亿元（11.66%）、10.5万亿元（16.66%）、12.5万亿元（19.04%）、14.2万亿元（13.6%）。2018—2022年我国跨境电商交易规模及其增长率见图1-1。

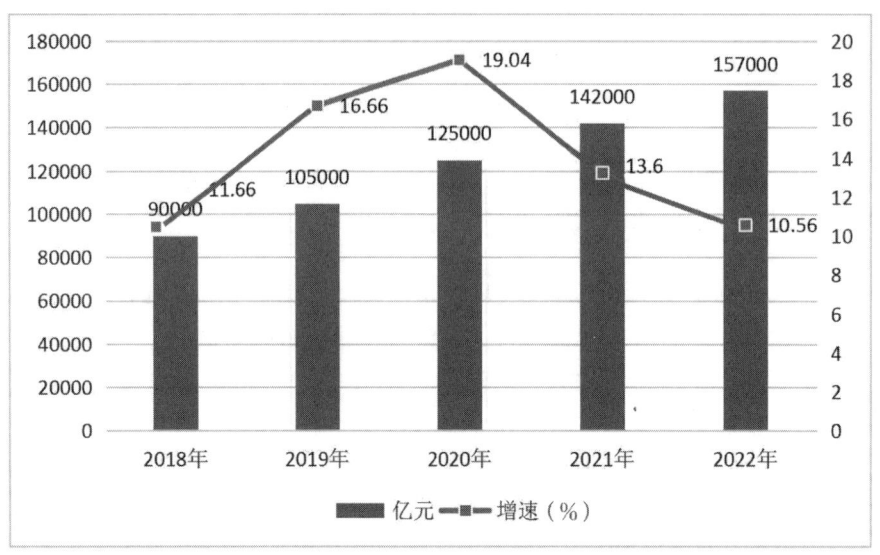

图 1-1　2018—2022 年我国跨境电商交易规模及其增长率

（数据来源：国家统计局、中国电子商务研究中心）

（二）进出口结构方面，出口跨境电商发展迅速，进口跨境电商占比平稳提升

2022 年，我国跨境电商交易额约占我国货物贸易进出口总值 42.0 万亿元的 37.32%。目前，随着独立站等模式的发展，跨境电商企业可以获得丰富的渠道挑选结果，这也促进了行业规模的扩大。从进出口结构来看，我国的跨境电商出口占比从 2018 年的 78.9%降至 2022 年的 77.25%，进口占比从 2018 年的 21.1%增至 2022 年的 22.75%。虽然跨境电商进出口结构相对稳定，但随着进口市场的不断扩大，其进口占比将持续提升。2018—2022 年我国跨境电商进出口结构见图 1-2。

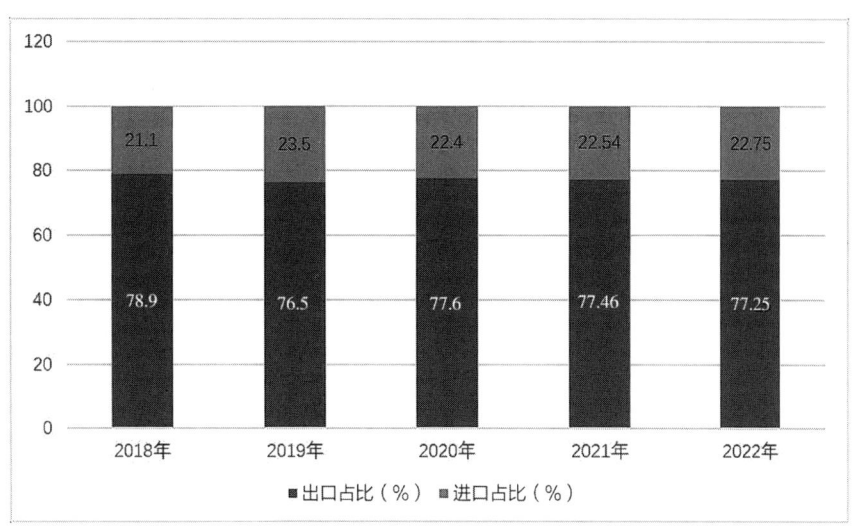

图 1-2　2018—2022 年我国跨境电商进出口结构

（数据来源：国家统计局、网经社）

（三）从业务模式来看，跨境电商以 B2B 模式为主，B2C 模式逐渐兴起

按照运营模式划分，跨境电商可分为跨境一般贸易（跨境 B2B）和跨境电商零售贸易（跨境 B2C 和 C2C）。其中，在跨境电商中居于主导地位的是 B2B 模式。

2022 年，我国出口跨境电商市场规模达到 12.3 万亿元，较 2021 年的 11 万亿元增长 11.81%。进口跨境电商市场规模达到 3.4 万亿元，较 2021 年的 3.2 万亿元增长 6.25%。从结构来看，2022 年跨境电商 B2B 交易占我国跨境电商交易模式的 75.6%，跨境电商 B2C 交易占比 24.4%。近年来，在政策支持下，跨境电商模式占比有所提升。2018—2022 年我国跨境电商 B2C 交易规模及其增长率见图 1-3。

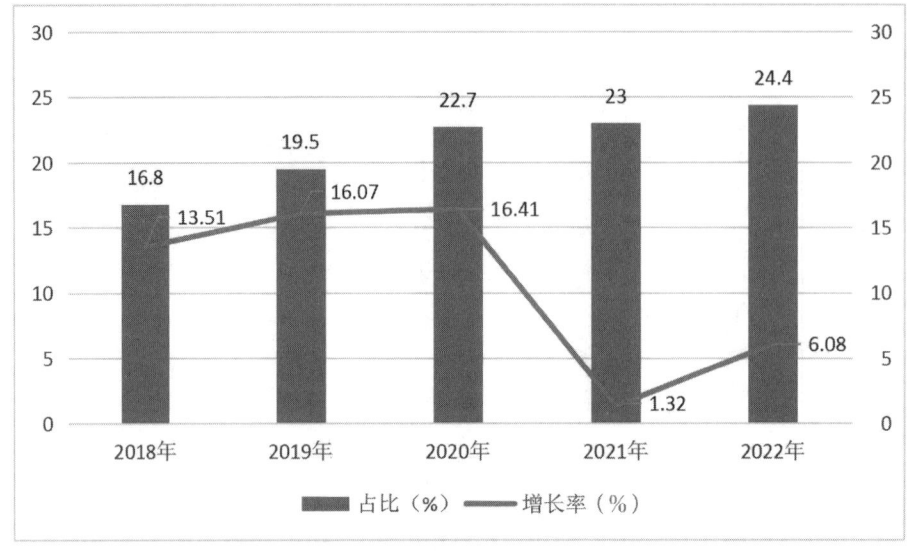

图 1-3　2018—2022 年我国跨境电商 B2C 交易规模及其增长率

(数据来源：国家统计局、网经社)

二、跨境电商 B2B

(一) 发展现状

B2B 是指进行电子商务交易的供需双方都是商家，他们使用互联网的技术或各种商务网络平台完成商务交易的过程。2022 年，我国 B2B 行业规模达到 15 万亿元，同比增长 1.2%，受供应链影响，行业虽在上半年受到一定冲击，但年末恢复态势良好，全年数据基本持平。按照探索、崛起、深入三个发展阶段进行划分，我国 B2B 行业发展历程如图 1-4 所示。

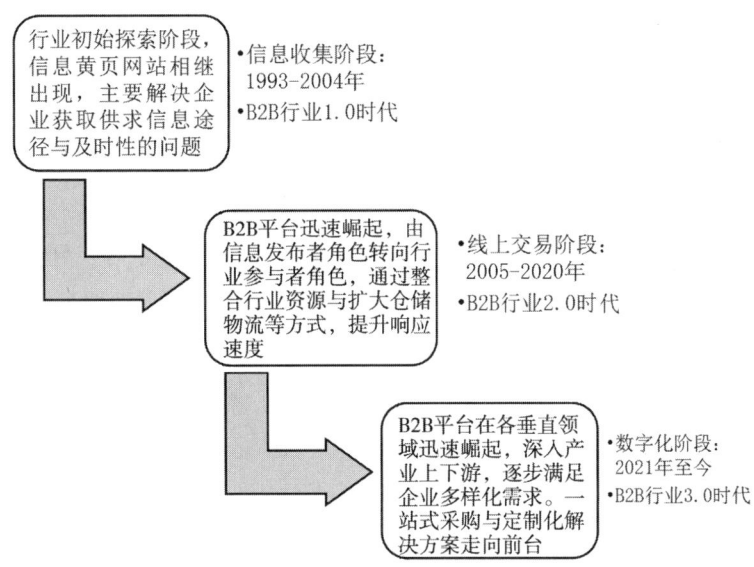

图 1-4　我国 B2B 行业发展历程

跨境电商 B2B 平台可以分为交易型平台和信息撮合型平台，交易型平台的代表为敦煌网，作为美国市场上最大的中国跨境 B2B 电商平台，在敦煌网，买家可以根据卖家提供的商品情况自由选择大批量订单或小量样品，借助敦煌网与国际知名物流公司的合作，通过其庞大的物流运输网络，能够为中小企业节省约 50% 的运输成本，"用淘宝的方式卖阿里巴巴上的商品"是对敦煌网交易模式的恰当形容。信息撮合型平台的代表有中国制造网和阿里巴巴国际站。中国制造网集合了大量中国产品信息，旨在通过互联网将这部分信息展示给国内外采购商，向其提供丰富的电商产品；阿里巴巴国际站通过展示供应商的产品和企业，进而把握外贸商机的商品订单，是出口企业开拓海外市场的首选平台之一，下文主要针对阿里巴巴国际站进行详细介绍。

（二）阿里巴巴国际站

阿里巴巴国际站成立于 1999 年，是阿里巴巴集团的第一个业务板块，自诞生以来，一直背负着帮助国内中小企业"走出去"的重任。2007 年在香港上市时获得大量融资，2008 年顺利度过全球金融风暴，2015 年，与一达通正式推出"信保"业务，2020 年合作打造外贸行业核心环节数字化平台。作为阿里集团核心商务之一，成立以来一直在伴随我国外贸成长，目前已拥有了超过 1.5 亿注册用户，聚集了 1000 万海外活跃采购商，覆盖了 200 余个国家、地区和 40 多种行业。经历多次变革与成长，阿里巴巴国际站最终在网站建设、买卖沟通、获取商机、交易保障、物流服务、增值服务等方面取得了较大的成绩。

根据阿里巴巴集团公布的 2022 年的公司年报，阿里巴巴的海外数字商务板块稳步增长，在国际批发业务方面，外贸中小企业在阿里巴巴国际平台上完成的交易量比 2021 年增长了 46%。作为阿里巴巴最早的业务，阿里巴巴国际站找到了新的增长点：将多年来积累的数字外贸服务功能开放给更多商家，加速向数字外贸全链路服务平台转型，由此产生的增值服务收入大幅增长。此外，持续投入海外基础服务能力发展，也是阿里巴巴支撑未来全球业务长期健康增长的重要战略。阿里巴巴国际站持续健康发展的主要优势在于以下方面。

1. 线上化的 B2B 贸易闭环

买卖双方通过阿里巴巴进行沟通，达成统一意见后，买家通过阿里巴巴将意向合同向卖家发送并线上签订合同。之后买家在线支付，将货款支付到阿里巴巴提供的虚拟支付账户中并通知卖家备货生产，卖家生产完成后通过一达通服务发货。之后买家在确认卖家提交物流单据后，在线交易流程基本结束。

2. 综合性服务体系

综合性的服务体系可以为中小企业进行提供一站式的出口服务，包括结汇、退税等。即便是企业对外贸具体流程不了解或者外贸用户小白，也能利用阿里巴巴国际站实现对外交易，有效促进对外贸易的开展。

3. 市场优势

2020 年，15 个亚太国家正式签署了《区域全面经济伙伴关系协定》（RCEP），成员方包括东盟 10 国与中国、日本、韩国、澳大利亚、新西兰，经济体量、总人口均占全球总额的 30%，货物贸易零关税产品数整体上超过 90%。

4. 行业优势

以美国为代表的国家主要通过补贴政策，拉动国内消费与建房数量的增长。RCEP 关税政策带来了纺织服装、轻工、建材、农产品、汽车及零配件、机械设置等行业的出口利好，同时部分地方政府补贴鼓励"9710/9810"报关出口。全球商机复苏导致的供需不平衡，迎来了很多高转化行业及品类，产生了很多蓝海红利。

三、跨境电商 B2C

B2C 跨境电商平台是专门承担 B2C 跨境电商的虚拟交易商务平台，B2C 行业从互联网时代开始快速发展，目前已经成为全球最大的虚拟交易市场之一。随着科技的不断发展和人们购物方式的改变，B2C 行业也在不断地发展。

中国大部分 B2C 电商企业都是从单一的产品品类、独立的销售模式起步的，在发展过程中逐渐创造了自己的辉煌点，比如京东的 3C 家电、苏宁易购、国美的在线家电、亚马逊和当当网的图书等，产品的差异化程度更为明显。与 B2B 相比，B2C 可以更充分地利用全球市场的长尾市场，充分利用"二八原则"，准入门槛低，投资风险小，利润空间大，创造更多的贸易机会，并且 B2C 跨境电商模式更加灵活和自由，可以更好地满足客户的个性化需求，把握产品的最新趋势，进一步开拓国际市场，进一步升级至制造价值链的上游。为了更好了解 B2C 企业的发展状况与发展模式，下文将以亚马逊为例，讲述其发展现状、布局全球的策略和 B2C 的特点。

（一）亚马逊发展现状

亚马逊是目前美国最大的 B2C 跨境电商平台，成立于 1995 年，最初由贝佐斯创立，2001 年是其发展过程中的重大转折点，亚马逊的定位从此转变为在线交易服务提供商，它在价值链中扮演中间分销商的角色，联系商家与消费者，通过互联网搭建的网络平台展示商品，为商家和消费者提供信息交流的渠道。

亚马逊的 B2C 商业模式基于互联网，与传统的价值链商业模式有很大不同。从一本书开始，亚马逊逐渐扩大了自己的业务领域，包括音像产品等与出版相关的产品，发展至今活跃在摄影、家居、食品和体育用品等各个领域。亚马逊目前瞄准的是购买图书的用户或除此之外的新目标客户群体。通过一种与消费者无碍沟通的模式，使得中间商保持较少的利润，价格相较于传统商店会显然更有优势。此外，完善的物流管理效率高，成本也随之压低。亚马逊不断扩大业务范围，为自有产品提供价格折扣，强势吸引顾客，维护客群，增强同行业竞争力。

2023 年 8 月 18 日，亚马逊在 2023 年中国跨境电商交易会上发布了《布局全球，共创长赢——2023 亚马逊全球开店中国出口跨境电商白皮书》，显示了中国企业对全球电商发展新机遇依旧保持着敏锐洞察力，在亚马逊上的多站点布局进程持续提速。截至 2023 年 6 月，亚马逊半数的中国卖家都已达到在两个或以上国际网站上运营的能力。

其中，在过去12个月中，列出非美国网站的中国卖家数量增加了45%，中东和拉丁美洲2023年尤其受到中国卖家的欢迎，与3年前相比，在亚马逊上同时从事B2C和B2B电子商务业务的中国卖家数量增加了近90%。

(二) 亚马逊布局全球的策略

1. 选对渠道，做厚基础，做活转化

在全球布局的过程中，选择适合自己的渠道可以大大提高效率。亚马逊为卖家提供全面的支持能力、成熟稳定的流量规模、丰富的运营工具，能够辅助卖家降低多站点发展的阻碍，不断优化全球运营效率。在选择好渠道的基础上，更需要关注自身销售基础设施的完善，比如物流管理功能等。通过亚马逊庞大的广告工具和资源，可以激活流量转化并准确触达消费者。

2. 做对选品，敏捷创新

选品一直是亚马逊运营的重中之重，在进驻新站点以后，卖家要积极掌握消费特点、分析消费需求，在此基础之上做好产品定位和价格选择，要提供能为消费者产生价值的商品。在此过程中，亚马逊的商机探测器（OX）、选品指南针（MPG）等工具，可以成为卖家商品选择的有利助手。近年来，伴随着绿色发展成为热议话题，有更多的卖家将其纳入发展战略之中。2022年，亚马逊网站上带有"气候友好承诺"（Climate Pledge Friendly，CPF）标识的商品总数达55万种，较之前增加了1倍以上。

3. 坚持长期主义，打造更具韧性的竞争力

对于中国卖家来说，品牌化、数智化和合规化是提高海外产品竞争力的关键之举。在全球运营方面，数字化和智能化是大势所趋。一方面亚马逊提供维度丰富的大数据洞察，另一方面数字和智能工具的应用，将极大地协助卖家提升运营效率。在合规上，亚马逊从产品合规、税务合规、销售合规等全维度出发，推出了一系列合规培训和工具，帮助卖家充分认识和管理自身的合规状况。

(三) 亚马逊B2C的特点

1. 以消费者为中心的价值观

亚马逊以消费者需求为主导，借助自己发达的服务器，为消费者提供更方便快捷的搜索方式。资深技术人员针对不同客户的需求进行深入分析，逐个击破系统中存在的使用问题。当消费者选择一本书时，系统会展示丰富的产品信息，便于消费者购物时进行多家对比和考量。针对那些目标模糊的消费者，店内通过免费的图书预览功能，让顾客深入了解书本内容，优化消费者的购物体验。

2. 降低成本的经营理念

亚马逊是一家网络电子商务公司，虚拟经济将商家和消费者联系起来。与当时的实体店相比，早期的线上电商没有租金、店铺维护费、时间空间限制，交易时间长，打破了交易范围的壁垒，压缩了交易成本，交易效率得到有效提升。如上所述，亚马逊可以在没有中介参与的情况下对核心图书业务做出大幅折扣，消费者对于商品价格的敏感度较高，在相同质量的情况下，消费者会偏向于选择更便宜的商品，因此保持价格上的优势是十分必要的。

3. 整个区域的扩张范围

一方面，亚马逊通过收购和并购来增强自身的竞争力，不断拓展其市场份额；另一方面，亚马逊不断探索和涉足新的业务领域，进一步扩大其产品线。通过对新兴市场的积极探索，亚马逊不断扩大其在全球范围内的市场份额。

第三节　跨境电商发展的相关法律法规

一方面，跨境电商给企业带来了巨大的经济效益；另一方面，在某些交易流程和环节中还存在许多法律和监管问题，如知识产权保护、消费者权益保护、隐私保护、安全保障等。目前，我国与跨境电商相关的法律规定、规范和文件可分为三类：第一类是跨境电商涉及的贸易、商务和运输，主要针对跨境电商活动中的跨境贸易属性，特别是解决跨境电商贸易相关的基本问题；第二类是与跨境监管相对应的相关法律、法规、规章等，主要针对跨境电商过程中的通关、商检、外汇、税务等问题，对各类跨境电商交易和服务具有约束力；第三类是围绕电子商务本身一般法律问题开展的电子商务活动相关立法，关键在于电子信息技术带来的新空间、新模式，此处不详细展开。

一、跨境电商贸易、商务、运输相关法律法规

（一）对外贸易主体、贸易规范、贸易监管方面的一般性法律

1. 对外贸易法

很多跨境电商的参与者都具备贸易主体的地位，跨境 B2B 电商依然适合货物贸易。这方面最重要的法律依据是《中华人民共和国对外贸易法》，该法对贸易参与者、货物进出口、贸易秩序、知识产权、法律责任等进行了规范。贸易参与人备案登记、货物进出口许可监管、知识产权保护等措施基本确立。在货物进出口方面，中国还制定了《中华人民共和国货物进出口管理条例》，具体规定了禁止进出口、限制进出口、自由进出口管制措施。

2022 年 12 月，全国人民代表大会常务委员会对《中华人民共和国对外贸易法》进行修改，删去了对外贸易法第九条关于"从事货物进出口或者技术进出口的对外贸易经营者，应当向国务院对外贸易主管部门或者其委托的机构办理备案登记；但是，法律、行政法规和国务院对外贸易主管部门规定不需要备案登记的除外。备案登记的具体办法由国务院对外贸易主管部门规定。对外贸易经营者未按照规定办理备案登记的，海关不予办理进出口货物的报关验放手续"的规定。自此，从事进出口业务的企业，不再需要办理对外贸易经营者备案登记手续，企业自动获取进出口权（仍需办理海关登记获取报关权限）。

2. 外贸"国六条"

2013 年 7 月，国务院印发关于对外贸易的"国六条"，制定通关便利措施，加快出台"一报一检一尺"改革方案等，从外贸政策角度鼓励和支持跨境电商在外贸中发挥更大作用，分阶段在全国口岸逐步实践；首次正式提出"外贸综合服务企业"概念，明确一达通、广新达等外贸 B2B 服务商作为服务机构的身份，帮助中小企业提供贷款、通关、退税等服务。2015 年 6 月，国务院再次在《关于促进跨境电子商务健康快速发展的指导意见》中，特别提出要培育一批公共平台、外贸综合服务企业和自建平台。

3. 外贸综合服务企业相关法律法规

为进一步发挥外贸综合服务企业提供出口服务的优势，支持中小企业更加有效地开拓国际市场，国家税务总局还出台了《关于外贸综合服务企业出口货物退（免）税有

关事项的公告》（国家税务总局公告 2018 年第 25 号），规定了外贸综合服务退税的单独申报业务类型。公告中规定的综合外贸服务企业，是为国内中小企业出口提供物流报关、信用保险、融资、收汇、退税等服务的外贸企业。公告规定，外贸综合服务企业自愿出口境内生产企业与境外单位或者个人承包的出口货物，同时有下列情形的，可以按照自营出口规定申报退（免）税：出口货物为生产企业自产货物；生产企业已将出口货物销售给外贸综合服务企业；生产企业与境外单位或个人已经签订出口合同，并约定货物由外贸综合服务企业出口至境外单位或个人，货款由境外单位或个人支付给外贸综合服务企业；外贸综合服务企业以自营方式出口。

（二）贸易合同方面的法律

跨境电商合约除了有电子合同的属性外，还具有贸易合同的性质。当前国际上比较重要的公约是《联合国国际货物销售合同公约》。该公约实际规范的是一般贸易形态的，商业主体之间的，非个人使用、非消费行为的货物销售合同的订立。公约具体规范了合同订立行为、货物销售、卖方义务、货物相符（含货物检验行为等）、买方义务、卖方补救措施、风险转移、救济措施等。同时，也需要参照《中华人民共和国民法典》进行规范。《中华人民共和国民法典》不仅规范了销售合同，还对商事代理方面的合同行为提出了专门的条款，对运输过程中的一些问题也作了规定。

（三）知识产权方面的法律和规范

跨境电商交易的商品需要遵守专利、商标、著作权等知识产权有关规范。我国相继出台了《中华人民共和国专利法》《中华人民共和国商标法》和《中华人民共和国著作权法》。我国已经成为《保护工业产权巴黎公约》成员国以及《商标国际注册马德里协定》同盟国，在加入世界贸易组织（WTO）之后也受到《与贸易有关的知识产权协定》（TRIPS）的约束。这些法律以及国际公约详细规定了知识产权的性质、实施程序和争议解决机制。

（四）跨境运输方面的法律法规

跨境电商交易活动后期会涉及较多的跨境物流、运输问题，涉及海洋运输、航空运输方面的法律。主要应参照《中华人民共和国海商法》《中华人民共和国民用航空法》和《中华人民共和国国际货物运输代理业管理规定》。这些法律法规对承运人的责任、交货提货、保险等事项作了具体规定，同时也对国际贸易中的货物运输代理行为作了规范，厘清了代理人作为承运人的责任。这部分的法律规范同时还需要参照《中华人民共和国民法典》，解决代理合同当中委托人、代理人、第三人之间的责任划分问题。货运代理的代理人身份和独立经营人身份/合同当事人的双重身份也需要参照《中华人民共和国民法典》进行规范。

（五）产品质量和消费者权益方面的法律和其他规定

在法律实践中，跨境电商常常面临商品质量的责任和纠纷。商品质量问题和责任需要通过法律来规范，消费者权益需要通过法律进行保护。主要应参照《中华人民共和国消费者权益保护法》等。这些法律对生产者、销售者的责任进行了梳理，对欺诈、侵权的行为提出了相应处罚机制。

这部分法律对跨境电商的指导和规范作用主要是其可作为跨境电商参照的线下行为基础。对于跨境电商来说，相当多的活动实质上还是跨境贸易活动，相当部分的参与者仍然是传统贸易活动中的主体，很多贸易环节、贸易问题对跨境电商仍然适用。

二、跨境电商监管相关法律法规

（一）通关方面的法律法规

1. 海关法

跨境电商涉及的货物需要经过海关的查验。我国出台了《中华人民共和国海关法》，并通过《中华人民共和国海关企业分类管理办法》《中华人民共和国海关行政处罚实施条例》进一步细化。《中华人民共和国海关法》涉及海关的监管职责和对进出境运输工具、货物、物品的查验以及关税等内容。《中华人民共和国海关企业分类管理办法》对海关管理企业实行分类管理，对信用较高的企业采用通关便利措施，对信用较低的企业采取更严密的监管措施。同时，通关环节也加强了对知识产权的海关保护，出台了《中华人民共和国知识产权海关保护条例》及其实施办法。目前我国针对空运快件、个人物品邮件增多的情况，出台了一些专门的管理办法，如《中华人民共和国海关对进出境快件监管办法》以及《关于调整进出境个人邮递物品管理措施有关事宜》（海关总署公告 2010 年第 43 号）等。

2. 关于跨境贸易电子商务进出境货物、物品有关监管事宜的公告

2022年12月，第十三届全国人民代表大会常务委员会第三十八次会议决定对《中华人民共和国对外贸易法》进行修改，删去了对外贸易法第九条关于对外贸易经营者备案登记的规定。根据决定，自2022年12月30日起，各地商务主管部门停止办理对外贸易经营者备案登记。对于申请进出口环节许可证、技术进出口合同登记证书、配额、国营贸易资格等相关证件和资格的市场主体，有关部门不再要求其提供对外贸易经营者备案登记材料。从事进出口业务的企业（贸易公司），无须再前往商务部办理对外贸易经营者备案登记手续（注：以自身名义办理进出口业务或自主发货的企业仍需办理海关收发货人备案，出口企业如需退税，仍需办理退税资格备案）。

3. 海关监管方式代码"9610"

2014年1月29日，海关总署出台《关于增列海关监管方式代码的公告》（海关总署公告2014年第12号），增列海关监管方式代码"9610"，全称为"跨境贸易电子商务"，简称为"电子商务"。以"9610"海关监管方式开展电子商务零售进出口业务的电子商务企业、监管场所经营企业、支付企业和物流企业应当按照规定向海关备案，并通过电子商务通关服务平台实时向电子商务通关管理平台传送交易、支付、仓储和物流等数据。

4. 海关监管方式代码"1210"

2014年7月30日，海关总署又出台《关于增列海关监管方式代码的公告》（海关总署公告2014年第57号），增列海关监管方式代码"1210"，全称为"保税跨境贸易电子商务"，简称为"保税电商"。"1210"监管方式用于进口时仅限经批准开展跨境贸易电子商务进口试点的海关特殊监管区域和保税物流中心（B型）。以"1210"海关监管方式开展跨境贸易电子商务零售进出口业务的电子商务企业、海关特殊监管区域或保税监管场所内跨境贸易电子商务经营企业、支付企业和物流企业应当按照规定向海关备案，并通过电子商务平台实时传送交易、支付、仓储和物流等数据。

5. 首届世界海关跨境电商大会相关成果

2018年2月9日至10日，由中国海关与世界海关组织（WCO）共同举办的首届世界海关跨境电商大会在北京召开。会议的主题是："创新、包容、审慎、协同，推动跨境电商可持续发展"。来自125个国家（地区）的海关代表出席了会议，围绕支持贸易新业态、探索治理新模式、关注信息技术新发展、聚焦风险防控新问题、展望未来新前景、"一带一路"电商发展新机遇六大板块进行交流。大会讨论了《世界海关组织跨境电商标准框架》，重点关注便利、安全、税收、统计、合作、能力等问题。

会议取得四项成果：一是发布《北京宣言》，向外界传递中国海关与世界海关以及其他利益攸关方对全球跨境电商发展的共识和愿景，鼓励 WCO 各成员海关在跨境电商监管与服务方面进行探索；二是就《世界海关组织跨境电商标准框架》达成基本共识，这是首个世界海关跨境电商监管与服务的指导性文件；三是建立世界海关跨境电商大会机制，会议确定今后每两年举办一次跨境电商大会，由 WCO 各成员海关轮流主办，推进国际海关及跨境电商可持续发展工作的长效化、机制化；四是发布《全球跨境电子商务行业行动倡议》，来自世界各国（地区）的跨境电商企业代表发布了《全球跨境电子商务行业行动倡议》，呼吁业界积极响应《北京宣言》，共同促进全球跨境电商可持续发展。

（二）商检方面的法律法规

跨境电商交易的较多货物都需要通过商检的检验环节。目前的依据主要是《中华人民共和国商品检验法》，涉及商品进口、出口的检验检疫以及监督管理职责。同时依据《中华人民共和国商品检验法》出台了《中华人民共和国进出口商品检验法实施条例》，对商检法各个部分拟定了细则。还出台了一些针对邮递和快件的检验检疫细则，如《进出境邮寄物检疫管理办法》和《出入境快件检验检疫管理办法》等。

（三）支付方面的法律法规

跨境电商主要涉及外汇管理部门、金融机构的结汇问题。当前的规范主要有《中华人民共和国外汇管理条例》等。《中华人民共和国外汇管理条例》涉及的经常项目售汇、结汇条文会直接影响到跨境电商的部分支付问题。

2013 年 3 月，国家外汇管理局制定和下发了《支付机构跨境电子商务外汇支付业务试点指导意见》《支付机构跨境电子商务外汇支付业务试点管理要求》等多项文件：决定在上海、北京、重庆、浙江、深圳等地开展支付机构跨境电商外汇支付业务试点；明确了鼓励支持"支付机构通过银行为小额电子商务（货物贸易或服务贸易）交易双方提供跨境互联网支付所涉的外汇资金集中收付及相关结售汇服务"，对具有真实交易背景的跨境电商交易提供跨境外汇支付服务。这些文件仅支持对具有真实交易背景的跨境电商交易提供跨境外汇支付服务。

2013年10月，包括财付通、支付宝、汇付天下、重庆易极付公司在内的17家第三方支付公司接获国家外汇管理局正式批复，成为首批获得跨境电商外汇支付业务试点资格的企业，标志着国内支付机构跨境电商外汇支付业务迎来实质性的进展。

2015年1月，国家外汇管理局发布《支付机构跨境外汇支付业务试点指导意见》，在全国范围内开展部分支付机构跨境外汇支付业务试点，允许支付机构为跨境电商交易双方提供外汇资金收付及结售汇服务。

2015年1月，国家外汇管理局发布《关于开展支付机构跨境外汇支付业务试点的通知》，其主要内容包括：一是提高单笔业务限额，网络购物单笔交易限额由等值1万美元提高至5万美元，放宽支付机构开立外汇备付金账户户数的限制；二是规范试点流程，支付机构要取得试点资格，应先行到注册地外汇管理局办理"贸易外汇收支企业名录"登记；三是严格风险管理，要求支付机构严格履行交易真实性审核职责，留存相关信息5年备查，并及时准确报送相关业务数据和信息。外汇管理局将对试点业务开展非现场核查和现场核查，进行审慎监管。

（四）税收方面的法律法规

在跨境电商活动中，货物都需要通过海关、商检，经营者需要进行收汇和结汇，在通关过程中还会遇到税收问题。相关法律法规主要有《中华人民共和国进出口关税条例》，以及涉及退税阶段的各类规章制度。《中华人民共和国进出口关税条例》在《中华人民共和国海关法》和《中华人民共和国进出口税则》的基础上来具体规定关税征收细则，包括货物关税税率设置和适用、完税价格确定、进出口货物关税的征收、进境货物的进口税征收等。针对新出现的跨境电商企业的征税和退税问题，国家税务总局也出台了一系列文件。

第四节 跨境电商综合试验区的建设

跨境电商综合试验区是我国为跨境电商而设立的综合性试点城市区域，旨在通过制度创新、服务创新、合作发展和管理创新等方式，引领跨境电商、支付、物流、通关、退税、结汇等技术标准、业务流程、监管模式和信息化建设的试验发展，旨在解决跨境电商发展中根深蒂固的矛盾和体制问题，打造跨境电商完整的产业链和生态链。逐步形成一系列引领发展、适应全球跨境电商的管理体系和规则，提供可复制推广的经验，促进我国跨境电商健康发展。

2015 年以来，我国分六批设立了 132 个跨境电商综合试验区，覆盖全国 30 个省（自治区、直辖市），包括广东、江苏、浙江等外贸主要省份，北京、天津、上海、重庆等直辖市，实现全覆盖，形成陆海内外联动、东西双向互济、区域重点突出、发展梯度丰富的格局。各综合试验区积累和复制了大量制度创新经验，促进了跨境电商畅通，推动了进出口通关和发展模式的创新，保持了外贸的稳定性和质量，为增强我国数字经济的国际竞争力作出了重要贡献。海关数据显示，2023 年，我国跨境电商进出口额达到 2.38 万亿元，增长 15.6%，其中各综合试验区的进出口额占比超过九成，各综合试验区积极建设跨境电商产业园，丰富各类配套设施，涌现了一批支付、物流、营销等环节的专业服务商。截至 2022 年底，全国跨境电商综合试验区获批城市和地区共计 165 个，具体名单见表 1-2。

表 1-2　全国跨境电商综合试验区获批城市和地区

获批日期	获批城市和地区
2015 年 3 月 7 日	杭州
2016 年 1 月 6 日	天津、上海、重庆、合肥、郑州、广州、成都、大连、宁波、青岛、深圳、苏州
2018 年 7 月 24 日	北京、呼和浩特、沈阳、长春、哈尔滨、南京、南昌、武汉、长沙、南宁、海口、贵阳、昆明、西安、兰州、厦门、唐山、无锡、威海、珠海、东莞、义乌共 22 个城市和地区
2019 年 12 月 15 日	石家庄、太原、赤峰、抚顺、珲春、绥芬河、徐州、南通、温州、绍兴、芜湖、福州、泉州、赣州、济南、烟台、洛阳、黄石、岳阳、汕头、佛山、泸州、海东、银川共 24 个城市和地区
2020 年 4 月 27 日	雄安新区、大同市、满洲里、营口、盘锦、吉林、黑河、常州、连云港、淮安、盐城、宿迁、湖州、嘉兴、衢州、台州、丽水、安庆、漳州、莆田、龙岩、九江、东营、潍坊、临沂、南阳、宜昌、湘潭、郴州、梅州、惠州、中山、江门、湛江、茂名、肇庆、崇左、三亚、德阳、绵阳、遵义、德宏傣族景颇族自治州、延安、天水、西宁、乌鲁木齐共 46 个城市和地区

表1-2(续)

获批日期	获批城市和地区
2022年1月22日	鄂尔多斯、扬州、镇江、泰州、金华、舟山、马鞍山、宣城、景德镇、上饶、淄博、日照、襄阳、韶关、汕尾、河源、阳江、清远、潮州、揭阳、云浮、南充、眉山、红河哈尼族彝族自治州、宝鸡、喀什地区、阿拉山口共27个城市和地区
2022年11月14日	廊坊、沧州、运城、包头、鞍山、延吉、同江、蚌埠、南平、宁德、萍乡、新余、宜昌、吉安、枣庄、济宁、泰安、德州、聊城、滨州、菏泽、焦作、许昌、衡阳、株洲、柳州、贺州、宜宾、达州、铜仁、大理白族自治州、拉萨、伊犁哈萨克自治州共33个城市和地区

一、跨境电商综合试验区的作用

跨境电商综合试验区的综合性在于它不是一种孤立的优惠政策，而是一种制度性的创新。设立跨境电商综合试验区的目的，就是要通过制度创新、管理创新、服务创新和合作发展，解决制约跨境电商发展的深层次问题和制度问题，构建完整的跨境电商生态链产业链，适应跨境电商的发展，逐步形成引领电子商务的一系列管理体系和规则，形成可复制、可推广的经验，推动我国跨境电商发展。跨境电商综合试验区的作用体现在扩大外贸主体范围、商品范围，拓展外贸发展空间，培育多元化品牌以及提高政府监管服务水平这几个方面。

（一）外贸主体范围

跨境电商综合试验区的设立大幅降低了国际贸易专业化的门槛，使一大批"不会做、做不起、不能做"的小微主体成为新型贸易的经营者。

（二）外贸商品范围

通过政策创新，一些难以"走出去"的商品可以便捷高效地走出去。同时，创新的进口流程也让更多国外优质产品通过网购等方式进入国内市场。在政策支持下，2023年我国跨境电商进口额达到5483亿元，同比增长3.9%。

（三）外贸发展空间

通过发挥"长尾效应",整合消费方的碎片化需求,开拓一般贸易形式下难以深入的市场,形成了外贸新增长点。

（四）多元化品牌建设

通过改进、升级和完善生产工艺,产品质量进一步提高,培育了大量品牌,拓宽了营销渠道,加强了中国产品定价主动权。

（五）政府监管与服务水平

截至2021年年底,各有关部门累计出台近200项创新举措,形成近70项成熟经验做法,跨境电商"六体系、两平台"已成为监管改革服务的成功范例。

二、跨境电商综合试验区建设的政策支持

为了支持跨境电商综合试验区,商务部、海关总署、国家税务总局等部门出台了一系列支持跨境电商综合试验区发展的政策措施,主要有以下几项。

（一）无票免税

"无票免税"是指出口企业只需在综合试验区登记,并登记销售方名称、纳税人识别号、货物名称、数量、单价、总价等相应的购货信息,就可以免征增值税。

（二）所得税核定征收

综合试验区内符合一定条件的出口企业试行核定征收企业所得税办法,采用应税所得率方式核定征收企业所得税,应税所得率统一按照4%确定。符合小型微利企业优惠政策条件的,可享受小型微利企业所得税优惠政策；其取得的收入属于《中华人民共和国企业所得税法》第二十六条规定的免税收入的,可享受免税收入优惠政策。

（三）通关便利化

跨境电商综合试验区内符合条件的跨境电商零售商品出口,海关通过采用"清单核放,汇总申报"的便利措施进行监管验放,提高企业通关效率、降低通关成本。允许通

过跨境电商渠道办理出口退货手续的模式包括综合试验区内的跨境电商一般出口（"9610"出口）模式，解决了企业退货难问题。

（四）放宽进口监管

对跨境电商零售进口商品不执行首次进口许可批件、注册或备案要求，按个人自用进境物品监管。

（五）结售汇更便捷

允许在跨境电商综合试验区登记备案的电商及个人开立个人外汇结算账户，凭与代理企业签订的进出口代理合同（协议）或运单，直接在银行办理跨境电商涉及的外汇收支，不受5万美元个人结售汇年度额度限制，逐步提高货物贸易单笔金额上限等政策。

三、杭州跨境电商综合试验区的建设经验

2015年3月7日，国务院同意设立中国（杭州）跨境电商综合试验区（以下简称杭州综合试验区）。作为中国首个跨境电商综合试验区，杭州综合试验区自获批以来一直走在跨境电商发展的前沿。杭州提出通过构建信息共享体系、金融服务体系、智能物流系统、电子商务信用体系、统计监测体系、风险防控体系，以及线上"单一窗口"平台和线下"综合园区"平台（即"六体系、两平台"）实现跨境电商信息流、资金流、物流"三流合一"的方案。

杭州综合试验区通过信息共享、金融服务、智慧物流、电子商务诚信、统计监测、风险防控等建设，构建线上综合服务和线下产业园"六体系、两平台"，提供覆盖跨境电商全流程、全实体的管理与服务。构建软硬件基础，建设综合试验区，实现跨境电商信息流、资金流、物流"三流合一"。2017年，国家在全国复制推广的这套做法的12条成熟经验，成为各综合试验区体系建设的基本框架。其他综合试点地区广泛借鉴"平台+系统"方式，因地制宜微调平台和体系数量。

（一）信息共享

杭州综合试验区建立了"单一窗口"综合服务平台，打破各政府机构、监管部门和贸易主体之间的信息壁垒，实现监管部门、地方政府、金融机构、电子商务企业、物

流企业之间的信息互联互通。制定了全国首个跨境电商 B2B 出口鉴定标准和报关流程，让企业一键完成报关、报检、退税、结汇等流程。

2017 年之后，杭州报关企业不仅可以实现从上海、宁波、厦门、天津等口岸的直接出口，还可以实现"一地注册、全国报关"，企业出口货物申报时间缩短至平均 1 分钟。此外，"单一窗口"平台还连接了阿里巴巴、中国制造、大龙网和敦煌网的相关数据。

（二）电商信用

杭州综合试验区建立了跨境电商信用数据库，提供电子商务主体识别、电子商务信用记录查询、商品信息查询、货运、贸易信息查询等信用服务；将监管信用评级与第三方信用服务评价相结合，建立信用认证和综合评价体系；从企业的外部环境、企业的资质、经营管理、过往信用记录、发展前景、企业财务状况、企业实体检查 7 个方面入手，结合政府部门数据，构建跨境电商信用评级指标体系，对企业实行分级分类管理，警示发布低风险信用风险企业，将低信用、不可靠失信行为纳入信用管理负面清单；整合产品上下游供应链，与跨境电商企业构建跨境电商追溯体系。

（三）智能物流体系

杭州综合试验区整合跨境物流资源，实现运输能力最大化，整合长三角地区和综合试验区跨境城市、园区一体化物流通道，新增线路，新增中转线路，增加来往卡班，拓展水陆空联运。加快进口水果、肉类定点口岸建设；搭建机场航空物流平台，实现与航空公司、海关系统及部分货物运输系统的互联互通，实现航空物流相关节点全过程信息化；海仓科技智能高效的仓区和个性化的 WMS（Warehouse Management System）仓库管理系统、覆盖整个圆通速递网络的基础业务运营平台、金刚系统、菜鸟自主研发的大宝仓储管理系统等众多创新型示范企业应运而生；鼓励跨境电商物流企业将自动化、可视化、可控化、智能化成果应用于物流系统，出台海外仓扶持政策，积极与国际龙头企业合作，助力跨境物流项目建设。

（四）创新金融服务

实施跨境电商网络融资试点以及担保创新试点，与中国出口信用保险公司浙江分公司合作，推出"跨境保险"产品，为跨境电商企业量身定制托收保障解决方案；简化名录登记程序，电子商务企业可在综合试验区通过"单一窗口"平台一次性登记外汇局名录；推动支付机构跨境结汇业务试点，将试点支付机构办理的跨境电商交易单笔交易限额由等值 5 万美元提高到相当于 20 万美元。个人电商简化了开立结汇账户的程序，国内个人电商公司不限于每年 5 万美元的营业额限制，在"单一窗口"备案后即可开立结汇账户；联合建设银行建设"跨境电商金融中心"，引领对接杭州跨境电商综合试验区"单一窗口"平台，实现账户管理、支付结算、结汇销售、监管信息报送等标准化服务。

（五）风险防控体系

杭州市政府与阿里巴巴合作，构建跨境电商信用保护资金池，给供应商进行背书，引导企业通过诚信经营积累信用，为 4000 多家杭州企业提供超过 8.5 亿美元的信用保护额度；与金融机构合作，构建符合跨境电商特点的金融账户体系；对接杭州市市场监管局征信系统，根据企业诚信记录，从源头监控企业主体风险；配合杭州市公安局对消费者个人信息进行核实和追踪，确保市场主体的真实性。

充分发挥阿里巴巴的平台作用，建立海外买家信用体系，将物流、验货等跨境环节纳入风控体系；针对跨境电商行业快速发展过程中出现的纠纷，杭州市中级人民法院成立了中国首个"互联网法院"，通过法律手段加强风险监管，探索纠纷解决机制；建立国家（杭州）跨境电商商品质量安全监测中心，通过国际"互认机制、采信机制、追溯机制、预检机制"，对进口敏感产品进行监管，控制产品质量安全风险，建立全国首个地方性法规《杭州市跨境电子商务促进条例》。

（六）综合园区建设

建设上城、下城、江干、拱墅、西湖、滨江、临安、余杭等 13 个跨境电商园区，总面积 323 万平方米，入驻企业 2188 家。杭州跨境电商综合试验区"一核、一圈、一带"总体布局基本形成。在跨境电商 B2C 领域，全球速卖通、天猫国际、苏宁易购、母婴之家、网易考拉、银泰网等跨境电商零售进出口企业云集。B2B 领域除阿里巴巴国际站外，敦煌网、大龙网等跨境 B2B 平台也落户杭州。

在综合服务领域，还集合了一达通、融易通等综合外贸服务企业，顺丰速运、东航物流、中外运、网仓科技、富垣昌等报关仓储物流企业，支付宝、连连银通、网易宝、贝付科技、PingPong 等第三方支付企业，也有跨境代理运营、大数据运营等第三方服务公司。综合园依托跨境电商生态圈，为跨境电商企业提供通关、金融、物流、人才等一站式综合服务，发布全国首个跨境电商人才标准。

【结语】

目前，我国跨境电商贸易呈现跨越式发展，在提升我国贸易水平、优化贸易结构方面起到了积极的作用，因此国家和当地政府都把跨境电商视为今后对外贸易发展的重要驱动力，在政策等方面给予大力支持。本章针对跨境电商的基础知识进行阐述，通过学习读者不仅了解了跨境电商的研究现状，还可以试着从中找出当前发展过程中存在的一些不足，对今后的发展趋势作出一些判断。

【课后习题】

一、单选题

1. （　　）是指分属不同关境的交易主体，通过电子商务平台达成交易、进行电子支付结算，并通过跨境电商物流及异地仓储送达商品，从而完成交易的一种国际商业活动。

　　A. 跨境电商　　　　　　　　B. 国际贸易
　　C. 国内贸易　　　　　　　　D. 跨境零售

2. 当前占跨境电商比重比较低，但增长最为迅速的是（　　）。

　　A. 国内 B2B　　　　　　　　B. 跨境 B2B
　　C. 跨境 B2C　　　　　　　　D. 国内 B2C

3. 跨境电商弥补了传统供应管理的不足，延伸到供应商和客户，甚至供应商的供应商和客户的客户，建立的是一种跨企业的协作，覆盖了从产品设计、需求预测、外协和外购、制造、分销、储运和客户服务等全过程。这说明跨境电商（　　）。

　　A. 促进了企业的流程再造　　　B. 引起了企业供应链管理的变革
　　C. 是机构内部的流程再造　　　D. 是企业与企业之间的流程再造

4. （　　）是我国为跨境电商综合性而设立的试点城市区域，旨在通过制度创新、服务创新、合作发展和管理创新等方式，引领跨境电商、支付、物流、通关、退税、结汇等技术标准、业务流程、监管模式和信息化建设的试验发展，旨在解决跨境电商发展中根深蒂固的矛盾和体制问题，打造跨境电商完整的产业链和生态链。

A. 中国跨境电商综合试验区　　　　　B. 杭州跨境电商综合试验区

C. 上海跨境电商综合试验区　　　　　D. 广州跨境电商综合试验区

5. 进行跨境电商交易的双方有大约九成都在使用（　　）进行跨境结算。

A. 电汇　　　　　　　　　　　　　　B. 西联汇款

C. PayPal　　　　　　　　　　　　　D. Visa

二、多选题

1. 从商业模式来看，跨境电商可分为（　　）和（　　）。

A. 跨境 B2B　　　　　　　　　　　　B. 出口跨境电商

C. 进口跨境电商　　　　　　　　　　D. 跨境 B2C

2. 全球速卖通平台支持以下哪些物流运输方式（　　）。

A. EMS　　　　　　　　　　　　　　B. DHL

C. 申通　　　　　　　　　　　　　　D. 韵达

3. 目前跨境电商的国际物流主要有（　　）。

A. 邮政物流　　　　　　　　　　　　B. 商业快递

C. 专线物流　　　　　　　　　　　　D. 海外仓储模式

4. 和传统国际贸易相比，跨境电商呈现出传统国际贸易所不具备的以下特征。（　　）

A. 多边化　　　　　　　　　　　　　B. 小批量

C. 高频度　　　　　　　　　　　　　D. 透明化

E. 数字化

5. 为什么要做跨境电商？（　　）

A. 有利于传统外贸企业转型升级　　　B. 缩短了对外贸易的中间环节

C. 为小微企业提供了新的机会　　　　D. 促进产业结构升级

E. 有利于中国制造应对全球贸易新格局

三、判断题

1. 跨境电商一般是指广义的跨境电商 B2C 部分，不仅包括跨境电商 B2B 中通过跨境交易平台实现线上成交的部分，还包括跨境电商 B2B 通过互联网渠道线上进行交易撮合线下实现成交的部分。（　　）

2. 跨境电商交易环节复杂（生产商—贸易商—进口商—批发商—零售商—消费者），涉及中间商众多。（　　）

3. 当前物流已经不是制约跨境电商发展的问题。（　　）

4. 跨境电商缩短了对外贸易的中间环节，提升了进出口贸易的效率，为小微企业提供了新的机会。（　　）

5. 上海建立了我国第一个跨境电商综合试验区。（　　）

第二章

阿里巴巴国际站

本章重点

本章学习重点是了解跨境电商平台的含义、跨境电商平台的功能与特点、跨境电商平台的发展趋势，以及阿里巴巴国际站平台的操作。

学习目标

本章旨在让学习者从电子商务网络特性出发，了解传统交易模式与电子商务模式的不同，理解跨境电商平台的特点。完成本章的学习，学习者应获得以下成果：

（1）了解跨境电商平台的含义；

（2）了解完整的平台交易过程。

第一节　什么是跨境电商平台

一、跨境电商平台的含义

跨境电商平台全称"跨境电子商务平台",从其含义上看,需要先理解何为跨境电子商务。电子商务是在互联网高速发展的今天,由于互联网的特性而产生的一种以数据交换为主要方式,从而实现商品网络交易的一种行为。而要理解跨境电子商务,需要从对外贸易的角度来对"跨境"进行说明。

顾名思义,跨境是指跨越不同的关境。商品交易通过电子商务平台达成,同时完成支付结算,并且通过跨境物流完成商品的送达等。这样一个能完成不同关境间商品交易的电子商务平台,可以称为跨境电子商务平台,简称跨境电商平台。

二、跨境电商平台的功能与特点

基于电商平台以及国际贸易的基本特性来分析,跨境电商平台一般具备以下几个特点。

(一) 全球性

一方面,由于互联网呈现一种全球化和非中心化的特点,所以,跨境电商与传统的交易方式相比,首先是突破了地域限制的特性。传统交易方式经过长期发展,已经形成了一套完整的交易方式,或者说交易模式,从买卖双方的匹配开始,到买卖双方的沟通、谈判、达成以及交易相关的商品流通都遵循这种模式。在这种模式下,几乎所有新的交易都是脱离了网络来进行的,传统的沟通是通过电话、电报、传真等方式来完成,而这些方式也正是由传统贸易渠道的地域特点决定的。虽然到了互联网时代,有了一些新兴的沟通方式的出现,尤其是电子邮件的出现,大大缩短了买卖双方沟通的成本,但是,地域的限制一直制约着买卖双方更高效的沟通。随着 IM(Instant Message)类软件的出现,如 Skype、WhatsApp 等,看上去,这类软件正是解决买卖双方沟通问题的工具,但是,这些仅仅是停留在"沟通"这个层面,双方仍然按照传统的模式来完成商品的交易。因此,作为跨境电商本身来说,其网络无边界的特性实际上在某种意义上真正让买卖双方突破了地域的限制，实现了全球性的特性。

另一方面，正因为跨境电商平台的网络特性，任何接入跨境电商平台的用户的地域性也被平台所弱化，也就是说，在跨境电商平台，无法准确预知买卖双方的所在区域，这也给买卖双方的相互识别带来了一定的阻碍，同时，在实际交易产生之前，也无法得知交易双方的所在区域。那么，可以将交易发生前的跨境电商平台理解为一个交易发生的媒介。

（二）具备在线交易的能力

要将一个网络平台称之为商务平台，首先平台必须能实现商务的基本功能——交易，而交易的本质是完成买卖双方的交易行为。这个行为包含了买卖双方就某类商品完成货币的流通的过程。

但是，在传统的贸易模式中，货币的流通是经过银行这个渠道来完成的，而且，在传统贸易发展的数百年间，为了交易的便利化，出现了电汇（Telegraphic Transfer）、信用证（Letter of Credit）等完全依托于传统银行渠道进行的流通方式。这些方式经过长期的发展，已经基本形成了各国银行间的统一规范体制，在传统的交易中被广泛地使用。为了解决个人间的货币沟通，除了现金的方式外，还出现了广泛适用于银行间的如PayPal、West Union等的方式。长期以来，交易的主体间对于这些固有的货币流通方式已经相当熟悉和依赖。

电子商务平台需要实现的是买卖双方的交易，那就不得不涉及交易中所必需的货币流通功能。跨境电商平台不同于普通的电商平台，在平台的交易双方具有全球化的特性，也就是说，在跨境电商平台，交易的主体是来自于不同国家（地区）的买卖双方。因此，在交易中，跨境电商平台所面对的货币流通就不仅限于本国（地区）货币，而是多国（地区）货币之间的流通。同时，电商平台是基于互联网的，因此，货币的流通方式就可能不完全等同于传统的银行间货币的流通方式。由此衍生出来的问题就是如何在虚拟的环境中安全地实现货币流通。

另外，跨境电商平台所完成的是跨境的交易，而国际贸易受到各国（地区）的外汇管理部门、税务部门、海关等的严格监管，那么，在跨境电商平台，对于多国（地区）货币之间的流通就需要进行有效的监督和管理。由此可见，跨境电商平台要实现的在线交易能力所涉及的不仅仅是完成买卖双方就某类商品的交易行为，更要实现包括交易达成、交易达成后的货币流通功能以及交易监管的功能。

（三）具备在线完成物流组织的能力

在任何一桩交易完成后，商品的传递都是必需的。相对于电子商务这种新兴的模式，在传统的交易模式中，买卖双方达成交易后，是通过与线下为商品流通环节提供相关服务的机构（货代）进行对接后完成的，交易本身就包含了买卖双方匹配、沟通、交易以及商品传递的基本要素。而跨境电商是全球性的，如果要完整地在平台实现这一过程，则必须具备在线完成物流组织的能力。

什么是线下呢？"线下"一词一般相对于"线上"而言，线上主要指利用互联网等虚拟媒介而实现的一系列没有发生面对面交谈交互的情况与动作。而线下可理解为真实发生的、当面的、人与人有肢体动态的一系列活动，或者是事物真实实体存在的，这类情况通常可以称为线下。例如，常见的有社交活动、线下实体店销售等。

在传统的贸易流程中，要完成一套物流过程，需要与货代公司进行委托、询价、订舱、制单、发运等相对复杂和严谨的过程。在跨境电商平台，有效地将线下的流通服务机构对接到线上，也是跨境电商平台的基本能力之一。但是，在传统的物流环节中，不同的船公司、货运代理之间，采用的是不同的业务运营平台，直接的对接就不太可能了。那么，在跨境电商平台，重新制定一个能让各流通机构接受的规范尤其重要。由于物流环节的复杂性，这个规范不但需要兼顾电商平台高效的要素，而且还要实现所有电子数据准确无误的传达，在传达的过程中有任何细微的差错，都将给整个商品的贸易流程带来巨大的隐患。

三、跨境电商平台的发展趋势

自1995年互联网在全世界范围内蓬勃发展以来，各类平台层出不穷，自然也包括与商业相关的电商类平台的高速发展，相继经历了平台交互的各个阶段。如以内容提供为主的WEB 1.0阶段，加强用户与网站之间互动的WEB 2.0阶段，以用户定制信息为主体的WEB 3.0阶段以及正在进入的以实现人与互联网数据互动的WEB 4.0阶段。要想说明跨境电商平台的发展趋势，就要从互联网发展的阶段说起。

在互联网发展的初期，受到互联网技术的限制，跨境电商平台的功能还不完全，也就是说这类跨境电商平台还不能被称为完整的平台，初步具备的能力是撮合买卖双方。在中国，以1999年上线的阿里巴巴平台为其中重要的代表，我们可以发现，当时的阿里巴巴是一个以提供买卖供应信息为主要内容的平台，在平台，买家和卖家仅能针对自己的需求在网站中实现信息的交换，而且是单向的交换，买卖双方无法在平台形成有效的沟通，在第一个阶段，平台实现的功能极其简单，我们可以简单地称其为"Meet"阶段。

随着互联网技术以及互联网带宽的发展，在第二个阶段中，借助技术的进步，电商平台大量出现了多媒体，丰富了平台的内容，在这个阶段，电商平台除了实现基本的撮合功能之外，也开始实现买卖双方简单交流的功能，并且让平台的内容有了进一步延伸，但是从本质上来说，买卖双方还是各自为阵，并没有实现真正的交互。

在第三个阶段，网络技术日益成熟，而中国的国际贸易体系也越来越与世界接轨。在这个阶段，电子商务平台的发展百花齐放，各类垂直类的电商平台如雨后春笋般出现。由于垂直类电商平台的商品具备相似性，所以，这一阶段商品的分类和交易方式能更好地被平台所沉淀，为即将进入的第四个阶段打下了坚实的基础。

什么是垂直类电子商务呢？垂直类电子商务指的是在特定的行业或是细分市场中深化运营的电子商务模式。垂直类电子商务网站旗下商品都是同一类型的产品。这类网站多转为从事同种产品的 B2C 或者 B2B 业务，其业务都是针对同类产品的。

如今，电子商务平台的第四个阶段的典型特征就是将原有的买卖双方的撮合"进化"成为以交易为主体的电子商务模式。同时，由于国际贸易形势的不断变化，也促使跨境电商平台在买家卖家匹配、买卖双方在线沟通、交易在线达成和货币在线流通方面的进步。受传统交易惯性的影响，买卖双方正经历一个从线下全面转为线上的必经过程，买卖双方的定义也越来越模糊，作为互联网中最基本的因子——资源，也将逐步替代买卖双方的原有定义，最终实现跨境电商平台以全新商业模式对传统的商业模式进行改革的结果。

依据上述跨境电商平台的特点，互联网技术在原有交易主体没有太大变化的情况下，正在潜移默化地变革着传统的商业模式，也正以一种革命性的方式"优化"着现有的商业模式。全球化的平台、在线完成的交易以及在线商品传递过程的改革都深深影响着传统商业。

经过数年的发展，现在的跨境电商平台已经初步将供应链的五个环节——生产、物流、仓储、资金、信息结合到一起，并将功能延展到跨境贸易的方方面面。在此基础上，已经基本完成了对供应链的数字化，并将之应用到从跨境贸易到跨境服务一体化的综合性平台。

第二节　阿里巴巴平台

在中国，目前能体现跨境电商平台特性的是阿里巴巴平台。根据规模及用户数量来划分，阿里巴巴平台的发展经历了几个明显的阶段。

阿里巴巴平台发展的第一个阶段是 1999 年创立初期。平台初期仅能提供少量的功能，主要是发布 Trade Leads，也就是常说的供求信息。当时的平台还不能称为电商平台，只是一个电商网站而已，甚至最简单的信息论证功能都很难实现。因此，当时的阿里巴巴只是一个让信息上网的简单平台。

阿里巴巴平台发展的第二个阶段是从 2000 年到 2004 年。随着互联网硬件条件的逐步成熟，阿里巴巴平台也逐渐完善，无论在内容上还是功能上都有了长足的进步。也就是说，在这个阶段，中国供应商（在阿里巴巴平台，中国供应商被简称为 CGS）越来越认识到电商的概念，阿里巴巴平台也开始显露其重要的特性：买卖双方借助平台认识对方，这被称为 Meet 阶段。其间，阿里巴巴有意识地大量增加和优化平台功能，实现了从产品上传到买家产品搜索排序功能，并大量引入网络买家流量，加快平台上买卖双方"Meet"的机会。

阿里巴巴平台发展的第三个阶段是从 2005 年到 2013 年。在这期间，中国供应商的数量大大增加，阿里巴巴对于平台的功能设置也大幅度增加，中国供应商的产品发布、优化、排序等有了更明显的规则和优化。平台卖家的企业展示页面（在阿里巴巴平台被称为 Mini Site）有了非常大的改进和优化。在平台第一次有了"旺铺"的概念。同时，这一阶段最重要的特征是阿里巴巴平台开始重视中国供应商的真实性认证，这对于平台本身的价值和发展方向有了很明确的界定。

2014 年至今是阿里巴巴平台发展的第四个阶段，也是目前最为重要的一个阶段。在这个阶段，阿里巴巴平台正从一个 Meet 阶段或者说是撮合交易的阶段迈向跨境电商交易的阶段。在这个阶段，无论是平台供应商的数量还是平台上的活跃买家的数量都有了非常明显的变化。而作为国内领先的跨境电商平台，阿里巴巴在 2014 年全资收购了深圳一达通之后，在 2015 年推出的信用保障体系更是将该平台推到了所有中国外贸企业面前，平台交易的意志也被体现得淋漓尽致。

在了解了阿里巴巴平台发展的脉络后，接下来的篇幅中，我们将重点针对阿里巴巴跨境电商平台的特点以及操作方法进行较为详细的分析和说明。

一、平台特点分析

如上文所述，阿里巴巴平台是众多中国跨境电商平台第一个尝试全面实现跨境电商平台所需特点的跨境电商平台。此处需要再次明确跨境电商平台应该具备的特点：全球性、能实现在线交易以及在线完成物流组织。因为只有明确了这几个特点，才能有针对性地学习和操作阿里巴巴跨境电商平台。

阿里巴巴平台已覆盖全球各大洲，并且在不同的国家（地区）设立了分公司或是办事处，因此，可以理解为阿里巴巴平台已经具备了跨境电商平台应该具备的全球性特征。2015年下半年，阿里巴巴在平台上已经实现了通过信用卡直接支付的功能，2016年，阿里巴巴平台又实现了在线通过T/T（电汇）来支付交易中涉及跨国转账的功能，所以，阿里巴巴跨境电商平台已经初步具备了实现在线交易这个特征。另外，阿里巴巴早在几年前就已经与各大船公司合作推出了物贸平台，2015年借助收购一达通实现了在线安排海运、空运等交易所需的在线组织发运能力，这说明阿里巴巴平台也具备了在线完成物流组织的特点。

阿里巴巴平台最显著的特点就是借助2015年所推出的信用保障体系和一达通完成贸易闭环和数据积累过程，也正是这一特点将阿里巴巴跨境电商平台这个交易撮合平台带入一个全新的时代。

截至2023年11月，阿里巴巴国际站的信用保障体系经过8年的发展，已经逐渐褪去了初创时的青涩，在国际站平台上与商家店铺运营有了更深度的结合。多年以来，阿里巴巴国际站在海外市场上不断培养买家的"心智"，让海外买家将能否采用"信用保障体系"订单来签署在线订单作为评判供应商是否具备跨境交易真实性的一个重要的标准。除此之外，阿里巴巴国际站将更多要素与信用保障体系进行了深度的整合，大大提高了在体系建立之初就希望实现的"提高卖家信任度"的可能性。

二、平台操作实务

要完整学习一个电商平台的操作，必须以平台的功能模块作为切入点来进行，只有了解了平台所具备的功能模块，才能将这些模块进行有效的搭配和组合，最终实现平台预期的效果。

由于阿里巴巴平台具有非常复杂的功能模块，为了更便捷地了解阿里巴巴平台以及更好地操作平台，可以按商品交易的逻辑，将平台分为以下几个模块：产品模块、推广模块、信息及沟通模块和数据支持模块，以下将针对这些逻辑模块逐一进行细分和学习。

（一）产品模块

1. 产品发布

产品展示是跨境电商平台操作的重中之重，因为互联网的特性决定了卖家不可能将实物放到网络平台去展示，因此，卖家必须将产品通过电商平台提供的产品发布渠道发布。那么如何发布产品？

在阿里巴巴平台，产品发布有专门的功能分类，进入产品发布的步骤是登录平台之后在后台左侧菜单中点击"产品管理"—"发布产品"。

平台所希望的不是展示大量而没有效果的产品，这将给访客带来非常不好的体验。为了平台系统能更好地识别，以及更好地将最优质的产品在平台的各个部分展示出来，阿里巴巴平台对于发布的产品作出了明确的填写要求，发布产品时，需要严格按照页面提示的内容来进行发布。

（1）产品类目

产品类目提供了一系列依据行业、产品等来归类的类目，在不同的类目下，阿里巴巴平台所提供的要求填写的产品属性是不同的，这也会直接影响到产品发布后被客户搜索到的概率，或者是产品的曝光度，因此，在选择产品类目时一定要根据所要发布产品的正确的类目来进行选择，当然，如果一开始选择不正确，在后期产品管理中也是可以更换的。产品类目界面见图2-1。

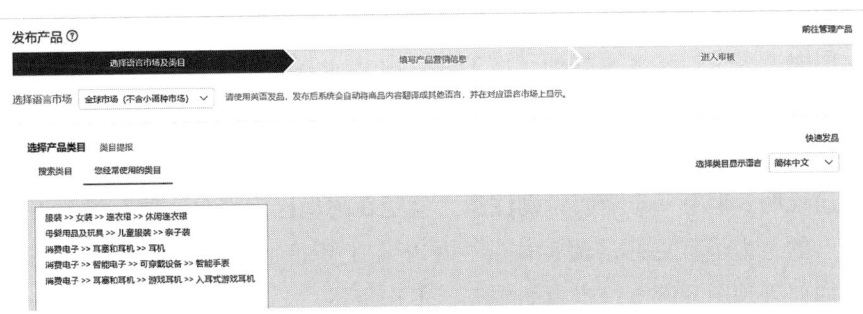

图2-1　产品类目界面

（2）产品名称

产品名称作为产品最重要的一个标识，将会显示在平台系统的各个部分，因此，一个具备良好阅读性的产品名称能让访客清晰地知道他所要查看的产品是什么。比如：LCD displayer（液晶显示器）这个产品，一看就能明白，但是如果采用 Displayer，则无法清晰地告知访客产品到底是什么。同时，如果可以进一步降低客户选择难度的话，产品名称还可以更详细地标注产品的规格，比如 19 inch LCD displayer。

（3）产品关键字

在互联网中，关键字所起到的作用是至关重要的。在早期，关键字是唯一的一个可以让搜索结果准确的因素，而在不同的平台里，关键字的定义方式是不同的，在以搜索为目的的平台，关键字存在模糊的概念，用户在如百度或是谷歌这一类的搜索平台，所使用的关键字可以是任意一个，包括全部字、词或是这些字词中部分的内容，在搜索引擎中都可以得到一定范围的结果。但是在阿里巴巴平台，所定义的关键字与搜索引擎中所定义的关键字有非常明显的不同，对于无意义的关键字（包括有意义的字或词的部分）是不能搜索到结果的，这是由平台本身的特性决定的，因此在电商平台，只有能具备产品特征的关键字才是有效的。因此，在设定关键字的时候，不能用搜索引擎中的方式来定义关键字，而要采用能体现产品名称、特点或是其他内容的关键字来让系统更好地抓取到，从而让客户得到相对满意的搜索结果。

阿里巴巴平台提供了若干个关键字的填写选项，这是平台给供应商提供的多种表示产品的机会，所以在填写的时候，可以选择将产品不同的名称填写在平台给出的选项中。

（4）产品图片

视觉对人的影响力大大超过了单纯文字，所以一个优秀的产品展示与产品的图片是密不可分。阿里巴巴平台对于产品图片非常重视。阿里巴巴平台提供了产品图片上传的功能，同时，为了让访客更好地了解产品，平台也提供了多维图片展示，也就是说，用户可以上传同一产品多角度、多维度的图片，目的是让客户能更清晰、全面地了解平台上的产品，降低客户的认知成本。对于图片的要求，在平台有非常详细的描述，这里不作过多的说明，但有一点需要特别注意，就是在阿里巴巴平台，所有最终展示的图片都是正方形的，为了有更好的阅读体验，尽量在上传产品图片时，将图片处理为正方形，至于如何处理图片等不是本章的重点，不作赘述。

另外，阿里巴巴平台提供了图片库功能，因此，上传的图片可以反复利用，不必每次都上传，提升了工作的效率。产品基本信息界面见图 2-2。

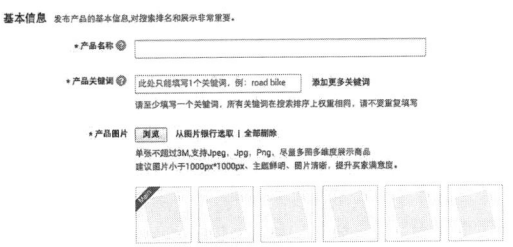

图 2-2 产品基本信息界面

(5) 产品属性

上文提到,在阿里巴巴平台,对于关键字的要求与其他以搜索结果为目的的搜索引擎是不同的,如今互联网使用的趋势是尽可能地提高用户体验度。对于一个产品来说,除了产品名称之外,产品本身所具有的属性也是体现一个产品功能特点最重要的因素之一。

一个完整的产品属性填写,不但能更好地体现出产品本身的特性,还可以让平台更好地识别产品,有针对性地推送用户真正感兴趣的产品,从而大幅度地提高用户在平台上发现产品的效率。

前面说过,选择的产品类目不同,在平台需要填写的产品属性也不同。这里举一个示例来说明,产品属性界面见图 2-3。

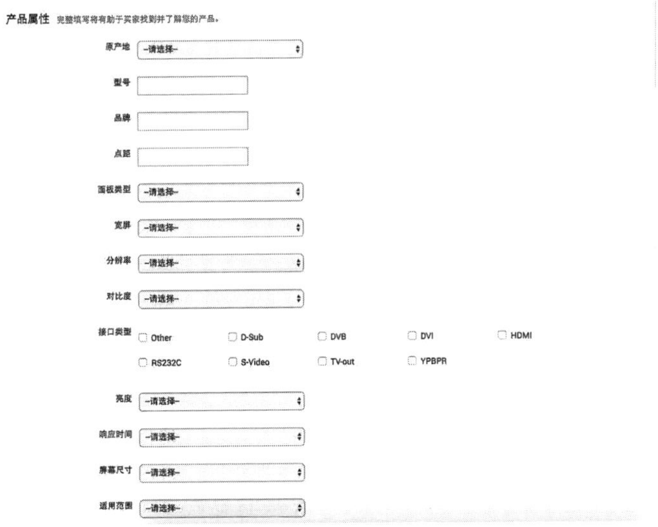

图 2-3 产品属性界面

在产品类目中，选择的是液晶显示器，针对这个类目，平台提供了与液晶显示器相关的各种属性，如原产地、型号、点距等选项，针对这些属性选项，供应商应依据真实的原则进行填写，并确保数据的准确性，因为这些属性将直接影响到产品与客户需求之间的匹配程度，也会在平台实现根据买家喜好度来推荐产品的目的。

(6) 交易和物流信息

一个完整的跨境电商平台应该具备在线实现交易和物流的功能，这也是阿里巴巴跨境电商平台与其他平台的重要区别之一。同时，在产品中明确标明交易相关的属性也能尽量减少客户在沟通上所花费的时间成本。

根据贸易环节所涉及的方方面面，阿里巴巴平台对于产品价格、订量、付款方式等都提供了选项来进行填写，正确规范的填写，可以让买家对供应商的专业度加分。

在物流信息部分，根据不同的类目，阿里巴巴平台给出的填写要求也是不一样的。原则上，基本的物流信息只需要根据平台的要求填写即可。特别需要指出的是物流信息中的供货能力，在贸易中，一个供应商的供货能力是买家决定是否选择采用这个供应商的重要标准之一，所以，卖家对相关产品的供货能力要有非常准确的认知，然后再给出准确的数据，而不能随意填写，这会给买家对供应商的选择带来很大的影响。交易和物流信息界面见图2-4。

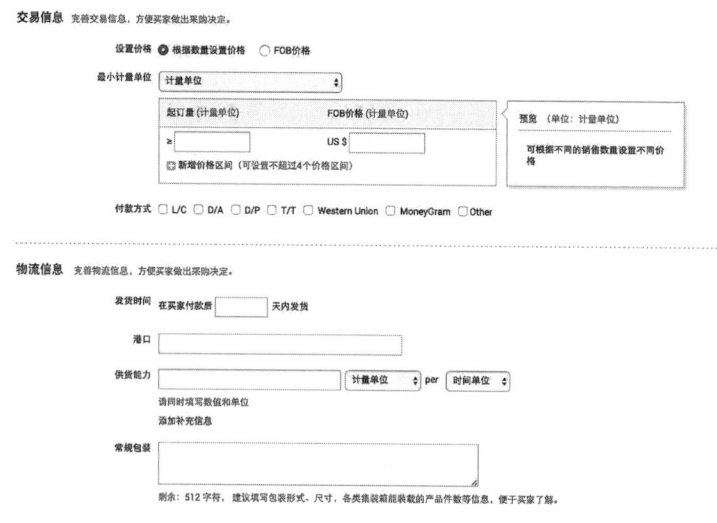

图2-4　交易和物流信息界面

（7）产品详情

要让客户更详细地了解一个产品，就必须对产品进行详细的描述，阿里巴巴平台提供了非常便捷的工具来完成产品详细描述的填写。早期的阿里巴巴平台只是提供了基本的产品详情编辑功能，但是伴随着用户对平台体验度要求的提高，产品的详情页也作了大幅的升级。升级过后，产品详情对于内容部分进行了分类处理，希望供应商能将产品介绍用分段的形式来展示，所以平台提供了两种模式来录入产品详情，另一种是平台提供的更为美观的替换式模板，称为智能编辑，另一种是更自由的编写模式，称为普通编辑，两种模式显示如下，图2-5为智能编辑模式界面，图2-6为普通编辑模式界面。

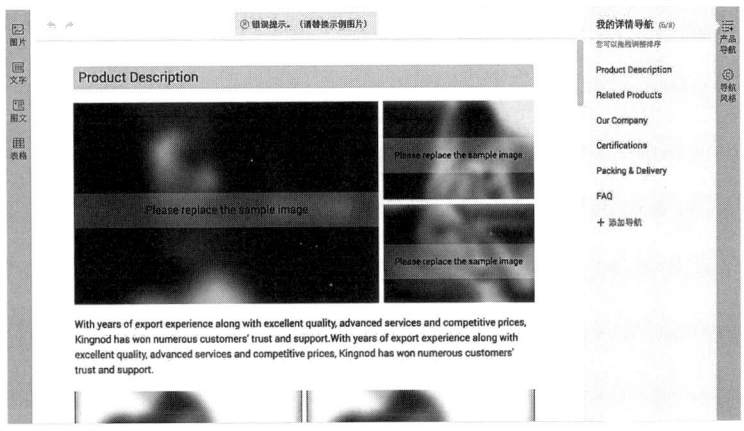

图2-5　智能编辑模式界面

智能编辑模式在编辑框中已经按照常规的方式填充了内容，用户只需要将已经填充的内容根据需要进行替换即可。而普通编辑模式指的是完全空白的编辑框，用户需要自己填充所需的内容。

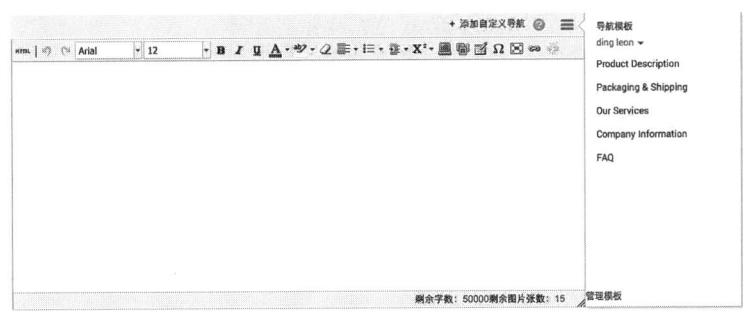

图2-6　普通编辑模式界面

无论是哪一种编辑模式，在编辑中，平台都将产品详情划分成 Product Description（产品描述），Packaging & Shipping（包装和运输），Our Services（我们的服务），Company Information（公司信息）以及 FAQ（常见问题）这几个区块，通过这样的划分，可以保证阅读的清晰和信息的直观。因此，在编写产品详情时，要尽量根据这几个区块来分别填写产品的介绍，避免客户阅读时浪费时间。

（8）产品分组

这里的产品分组不同于上面的产品类目。产品类目是由平台的系统归类的，选择了不恰当的分组会影响产品的曝光等。但是，这里的产品分组，指的是供应商为了区分自己的产品类别而自定义的分组，这个分组也会最终在供应商主页的产品分组中体现。也就是说，在这里建立的分组应该遵循一个原则，就是让客户在供应商主页中能方便地切换和查看同一供应商的不同产品。从生意的基本习惯来看，过多、过少或是不明确的分组，会影响到买家对于供应商专业度的判断，所以也建议供应商在分组时考虑到买家的采购习惯和产品的专业度等因素。产品分组界面见图2-7。

图2-7　产品分组界面

在录入所有的产品信息后，产品录入的界面右侧，系统提供了一个"检测信息质量"功能，通过点击这个功能按钮，系统会对已录入的产品信息进行内部校验，并给出适当的建议。产品质量检测界面见图2-8。

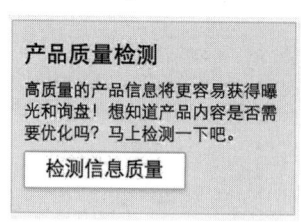

图2-8　产品质量检测界面

2. 产品管理

产品管理模块是对所有平台上展示的产品进行有效管理的一个功能模块，在这个模块中，可以对产品进行发布、修改、查询、删除等操作。产品管理界面见图2-9。

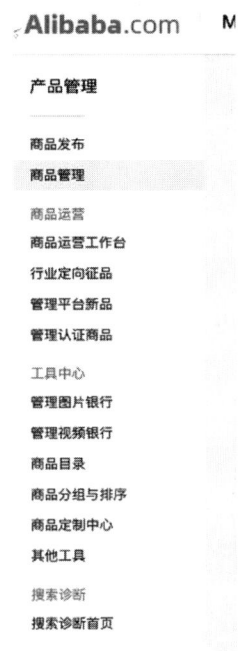

图 2-9　产品管理界面

以上几个模块含义的解释如下。

商品发布：发布新的产品。

商品管理：管理已经发布的产品。

管理平台新品以及管理认证商品：针对平台不同的场景要求，对平台上的产品进行管理。

管理图片银行：管理已经发布到平台的产品图片。

管理视频银行：对已经发布在平台的产品视频进行管理。

商品目录：对账户首页中需要展示的产品，分类目录进行管理。

商品分组与排序：管理商品的分组和对不同级别中的产品进行排序操作。

（1）产品分组与排序

在这个模块中，可以对产品分组的组别名称进行确认以及对组别顺序进行排序，也可以对所有已经上传且审核通过的产品进行排序和调整所属组别。

具体的操作，在平台均提供了非常详细的指导性说明，如图 2-10 分组管理与排序界面，图 2-11 产品管理与排序界面，在本节中不再赘述。

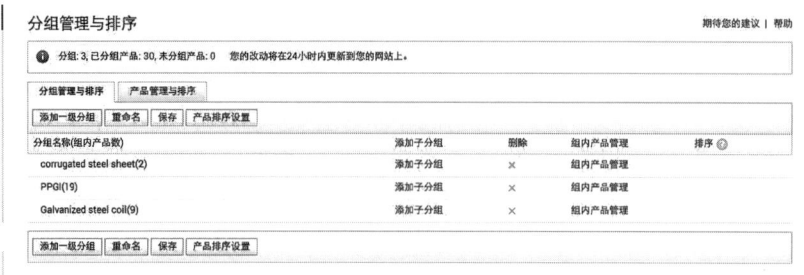

图 2-10　分组管理与排序界面

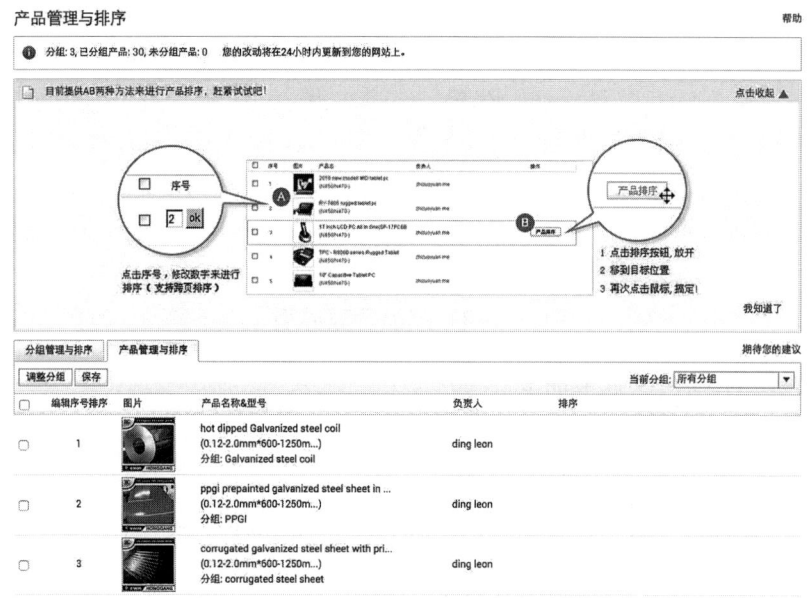

图 2-11　产品管理与排序界面

（2）管理橱窗产品

在任意一个电商平台，所展示产品的曝光量都是最重要的，阿里巴巴平台也不例外。在阿里巴巴平台，关于橱窗产品的操作可以说是重中之重，因为从阿里巴巴的平台排序规则中，橱窗产品的"天然曝光率"就比普通非橱窗产品的曝光率高达八倍之多。因此，对于基础服务方案的出口通用户和高级方案的金品诚企用户，阿里巴巴平台所提供的可供使用的橱窗数量是不同的，在此以基础方案为例来进行说明。

在基础方案中，每个CGS可供支配的橱窗产品为10个，也就是说，平台允许每一位出口通用户在已上传的产品中选择10个产品作为橱窗产品展示在阿里巴巴平台的旺铺中。而在对橱窗产品和后续会提到的外贸直通车服务（P4P）的组合技巧的使用中就会发现，一个优秀的橱窗产品往往可以带来比普通产品更高的展示效率和曝光量。

要加入橱窗产品，阿里巴巴平台提供了非常简洁的方法，只需要在此功能模块的界面中点击橱窗空位并选择可供加入的已上传产品即可。添加橱窗产品界面见图2-12，选择产品分组界面见图2-13。

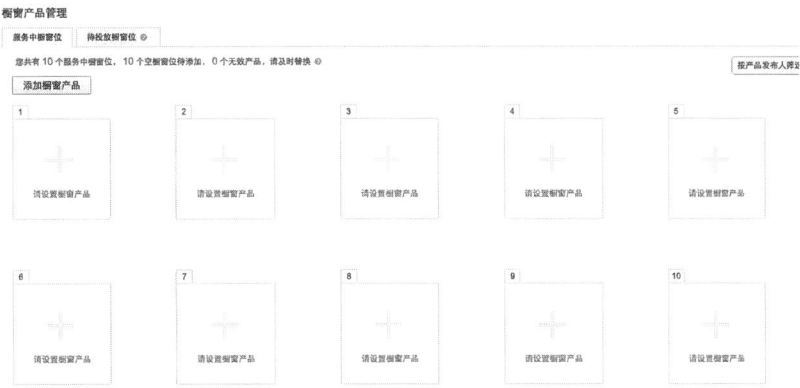

图 2-12　添加橱窗产品界面

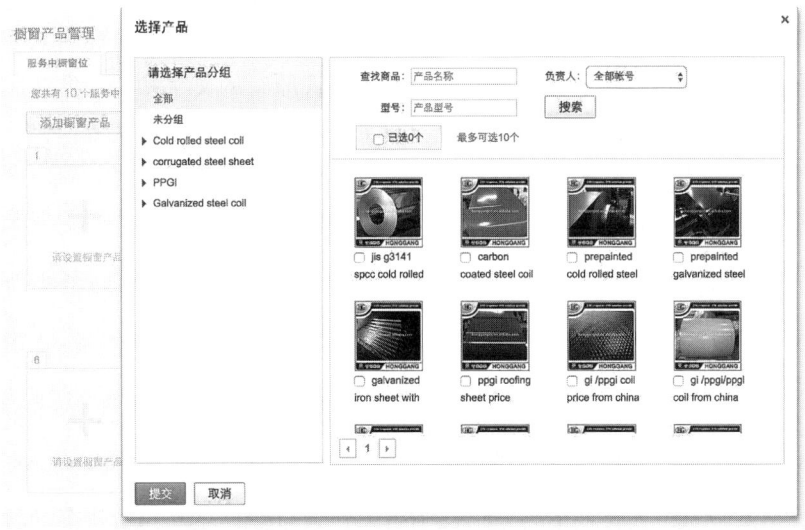

图 2-13　选择产品分组界面

（3）管理认证产品

认证产品是阿里巴巴平台针对金品诚企用户的一个对于上传产品的认证服务，是指经过第三方专业认证公司全面认证过的产品，包含产品生产设备、产能、工艺等隐形信息都会在主营产品认证报告中展示给买家，彰显产品优势，让买家更放心地与其合作。

目前，阿里巴巴平台主要与 BV、TUV 和 SGS 这三家受到广泛认可的第三方专业认证公司合作，对加入阿里巴巴金品诚企服务的供应商各方面进行更为详细的认证，与普通的 CGS 用户不同的是，金品诚企不但对供应商的公司信息进行了认证，还对供应商的生产厂家也同步进行认证，以确保二者都是真实存在并具备平台所展示的能力。

到这里为止，已经基本完成了阿里巴巴平台对于产品部分操作的简要学习。要知道，在任何商业贸易中，无论是在线上还是线下，面对的主体除了买卖双方之外，最主要的就是产品，因此，需要认真地对待产品的上传和管理，同时也必须认真对待每一个上传的产品，以确保它在平台上能"优美""高效"地展示，并产生合理的曝光。

阿里巴巴平台，针对产品的发布，有一个非常重要的要求，就是对重复发品的严格管控，对于同一账号下，关键字相同，产品图片相同，或者是产品视频相同的产品，将被平台认定为同一产品重复铺货，这将大大降低买家的选品体验，因此，平台不允许重复铺货的行为发生，这就要求供应商在发布产品的时候，要避免产生这种情况。另外，伴随着多媒体内容越来越能体现产品的特性，平台也越来越鼓励供应商将与产品直接相关的视频作为产品发布中一个相当重要的因素来替代原有的文字和单一的产品图片。

另外，在管理产品的模块中可以发现，除了基本的产品外，在阿里巴巴平台还存在一些较为特殊的产品，这些产品有与交易相关的，也有与曝光相关的，只有清楚了解这些产品的作用以及管理方法，才能有针对性地进行以下的学习。

（二）推广模块

1. 产品排名

阿里巴巴平台为了让客户更快地搜索到所需要的产品，在平台设计了一种称为排名的系统，这个系统有一套完整的使用规则。

不同于搜索引擎，在初期的阿里巴巴平台，包含自然排名和付费排名两种，而对于不同的服务方案，排名的规则也有所不同。自然排名指的是通过对产品名称、关键字以及内容的优化来使之符合一定的规则。自然排名界面如图 2-14 所示。

第二章　阿里巴巴国际站

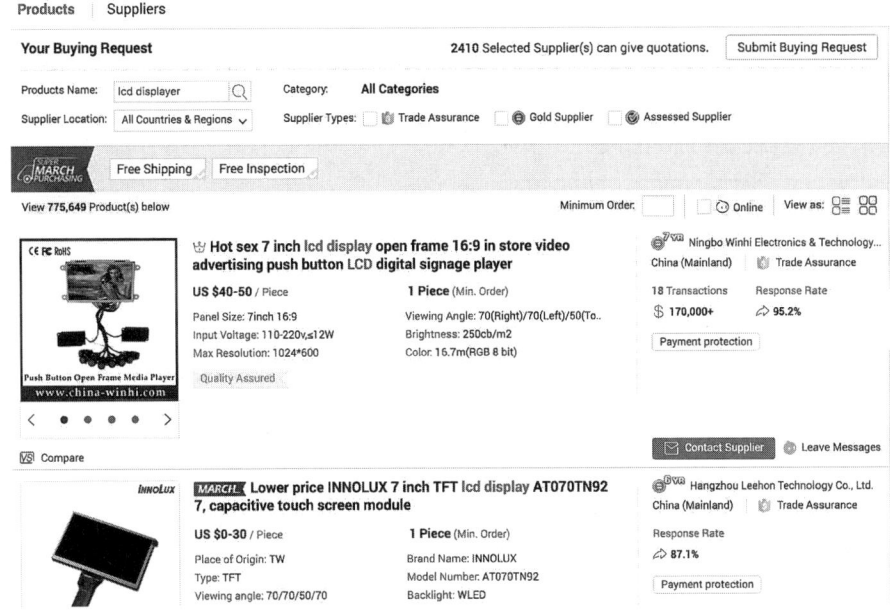

图 2-14　自然排名界面

当买家搜索一个关键字后，与关键字对应的产品会在搜索列表页中显示，买家点击相应的产品图片或是产品名称后，则可进入到该产品的详情页进行下一步的动作。所有显示在搜索页的产品，在这里都统称为排名产品。

后期，阿里巴巴平台曾经推出过付费排名系统，即供应商选择不同的付费方案后可以选择某关键字对应的产品在排名页中显示的位置，后来，阿里巴巴终止了该系统，因为如上面说到的，平台更关注于提高用户体验度，这种付费的排名系统很难让真正优秀的产品排在列表的最前面进而降低买家挑选的成本。阿里巴巴平台经过调整后，最终在排名系统中仅用"顶极展位""外贸直通车""橱窗产品"和自然排名产品来替代以前相对复杂而低效的排名系统。

顶极展位就是指搜索某个关键字后，购买了对应该关键字的顶极展位的供应商可以对应关键字选择一款产品显示在搜索页的第一位，其次将显示外贸直通车产品。

外贸直通车产品是一个根据关键字进行竞价来获取排名的系统，在下面将着重介绍。

橱窗产品在上面已经提到过，是根据供应商所选择的平台方案提供给供应商用于在旺铺首页展示的产品位。橱窗产品在搜索页面中展示的顺序是在外贸直通车产品之后。

自然排名产品经过优化后，最终展示在搜索页的最后面，也就是说，在阿里巴巴排名系统的规则中，产品搜索后展示的顺序为：顶极展位→外贸直通车产品→橱窗产品→自然排名产品。

另外，阿里巴巴平台为了进一步提高买家搜索的效率，在搜索功能区还提供了更多的筛选项，搜索筛选界面如图 2-15 所示。

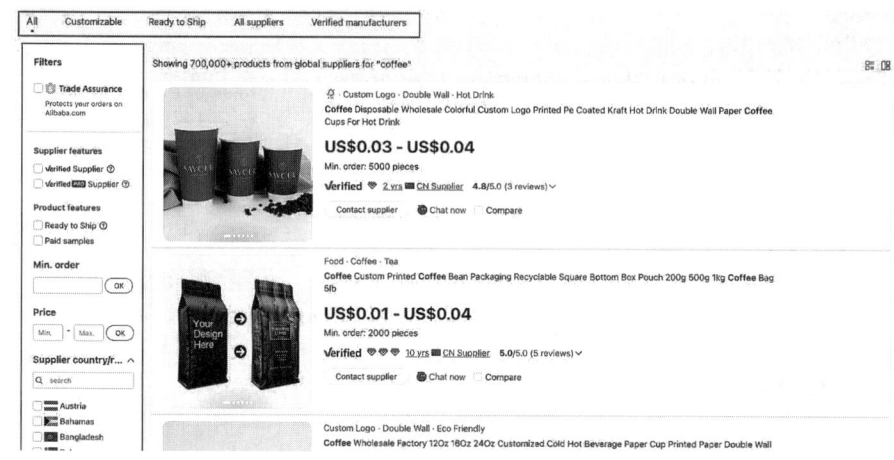

图 2-15　搜索筛选界面

买家可以在搜索结果中进一步筛选和优化，筛选项主要包括：供应商类型、支持的交易类型、供应商所在地以及产品认证等要求相关的项目，同时，需要重点强调的是供应商类型这一选项，在这个选项中，搜索系统对信保供应商、金牌供应商和金品诚企供应商进行了单一筛选。需要知道的是，由于这个筛选体系的出现，当供应商不是其中的某一类型而买家又选择了这一类型，那么，即使对产品做了最好的优化，产品也是不可能再出现在筛选过的结果中的。因此一定要对各种供应商的要求有非常清楚的认识。下面就三种不同的供应商类型做一个简要的介绍。

信保供应商：指的是已经通过一达通审核且在平台已经开通信用保障服务的供应商。

金牌供应商：指阿里巴巴的付费用户。

金品诚企供应商：指购买了金品诚企方案并通过第三方认证的供应商。

基于阿里巴巴目前对交易数据的重视程度，已有大量的阿里巴巴平台供应商开通了信保功能，而且越来越多的买家将供应商是否支持信保交易作为筛选供应商的重要前提，因此，在筛选中，把信用保障订单放到了第一项。

2. 外贸直通车（P4P）的简介和使用

在讨论外贸直通车的操作之前，必须了解什么是阿里巴巴平台上的外贸直通车服务。

外贸直通车也称作 P4P（Pay for Performance），是阿里巴巴会员企业通过自主设置多维度关键词，免费展示产品信息，通过大量曝光产品来吸引潜在买家，并按照点击付费的全新的网络推广模式。该服务不对阿里巴巴平台的免费用户开放，仅针对付费用户（包括出口通和金品诚企用户）开放。

在阿里巴巴平台，已经将 P4P 产品升级成为不同目的的广告投放形式，包括自动投放、商品成长以及手动投放，选择推广方式的界面见图 2-16。在不同的目的下，对于 P4P 的预算和规则等，都有不同的计算方式，由于计算方式和规则与实际的产品、店铺的真实状况以及行业等有关，在这里仅作简单说明，不再细致地分析。

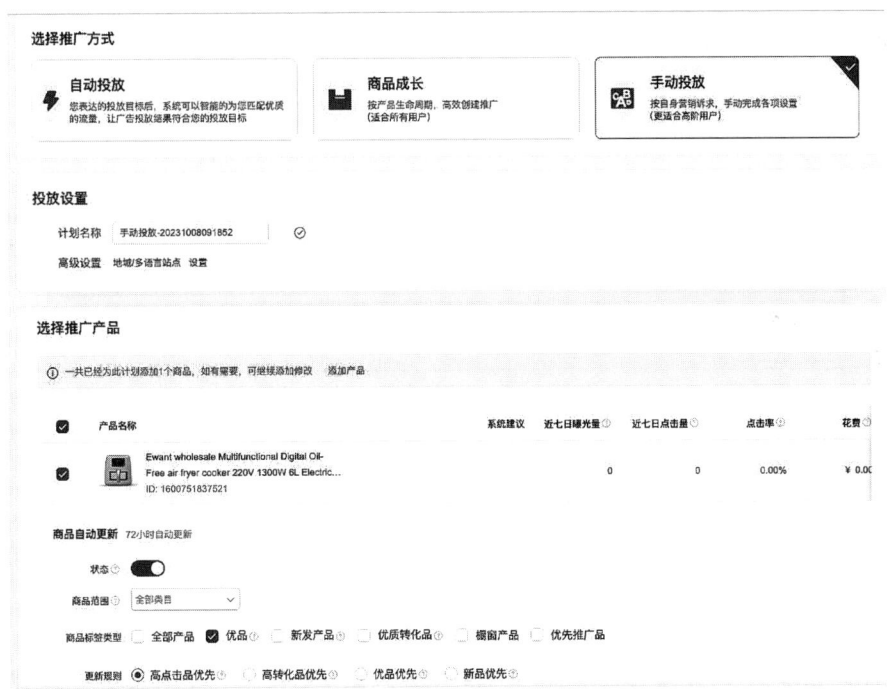

图 2-16　选择推广方式界面

在外贸直通车模块中，需要注意的是，外贸直通车体系与关键字的关系密不可分，换句话说，就是在外贸直通车中，虽然面对关键字进行操作，但实际上操作的是关键字对应的产品,所以,很好地实现外贸直通车的效果,实际上是为了更好地实现产品的推广效果。

那么,首先就需要了解在外贸直通车中关于产品的评级体系。

为了让更优质的产品能在平台的排名搜索系统中更多地显示,阿里巴巴平台实际上是存在一只看不见的手的,这就是阿里巴巴平台的产品评级体系。在外贸直通车模块中,每个要参与推广的产品都被阿里巴巴平台的产品评级体系根据供应商的整站质量、产品的质量以及供应商本身的区间内曝光量等因素进行了划分,所以,在选择待推产品时,外贸直通车系统会给出每个参与推广产品的"星级",从一星到五星,以五星为最高。而由于产品星级的不同,参与推广的产品也会涉及每次点击费用的不同。由于篇幅所限,在本文中不对如何提高产品的星级作过多的探讨,只针对外贸直通车中的操作进行简要的说明。

外贸直通车排序规则是:推广评分×出价,乘积越大排名越靠前,而且数据会动态实时更新。①国际站上只有3~5星词有资格通过出价的方式在搜索页面的前五名进行展示,1~2星词在每一页右边或者下方的智能推荐位上被展示出来。②由于国际站商品的排名实时更新,因此商家随时可以对产品进行优化,或对出价作出更改。③推广评分中的"15、17、20"是系统根据星级给出的系统评分,星级越高,评分越高,但商家无法在国际站的后台看到该评分,只能查看到星级。外贸直通车排序规则见表2-1。

表2-1 外贸直通车排序规则

产品	推广评分	出价(元)	推广评分×出价=总分	排名
A	15	8	15×8=120	3
B	17	12	17×12=204	1
C	20	10	20×10=200	2

3. 平台的新规则及平台推广方向

上面说到过,阿里巴巴平台正处于一个由撮合型平台转型到交易型平台的阶段,所以,如何降低平台使用的难度以及提高平台使用的效率,是任何一个处于这样的转型中的平台需要关注的问题。那么,阿里巴巴平台所出现的各种规则也伴随着平台的转型逐步地变化。

目前的规则中,有相当一部分是针对互联网的规则,也可以这样来理解,在商业贸易中，无论是哪种规则，都必须符合商业逻辑，也就是说，买家到平台上寻找的是最适合的产品和供应商，因此，所有针对供应商在平台所展示的产品都应该是符合商业逻辑的，过于烦琐的规则就会影响买家与卖家之间本应存在的商业逻辑。

2015 年，阿里巴巴推出信用保障体系之后，阿里巴巴平台原有的规则也随之产生了变化，比如排名的规则、产品展示的规则等。这一变化尤其体现在 2016 年的 4 月份，自 2016 年 4 月开始，所有产品在搜索中排名的权重都开始脱离原有的体系，而转向了有实际信保交易的产品。在商业逻辑中，只有能成交的产品和供应商才是买家在平台所需要的，而伴随着平台规则的变化，越来越多的供应商也会朝着这个方向发展，可以预见的是，不久的将来，阿里巴巴跨境电商平台上的显性规则会越来越少，而作为使用者的供应商来说，上传最好的产品，用纯粹的商业逻辑来操作阿里巴巴电商平台，会帮助买卖双方更容易地找到对方。

阿里巴巴平台从最初复杂的产品排名体系、搜索体系、展示体系等，一步步地进化到目前的模块非常清晰的推广思路，一个贸易从业者，使用阿里巴巴平台的目的是成交，而不是将自己变成一个互联网从业者去投入地了解平台的各种规则，因为在跨境电商平台，平台的特点决定了过去、现在以及将来出现的所有规则都是为交易和成交服务的，所以，卖家更应该关注的是如何在规则下更好地实现交易。如果纠结于规则本身，那就本末倒置，得不偿失了。

(三) 信息及沟通模块

信息沟通是建立买卖双方的联系并促成最终交易的关键一环，跨境电商平台的特征中，很重要的一点是实现在线交易，所以，作为跨境电商平台的阿里巴巴电商平台也准备了丰富的功能来传递信息和进行沟通。在阿里巴巴平台，将可能实现交易的信息（或者称之为贸易机会）分成了两个重要的部分，一个是询盘，另一个被称为 RFQ (Request for Quotation)。

询盘，也叫咨询，是指交易的一方（准备购买或出售某种商品的人）向潜在的供货人或买主探询该商品的成交条件或交易的可能性的业务行为，它不具有法律上的约束力。从其定义上可以知道，询盘本身只是一种咨询的行为，所以，询盘本身所具备的价值并不是很高，通过询盘建立与对方的沟通是更为重要的。RFQ 从字面意思就可以知道，是一方对产品或是服务感兴趣而发起的一次索取该产品或是服务的价格的行为，当然，RFQ 可以包含价格之外的其他与交易有关的问题。

从对以上两个名词意义的分析可以发现，询盘和 RFQ 虽然发起的一方都是买家，但是在时间和要求的紧迫性上是有明显的不同的，作为针对性非常明确的 RFQ，比询盘更容易让买卖双方接近交易的核心。

阿里巴巴平台正处于一个从撮合型平台转向交易型平台的过程中，那么，使买卖双方在平台产生交易就是重中之重了，而作为交易初期的两个主要的点，询盘和 RFQ 就成为阿里巴巴平台重点关注的对象。接下来，就针对阿里巴巴平台对这两个点的处理方式来看看应该如何操作。

1. 询盘处理模块

要进入阿里巴巴平台的询盘管理模块，只需登录后，在左侧主菜单中点击"询盘"链接就可以打开相应的询盘模块，询盘管理界面如图 2-17 所示。

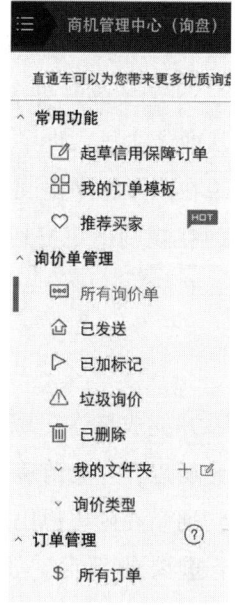

图 2-17　询盘管理界面

与初期阿里巴巴平台单一管理询盘不同，目前，阿里巴巴平台的系统中已经将询盘系统与订单系统进行了有效结合，从询盘管理模块左侧的菜单中可以发现，阿里巴巴把这个模块明确地区分为"询价单管理"和"订单管理"两个部分。

可以参照常用的电子邮件客户端来理解"询价单管理"模块。在"所有询价单"中，可以查阅所有客户发送给供应商的询盘，通过点击不同的标签，可以进入不同的

"文件夹"中，正如常用的电子邮件客户端一样，有所有邮件、已发送邮件、垃圾邮件、自定义文件夹等。值得注意的是，在阿里巴巴平台的询盘管理模块中有一个"询价类型"是与电子邮件客户端不同的。打开这个标签时，会看到询价类型界面，如图2-18所示。

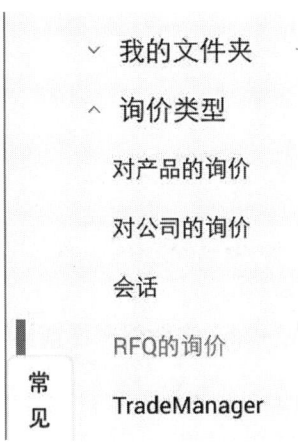

图2-18 询价类型界面

根据客户发送询盘的不同，阿里巴巴平台将其分成"对产品的询价"和"对公司的询价"两个部分，而对已经有过交流的询盘，阿里巴巴将之归类为"会话"，方便买卖双方更直观地查阅来往的信息。

在模块中，为了便利操作，阿里巴巴平台还设置了RFQ询价和来自于Trade Manager（阿里巴巴开发的一个针对平台用户的即时通讯工作）的询盘信息。询价信息界面见图2-19。

图2-19 询价信息界面

当点击产品的询价、公司的询价或是RFQ的询价后，会看到类似图2-19中的列表，列表中出现的就是收到的询价信息，可以打开任意一个询价信息来进行后续的操作。询价信息详情界面见图2-20。

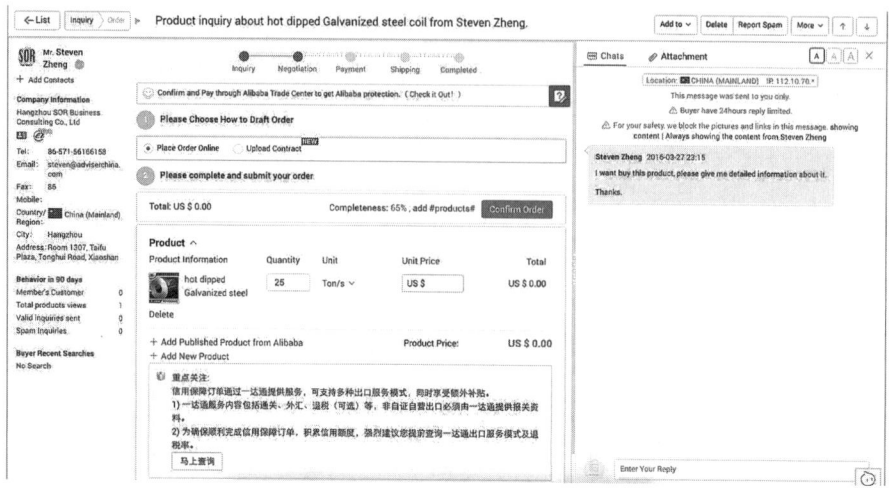

图 2-20　询价信息详情界面

在打开的询价信息中，可以明显地看到阿里巴巴平台已经将沟通和订单开始结合在一起了。也就是说，在界面的右侧，以对话框的方式将买卖双方的沟通整合到了一起，买卖双方都可以在这个对话框中清晰地看到来往的交流信息，方便买卖双方作出进一步的动作。在界面的左侧显示了买家的基本信息，中间部分则是在买卖双方完成沟通后可立即通过平台进行下订单的操作，大大简化了原有的线上建立联系而在线下下订单的流程，加快了交易达成的速度。这也一直是阿里巴巴平台努力要达到的目标之一。

在后面的章节中，会有更详细的订单操作的流程介绍，本节不着重讲解。

此外，阿里巴巴还提供了绑定企业域名的功能，如果供应商有自己的域名来设置企业邮箱，在这个模块中阿里巴巴也可经过操作来实现，因为这一部分涉及一些网络设置的相关知识，在这里不作太多的说明，可由熟悉网络设置的人员根据阿里巴巴平台的相关提示对应设置。

2. 客户档案管理模块

为了方便供应商管理已经收到的询盘中的客户档案，阿里巴巴平台也同时提供了一个客户管理功能，这个功能可以在打开询盘管理模块后，于顶部的菜单中找到，商机管理中心（询盘）界面如图 2-21 所示。

图 2-21　商机管理中心（询盘）界面

在这个功能模块中，用户可以方便地管理已经添加成客户的信息，包括对客户的基本信息以及活跃度等进行相应的设置和管理，以便于更好地跟踪客户，这个功能相当于一个非常简单的 CRM 系统（客户关系管理系统）。管理客户信息界面见图 2-22。

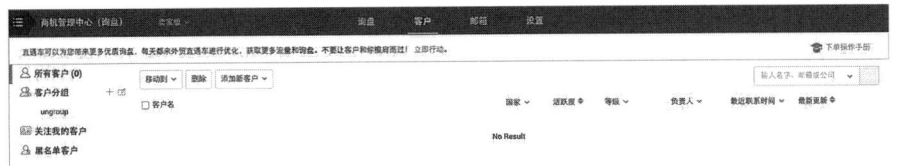

图 2-22　管理客户信息界面

这里只是简单地提到了平台上最基础的客户功能。事实上，在阿里巴巴平台上，针对客户管理的功能已经升级为更为复杂且对于在平台上工作的供应商来说也更便于管理的"客户通"功能。因为客户管理与商机管理，对于一个以跨境 B2B 为核心的跨境电商平台来说，是非常关键性的功能，两者之间有着非常复杂的连接，可以针对平台提供的各项说明来执行操作。

3. RFQ 模块

针对 RFQ 模块，可分为两部分来介绍。首先是 RFQ 沟通的部分，阿里巴巴平台已经将它与询盘管理部分进行了结合，也即回复过客户发送的 RFQ 的所有信息都整合到了"RFQ 的询价"部分，处理 RFQ 信息的过程与处理产品的询盘是类似的，在这里不作过多的说明。

其次，根据阿里巴巴平台对 RFQ 部分的设计，需要了解的是 RFQ 的规则。上面已经讲到，RFQ 不同于普通询盘的时效性，其资源在阿里巴巴平台系统中有相对独立的运营方式，由于平台整体规则的不断优化和升级，RFQ 资源所针对的群体也在发生着一些变化。比如，根据供应商的等级（出口通以及金品诚企）的不同，能够在 RFQ 频道搜索到的 RFQ 内容也是不同的。同时，RFQ 也区分为付费 RFQ 和免费 RFQ。付费 RFQ 指的是买家通过支付一定费用的方式来发布 RFQ，每条 RFQ 能够收到 20 条来自供应商的回复；免费 RFQ 则是买家免费发布的，每条 RFQ 能够接收最多 10 条来自供应商的回复。

另外，不同的供应商等级，最多能够搜寻以及回复的 RFQ 数量也有了动态的规则等，在这里不深入去分析了。需要了解的重点不在于阿里巴巴平台的规则，以上的规则展示仅仅是为了说明当跨境电商平台的规则发生变化时，卖家需要了解这些规则的变化以及平台所要作出的改变，同时能明白，在任何一个跨境电商平台实现在线交易并沉淀交易数据对于一个电商平台的意义。

(四) 数据支持模块

二十年前,在一些大型企业中实行的一套软件系统,被称为 ERP 系统。该系统是一个建立在信息技术基础上,以系统化的管理思想,为企业决策层及员工提供决策运行手段的管理平台。这套系统中相当有分量的部分被称为"企业决策支持系统"。这个子系统被广泛地应用于帮助企业实现战略决策等工作中,而这个子系统之所以可以用来帮助企业实现战略决策,并非这个系统有多么的智能,而是这个子系统是基于数据来分析的,这些数据都是来自 ERP 系统中每个部分所沉淀下来的详细的数据。

跨境电商平台的稳步发展以及后台计算能力的加强,使得中小企业也可以利用后台的数据来为电商平台的运营提供一些关键性的决策分析。在阿里巴巴平台,也提供了一系列的数据来实现这一目的,这在阿里巴巴平台,被称为"数据管家"。数据管家位于登录后的首个页面中,数据管家界面见图 2-23。

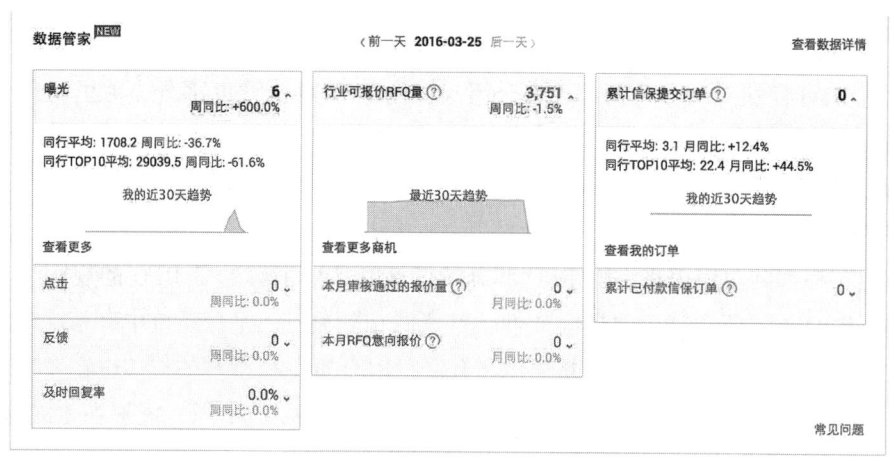

图 2-23　数据管家界面

进入数据管家界面后,可以看到顶部的菜单栏中将数据分为"诊断中心""知己""知买家""知行情"和"专题"5 个部分,数据管家内容版块界面如图 2-24 所示。

图 2-24　数据管家内容版块界面

下面分别对每个分类中的数据作一个简单的分析和说明。

1. 诊断中心

在这个部分，提供的数据是对供应商的整站进行一个全面的分析，其中，包括网站的基础建站、推广引流、买家沟通和订单转化 4 个部分，对这 4 个部分分别作出了非常详细的分析，通过对数据的分析，可以让供应商知道在哪些方面作出改进有助于获得最佳的平台效果。

2. 知己

这一部分的数据更为详细，分别针对站点效果、全球旺铺、产品、关键词以及子账号的使用效果和效率等进行非常详尽的分析，知己界面如图 2-25 所示。

图 2-25　知己界面

3. 知买家

在知买家中，阿里巴巴平台提供了最新的针对供应商网站的访客线索，以及根据上传产品和选择推广的关键字推荐的可能的买家信息等。

4. 知行情

阿里巴巴平台在该部分中整合了 RFQ 商机、热门搜索词和行业视角几个栏目。

在 RFQ 商机中，用户可以查看 RFQ 市场中最新的询价信息，也可以通过关键词搜索与之匹配的 RFQ 询价机会。RFQ 商机界面见图 2-26。

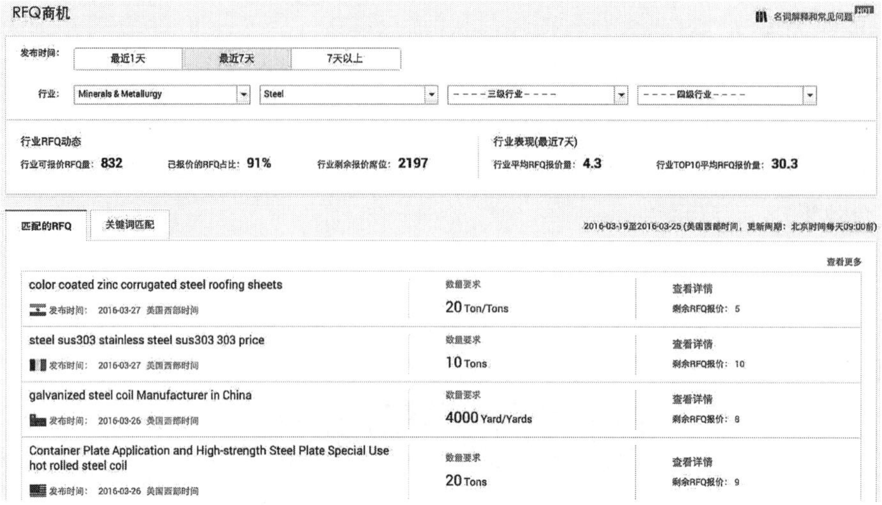

图 2-26　RFQ 商机界面

热门搜索词中，平台提供给用户一个便捷的界面，完成自定义关键词相关的全平台最热门及最常用的关键词的数据分析。在这里，卖家可以通过输入与自身产品相关的关键词来收集、整理关键词，同时，界面中还提供了将相关的关键词直接加入外贸直通车中或是直接参与推广的功能等，简化了原有的操作，提高了平台操作的效率，从而让卖家将注意力集中到交易成交上去。

对于行业视角，中国供应商用户（CGS 用户）可以选择 5 个不同的行业来查阅与行业相关的市场咨询信息，以便掌握最新的市场资讯，调整产业结构和产品管理等。

5. 专题

这个栏目主要是针对阿里巴巴平台系统进行全面的数据分析，帮助供应商从这些数据中找到一些线上交易的变化趋势，让供应商可以结合这些趋势对公司的战略作出适当的调整和优化。

三、平台效果评估方法

针对一个跨境电商平台的效果评估，一般都是从以下几个方面来进行的。

（一）产品曝光量

平台产品的曝光量直接决定了产品被买家查看到的概率，如何理解曝光量呢？在阿里巴巴平台，指定时间内会员产品和公司信息被买家看到的次数称为曝光量。无论买家是通过直接访问供应商的全球旺铺而产生的产品曝光还是通过搜索关键词后产品产生的曝光都会被统计在内，而从非阿里巴巴平台链接进入的产品曝光则不被统计在内。

怎样判断产品的曝光量是否合格或是达标呢？其实，在电商平台并没有特定的标准来界定，因为在不同的行业中，不同的产品在市场中的冷热程度都会直接影响到产品的曝光量，所以，更多的时候，评价一个产品的曝光是否正常的依据往往是通过比较来实现的，通过在一定时期内对当前的曝光量与上一周期的曝光数据进行对比后就可以知道当期曝光量是否正常。前文提到阿里巴巴平台提供了"数据管家"服务，在"数据管家"的"知己"栏目中，可以查阅到这个数据。

根据选择按天、周和月的统计结果分析，就可以知道在不同周期内包括曝光、点击、点击率、访客数量、反馈（也就是询盘）数量、及时回复率等数据的动态比较。通过这样的比较，可以用动态的结果来得知产品的曝光是否正常。在数据管家中，还提供了行业 TOP10 的对比数据，方便供应商与行业中最好的 10 家供应商来进行对比，找到差距并进行合理的优化。

除了以上可以用来分析平台曝光数据的方法之外，其实阿里巴巴国际站还大量升级了数据分析的工具。依据供应商不同的会员方案，从数据管家升级成了数据参谋，无论是用户在行业中的热度、排名，又或是根据平台全局商家的数据来提供供应商更多维度的可视化的参考，都可以帮助平台的供应商进一步分析自身的产品或是企业在整个行业中的优劣。换言之，阿里巴巴国际站中的商家已经从原有的"孤岛"跳出，通过数据链接，在行业中与其他商家的动态数据形成了一个动态的"岛链"，随时都可以在平台优化包括产品在内的企业形象、产品展示风格、推广方向等，让企业的跨境电商来到了以客户需求为中心的新的形态。

（二）询盘量

询盘量代表了投入阿里巴巴平台后所获得的贸易机会，在平台中，阿里巴巴把询盘数据称为反馈数，常规情况下，反馈数量与产品曝光量基本是成正比的，也就是说曝光数越多，那么询盘数也越多。

但是，在某些情况下，曝光量很大，询盘数量却很低，这很可能是因为虽然搜索产品的客户很多，但是正如前面在产品上传部分提到的，如果没有对上传产品的图片进行适当的优化，给客户一个良好的观感，会直接影响客户的点击行为，而且，如果对于产品的属性填写不规范以及产品的详情没能很好地说明产品的话,也会造成有曝光、有点击而无反馈的情况。所以,结合曝光量与询盘量的比值,可以通过与同行业的对比发现自身的问题并给予优化。

当然,影响询盘量的因素有很多,不能一概而论,但有一点可以明确,就是当询盘量在某一个特定的对比周期内发生不正常的浮动时,应该就产品、阿里巴巴的规则调整以及市场进行分析,找到可能存在的原因,并进行相应的调整。

然而,需要注意的是,伴随着跨境电商这种模式被越来越多的买家和卖家接受,询盘量也逐渐脱离了与曝光直接相关的这种以往看来最直接的相关性。因为越来越多的数据证明,平台的访客通过搜索是否能够找到供应商的产品并随之产生曝光量的影响因子发生了变化。

随着买家群体的年轻化,丰富的产品展示内容已经成为影响平台是否展示供应商产品的重要因素,而平台越来越多样化的营销逻辑,也让平台上的供应商采取不同的"入口"来展示适合该场景的产品,比如每年在平台都会规划的各类采购节和线上"大促",还有适应年轻化买家群体的线上直播通道等。这些新方式的出现,都让平台上的供应商从原有的产品展示到曝光、点击、反馈的逻辑中发展出一套以内容为主体的引流途径。

(三) 询盘转化率

询盘转化,用更容易理解的方式来说,那就是订单转化,指的是收到询盘后,经过沟通、洽谈等一系列的工作,最终成交的过程,而询盘转化率就是通过询盘转化的订单与收到的询盘总数量之间的比值。

要提高询盘转化率,需要的不仅仅是平台产品或是平台本身的优化,因为这些优化只能确保曝光量和询盘量,但是不能提高询盘转化率。需要意识到的一点是,询盘的转化过程,实际上就是询盘转化为订单的过程。在电商平台,供应商的服务能力将直接影响到订单转化的能力,供应商如何提高订单转化的能力呢?结合跨境电商平台的特点来看,在线交易的能力是跨境电商平台的一个重要能力,而跨境电商与传统商业之间的区别中,非常显著的一条就是高效。所以一定要利用好这个特点,实现在跨境电商平台上高效的服务和高效的信息交换过程。阿里巴巴平台已经提供了非常高效的沟通方式,这是有利于提高服务效率的,那么,作为卖家的供应商,就应该充分结合平台所提供的站内沟通渠道以及移动端的 APP 来实现全时段的沟通,让服务更高效。

此外，阿里巴巴国际站中的信用保障体系与供应商店铺的深度结合，产生了一个新的帮助买家判断供应商的指标，即供应商"星等级"，一星到五星的划分，分别代表了供应商在平台的交易力、产品力以及履约能力等各方面的能力，从而将原有粗略代表的信任度转化为可以用更简单的方式衡量的指标，让原有的"人为判断"转化为"理智判断"的标准。

一系列的变化，都让阿里巴巴国际站平台上的交易从原有的对品的选择逐渐转变为对商的选择，这也是符合 B2B 贸易中最基本的转化原则的，即跨境 B2B 是"人与人"之间的交易而非人与品之间的交流。

第三节 平台客户的留存

一、互联网的客户资源池

（一）客户的定义

在现代商业中，客户是指通过购买产品或服务满足其某种需求的群体，也就是指跟个人或企业有直接的经济关系的个人或企业。

前面已经了解到，互联网的特性让跨境电商平台的买卖双方的定义产生了变化，成为了互联网中的基本因子——资源。那么，对于客户的定义就需要在商业中对客户定义的基础上往互联网基因的方向上去思考。

在跨境电商平台，交易产生之前，是很难人为预知的，所以，此处不再以传统的方式来定义客户，而将客户定义成"可能通过平台购买产品或服务满足其某种需求的群体"。

（二）资源池

在跨境电商平台，每天均会有上千万次的产品访问，也就意味着，在平台，每时每刻都有产生贸易的机会。正如上面说到的，对于客户的理解已经改变，所以说，每时每刻都产生着各式各样的"可能"，这个数字在传统的商务活动中是无法想象的，也不具备可比性。如果可以将每时每刻都产生着的贸易都放到一个虚拟的池子中，针对这个池子里的每个可能进行分析,并且建立一个相对有效的筛选方式,那么,随之就产生了一种新的思维方式。这个思维方式就是下面要讲到的"资源池"的概念。

"资源池"的概念来自于IT（Information Technology）行业,在不同的应用中,资源池的解释都有所不同。这里引用云计算中对于资源池的一种解释来进行说明:资源池是指云计算数据中心中所涉及的各种硬件和软件的集合,按其类型可分为计算资源、存储资源和网络资源。

为什么要用IT行业中的这个理念来应对客户呢？其实理解起来也很简单,因为获得所有贸易可能的地点是跨境电商平台,而跨境电商平台在抛开其商务的属性后,本质还是一个互联网平台,既然它是一个基于互联网而产生的平台,那么,它就势必具备互联网资源的特性。从上面提到的云计算中对于"资源池"的解释来看,"资源池"包含了云计算数据中心所涉及的所有硬件和软件的集合。从对客户的重新定义中就可以这样去理解:当一个贸易机会或者交易可能在跨境电商平台产生的时候,它就变成了平台的一个资源,而根据数据计算原理的简单理解,就是在资源池中的所有硬件或是软件,只有在真正涉及计算过程的时候才会被数据中心调用,这和跨境电商平台买卖双方达成实际交易的过程相似。而资源池中的每一项资源在没有实际产生计算之前,其本身就存在,只是还没有发挥它的作用,仅此而已。

对上面的这个概念简单理解后,就可以更进一步理解为什么要建立这样一个客户资源池了。在跨境电商平台,当任何一个"客户"出现的时候,卖家并不知道在什么时候会真正利用到它,换种说法就是卖家根本不清楚什么时候这个"客户"会产生实际的交易,但是,可以确定的是,在"适当"的时候,这个客户就会与卖家建立真正的联系,并且产生实际的交易行为。所以,对于跨境电商平台所有出现的"客户"就不能从主观的角度去决定其可用性了。

此外,在IT行业中,是否调用某个资源,取决于所设计的调用规则,反映到交易行为上,就是需要创造一个合适的条件来"激活"这些资源,也就是这些客户。在跨境电商平台,对交易中所涉及的产品已经进行了有效的展示,那么,这些经过展示的产品就能成为"激活"这些资源的触发条件之一,当然,要让买家与卖家达成最终的交易还需要其他的条件,比如商品的规格、商品的价格、贸易条件等,这些促成交易最终达成的因素也同时成为"激活"这些资源的触发条件,由此可以知道在何时让这些"客户"真正地活起来,从而实现跨境电商平台交易。从另一个角度去理解就是,在没有将交易中所必须的因素全部激活之前,这些客户是处于"休眠"状态的。需要注意的是，这里提到的"休眠"不等于无用。

前面的章节里提到过，阿里巴巴国际站已经初步将供应链的各个环节结合到了平台服务中，所以也就可以用平台提供的工具来对资源池进行扩充和反复利用，比如通过与平台的客户资源无缝结合的"小满"来实现对平台客户的由点到面的线索搜索，也可以通过"小满"来智能地完成从产品来选择关联产品的潜在客户的再次"入库"等，加强资源池的建立。

二、平台客户的特点

跨境电商平台是建立在互联网发展到一定阶段而出现的一个产物，而且，通过对跨境电商平台的客户的重新定义，跨境电商平台的客户也就具有其异于传统客户的一些特点。

（一）不确定的特点

在传统的国际贸易中，所接触到的客户来源通常是展会，而展会与跨境电商平台最大的区别就是，在展会中，几乎每一位客户都是与卖家见过面的，也就是说在传统的国际贸易中，买卖双方最终可能达成的交易实际上是建立在双方已经有了初步的接触这个大前提下的。

而在跨境电商平台，互联网的特点决定了在平台绝大多数的买卖双方是素未谋面的，所以，无法在交易最终达成前，甚至是在与客户建立实质性的沟通前去判断客户的信息。当然，跨境电商平台提供了许多帮助买卖双方鉴别对方的方法和渠道，然而，这些方法和渠道也是建立在互联网的基础上的，因此，互联网的基因也同样决定了双方还是无法通过最直观的方式去判定彼此的背景、真实信息等在交易行为中必需的因素。

（二）定位可变的特点

在互联网产生的初期，有一句非常经典的话：在互联网中，如果你不说，没有人知道你是一个人还是一条狗。

这句话从侧面反映出，在互联网中，用户处于什么样的定位，取决于其后续的行为。回到交易的过程中再重新去理解这句话，很快就可以意识到，互联网中，买卖双方的身份其实是可以互换的，什么时候产生这样的互换取决于交易条件的变化，也就是说，当交易需求发生变化的时候，这种买卖双方身份的互换是自然产生的。

结合上面提到的客户资源池来看，初始阶段以卖家身份创建的资源池中，其实卖家本身也是一个"客户"，之所以他是卖家，只是因为在资源池建立的那个时刻，他是卖家而已。当交易条件发生变化的时候，卖家能在瞬间转换成买家。

三、平台客户的黏性

在传统国际贸易中，如何建立客户黏性是一个很复杂的过程，为什么要建立客户黏性呢？在商业中，单次的交易给商业带来的仅仅是单次的价值，或者说单次贸易给买卖双方带来的仅仅是单次的利润，为了让买卖双方不断地通过交易持续获得利润，就必须通过某种方法或手段让买卖双方形成强大的黏性。这不但是价值的持续体现，更是价值的增值，这个黏性甚至会产生诸如品牌价值、服务价值等与交易本身无关的新的价值。

跨境电商平台的客户，不同于传统国际贸易中的客户，不确定的特点和定位可变的特点，给建立客户的黏性带来了不小的难度。跨境电商平台的客户在产生交易前，交易只是一种可能，那么，如何仅仅在这种可能下建立与客户之间的黏性呢？这就需要基于跨境电商平台的基础来考虑。

跨境电商平台是基于互联网的产物，在所有的互联网平台，无论是门户性质的平台，还是线上购物平台，都需要与访客建立一种黏性，以便让访客反复、多次地访问这个平台。一般这些平台都会通过建立邮件列表、网站搜索引擎优化（SEO）、利用社交网络建立社群等方式来保持访客的活性。

什么是门户（Portal）？门户的原意是指正门、房屋的出入口，后来引申为派别、宗派、门第、人家等。现多用于互联网的门户网站，是指集成了多样化内容服务的Web站点，又称为网络门户。现在通常认为网络门户就是网上浏览者的出发地点，人们经由这道门进入网络世界，也可以看作上网的"启动港"，上网第一站。

什么是邮件列表？邮件列表几乎是与电子邮件同时出现的，它的历史非常悠久，早在20世纪70年代ARPANET（Internet的前身）出现的初期就得到了广泛的使用。它有些类似于Usenet新闻组，与Usenet新闻组的不同之处在于，新闻组使用专门的NNTP（Network News Transfer Protocol，网络新闻传输协议），只要用户的计算机拥有支持NNTP协议的"新闻阅读器"程序，就可通过Internet随时阅读新闻服务器提供的分门别类的消息，要参加时用户无须事先申请，不感兴趣时也不用声明退出。而邮件列表完全是基于电子邮件系统的，信息的发送与接收方式都与普通的电子邮件相同，并有专人对邮件列表进行管理。

跨境电商平台与此类平台在某些方面是相似的，甚至是相同的，所以，此类平台所采用的方法，在跨境电商平台也同样可以采用，或是同一方法换一种模式来实施。跨境电商平台，买卖双方需要的是在平台达成交易，这也是跨境电商平台致力于达成的目的之一，而跨境电商平台的客户是商人，所以，完全照搬其他平台建立和提高客户黏性的方法明显是不可行的，因为买卖双方谁也不愿意轻易地造成对方的困扰。所以，在跨境电商平台，邮件列表被改成了业务开发信，而网站搜索引擎的优化则转换成了提高在跨境电商平台的排名，建立社交网络的社群变成了创建完善的客户档案系统，分类对客户信息进行管理和维护，周期性地对客户档案及客户进行更新和激活。

【结语】

本章主要针对阿里巴巴跨境电商平台进行了相对详细的介绍和分析。然而，中国跨境电商平台的发展变化非常快，所以，以上介绍的知识点是基于编写本章时的实际情况来进行的。在实际操作时，由于规则的变化，会让本章所介绍的内容对应产生一些变化，也请读者根据学习时的实际情况进行合理的调整。

【课后习题】

1. 跨境电商平台的特点是什么？
2. 在阿里巴巴平台，为什么要特别关注橱窗产品？
3. 阿里巴巴平台为什么要从撮合型的平台转向交易型的平台？
4. 阿里巴巴的外贸直通车功能是如何计算最终消耗的费用的？
5. 在阿里巴巴平台询盘是否越多越好？

第三章

其他跨境B2B电商平台

本章重点

本章学习重点是了解中国制造网、环球资源网以及以敦煌网为代表的其他跨境电商平台的特点,平台的操作、效果评估以及注意点。

学习目标

本章旨在让读者了解中国制造网、环球资源网和敦煌网的主要特点,平台的操作、效果评估以及注意点。完成本章学习,学习者应获得以下成果:

(1) 了解中国制造网、环球资源网和敦煌网平台的特征;
(2) 了解中国制造网、环球资源网和敦煌网平台的操作;
(3) 了解中国制造网、环球资源网和敦煌网平台操作效果评估;
(4) 了解中国制造网、环球资源网和敦煌网平台操作注意点。

第一节 中国制造网

中国制造网是与阿里巴巴跨境电商平台几乎同期出现的另一个国内知名的涉及跨境B2B电商的平台。但是，中国制造网与阿里巴巴平台相比，有一些不同之处，下面将进行一些简要的分析。

一、平台特点分析

可以这样去比喻阿里巴巴跨境电商平台与中国制造网的不同，阿里巴巴平台就像是将一个大网撒向大海，对于"捕捞"上来的是什么，阿里巴巴平台在一开始并不是非常的关注，需要先进行筛选，之后再按照自己的需求进行分类和归类并进行下一步的处理。但是中国制造网的逻辑并非如此，在中国制造网上，每一位用户就像是一位"钓翁"，面对大量的"鱼类"，根据放下的"诱饵"的不同，所获得的"鱼"也是不同的。因此，与阿里巴巴平台相比，在中国制造网上所得到的询盘数量就不是那么多了。因此，针对中国制造网，对应的一些操作思路会与阿里巴巴跨境电商平台有一些差异。

二、平台操作解析

其实，无论是哪一种跨境电商平台，基本的操作思路都一样。正如上文提到过的，只要是电商平台，都具备一个最基本的点，那就是基于互联网。所以，互联网所具备的特点，电商平台都是具备的。因此，在中国制造网上，与阿里巴巴跨境电商平台的基本操作逻辑是相似的。

从中国制造网的运营逻辑上来看，也可以将它分为3个基本的模块：产品模块、推广模块、数据模块。

在中国制造网中，没有作为一个跨境电商平台所必需的两个部分：在线交易和在线组织安排物流部分。因此，不可以将中国制造网认定成一个完整的跨境电商平台，而只能将之视为一个正在发展中的电商平台。将其列入本书的原因是，任何一个跨境电商平台的发展都需要一个漫长的过程，不可能一蹴而就。

那么，在理解了它的不同之后，该如何操作中国制造网这个平台呢？

（一）产品模块

无论是哪个平台，产品发布都是所有操作的第一步。因此，在中国制造网上操作的第一步也是上传产品。但是，中国制造网与其他平台相比，在平台将办公环境虚拟化了，具体来说，在中国制造网中，产品上传、管理等与产品相关的功能都放到了一个称为"Virtual Office"的模块中。Virtual Office 界面见图 3-1。

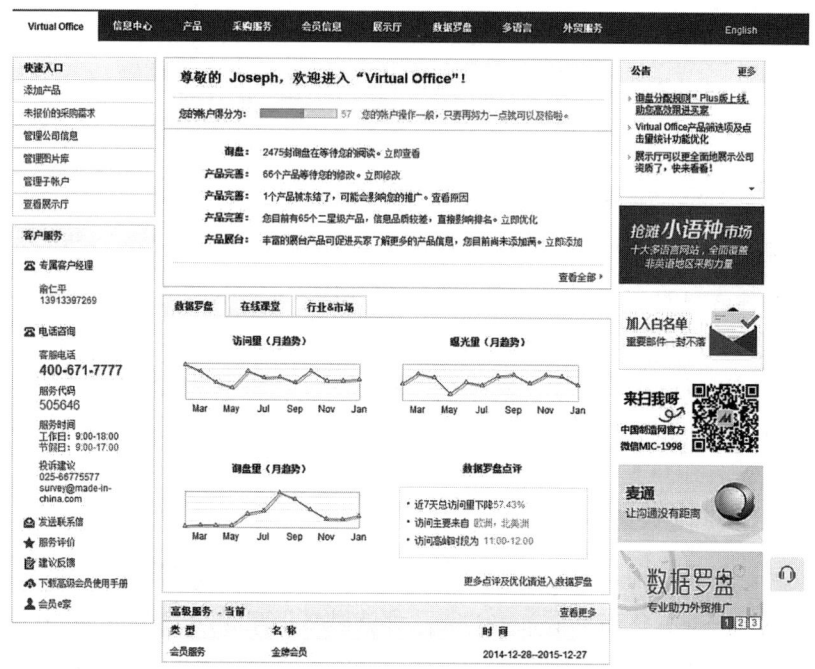

图 3-1　Virtual Office 界面

添加产品的功能，就在菜单的左侧直接点选"添加产品"或是通过上部菜单栏中的产品栏目来进入。在这个部分，就像前文提到的一样，各个平台都不会有太大的差异，从图 3-2 的界面截图中可以看出来，与阿里巴巴电商平台的产品上传功能大体一样，中国制造网中也同样提供了上传产品图片的功能，同时，也建议了图片的大小和尺寸等。另外，在中国制造网，图片也是以正方形为标准的图片形状来展示的，所以，网站也建议将图片修整为正方形，当然，也可以通过网站提供的在线图片编辑功能来进行适当的裁剪工作。同时，中国制造网也建议用户上传多张照片来多角度展示产品，从而引起潜在买家的关注。产品信息界面见图 3-2。

第三章 其他跨境 B2B 电商平台

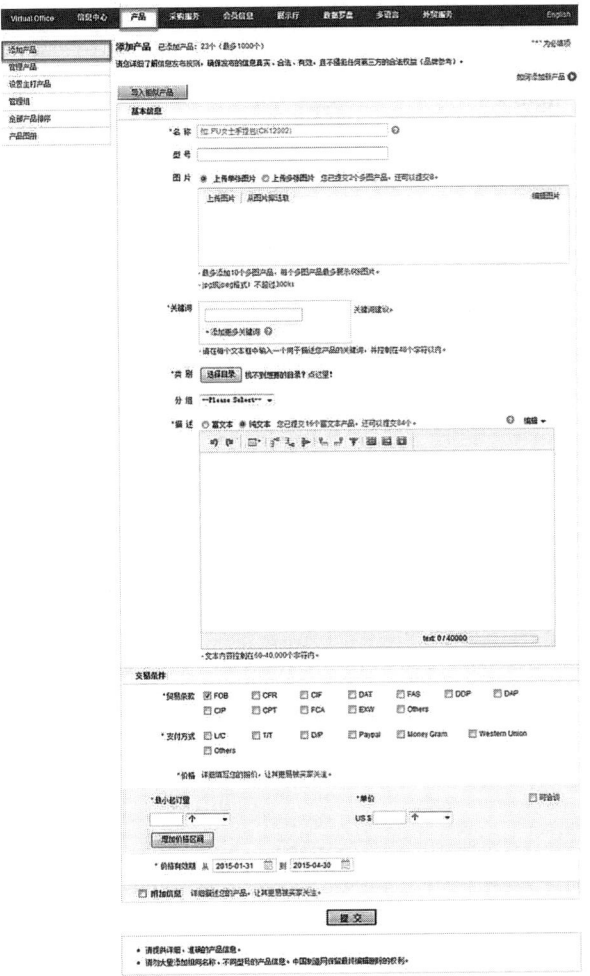

图 3-2 产品信息界面

与其他平台一样，中国制造网也提供了图片添加水印这样类似的功能来帮助企业防止图片被盗用等，产品图片界面见图 3-3。

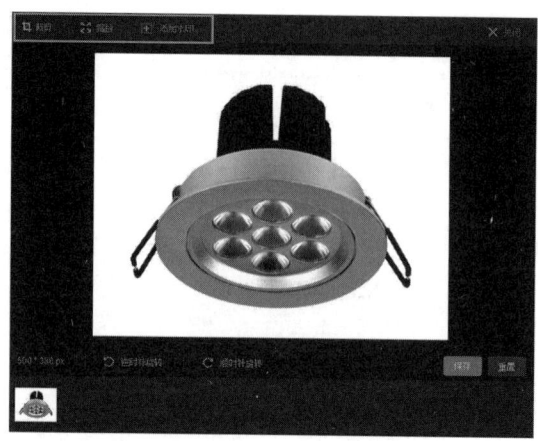

图 3-3　产品图片界面

几乎所有的电商平台都相当关注买家体验度，因此，为了更好地适应买家的感受，中国制造网也要求供应商在上传产品时对产品属性的描述尽量详细，产品属性描述（Product Property）界面如图3-4所示。

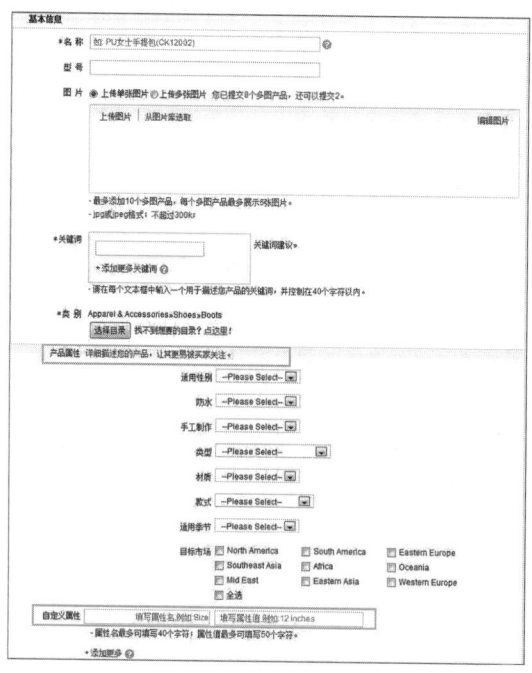

图 3-4　产品属性描述（Product Property）界面

中国制造网对于上传产品的其他要求与阿里巴巴电商平台类似，比如产品详情描述等，主要是要求供应商在将产品展示给潜在买家时，要让买家更直观、更快速地了解产品。所以，建议所有用户对于产品详情描述部分给予足够的重视。

在中国制造网中，比较有特色的部分是在产品管理这个模块中实现的，除了常规的产品的分组、修改、删除之外，在中国制造网中，对于已经上传的产品还有几个特殊的状态，具体如下。

1. 通过审核：只有通过审核的信息（同时公司信息也为"通过审核"状态）才能在中国制造网上展示。

2. 新加入：新添加的信息正在等待中国制造网的审核。

3. 已修改：修改的信息正在等待中国制造网的审核。

4. 需要修改：提交的信息未通过中国制造网的审核，请予以修改。

5. 冻结：提交的信息违反了信息审核规则或用户协议。

6. 下架：产品暂时停止展示，只有"通过审核"的非绑定广告的产品、非主打产品才可以下架，下架产品无须审核可直接上架。

这些在中国制造网中都有较为明确的说明，这里就不赘述了。需要特别注意的是，在中国制造网，针对高级会员，提供了"主打产品"这个概念，主打产品在中国制造网是有特别作用的。在规则中，每一家高级会员都可以设置7个主打产品，而这7个主打产品分别有从1分一直到7分的内部分值。而分值从高到低决定了产品优先排名的顺序。因此，用户完全可以根据中国制造网中针对不同行业的产品竞争度来对优势产品进行合理的分值调整，以获得最好的效果。设置主打产品（Product Priority）界面见图3-5。

图 3-5　设置主打产品（Product Priority）界面

同样，在中国制造网中也有针对产品的分组设置，通过产品的分组，供应商可以将产品按照类型或是其他产品特色进行分类，用产品分组的方式来体现，给访问者以更清晰的逻辑。产品分组（Product Group）界面见图 3-6。

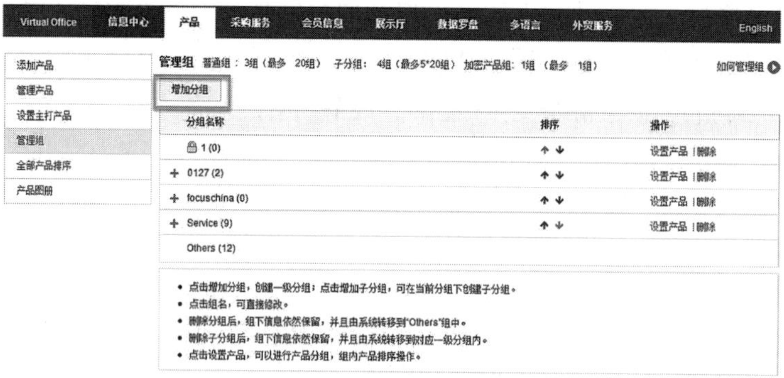

图 3-6　产品分组（Product Group）界面

另外，中国制造网还允许用户在已分组产品中设置子分组，比如 Light 这个组的下面，还可以增加一个 LED Light 组，用来将大类和大类中的小类更明显地区分开来。产品子分组（Product Subgroup）界面见图 3-7。

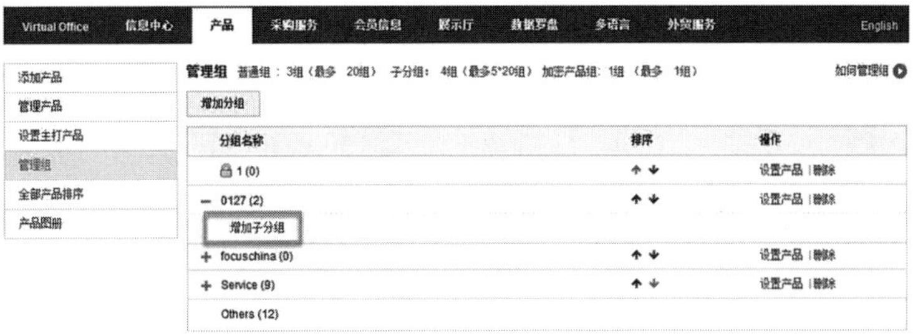

图 3-7　产品子分组（Product Subgroup）界面

分组创建成功后，卖家可以随时修改组名、删除组名及调整产品分组类别。修改子分组界面如图3-8所示。

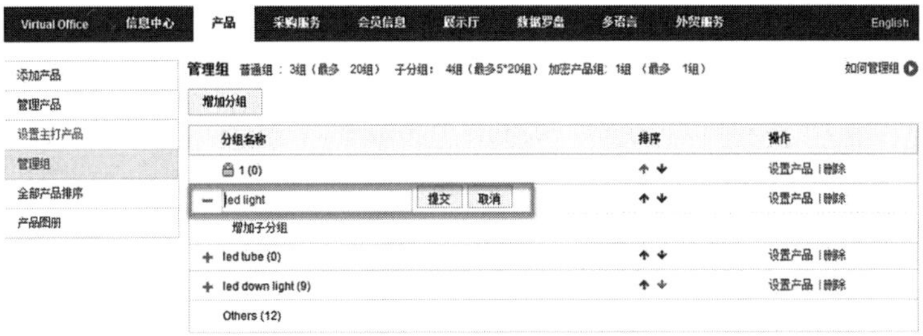

图 3-8　修改子分组界面

中国制造网在分组中，有一个非常特殊的组别，被称作"加密产品组"（Private Group）。供应商的有些产品是专利技术产品，或是还未大规模投放到市场中去的产品，但同时也希望通过邀请的方式，让一部分特殊的客户先行查阅，那么，这个加密产品组就可以起到很好的作用。当建立一个加密产品组后，可以针对这个组设置相对应的访问密码，这样，将密码告知客户，客户就可以通过被告知的密码来访问这个组的产品，同时也不会让其他供应商不希望的人或是买家看到，具有很高的实用价值。加密产品组（Product Private）界面见图3-9。

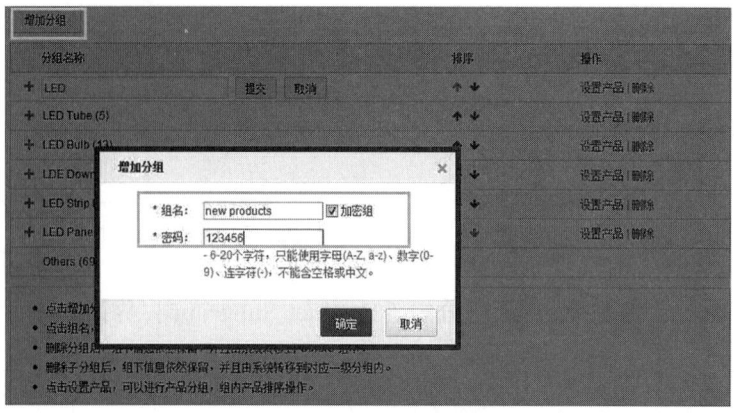

图 3-9　加密产品组界面

虽然中国制造网提供了这样一个实用的功能，但也不建议把所有的产品都设置成加密组产品，因为在加密的同时，也就意味着放弃了被平台搜索到的可能，也就是说，一旦产品被设置为加密组产品，那么这个产品就不会在搜索结果中显示了。另外需要注意，主打产品是不能被设置到加密产品组中去的。

由于中国制造网还提供了产品排序的功能，而这个功能的使用，将会影响到供应商公司在中国制造网提供的公司网站中产品的排序，那么，在产品排序功能中，就要妥善地使用这个功能，保证公司网站的美观和有序。用户可以在产品排序功能中通过拖拽来实现产品的排序，也可以通过直接更改产品图片的序号来改变产品的排序，序号越小，则位置越靠前。产品排序（Product Sort）界面见图3-10。

图 3-10　产品排序（Product Sort）界面

有时，当知道买家对哪几款产品感兴趣时，卖家会提供一个相对完整的产品表给客户作参考，这个产品表中包含了产品的图片以及相关的产品信息等。通常情况下，卖家会通过 Excel 或是 Word 来制作这个图册，而在中国制造网中，已经考虑到了这个需求，用户可以在"产品图册"功能中"添加产品图册"来选择产品，然后由网站自动生成所需要的图册，该图册已经包含了需要的产品相关的所有信息，这些信息在上传产品的时候已经同步上传完成了，所以，大大节省了供应商在这个环节的工作量和时间，同时也可以为客户提供最优的体验。这个功能输出的产品图册，中国制造网提供了三种格式，分别是 PDF 格式、Excel 格式和 Word 格式，方便用户在需要的时候进一步修改。操作过程如图 3-11、图 3-12 和图 3-13 所示。

图 3-11　选择要添加图册的产品（Product Cata）界面

图 3-12 添加产品图册（Product Cata）界面

图 3-13 产品图册详情（Product Cata）界面

上一章里提到，阿里巴巴平台一个非常重要的部分，就是采购直达，简称为 RFQ，那么，在中国制造网中有没有 RFQ 呢？答案是肯定的，因为 RFQ 是买家在线上获取报价最快的方式之一，不同的是，在中国制造网中，该部分不叫作 RFQ，而被称为"采购需求"。

这些采购需求是买家发布后,经过中国制造网审核成功之后展示在采购需求的公开频道的,中国制造网也会将一定数量的采购需求直接推送给网站的高级会员,也就是说,高级会员一方面可以收到中国制造网推送的采购需求,另一方面也可以在公开频道中去报价,报价之后,网站的高级会员可以到 Virtual Office 当中去查看买家对于采购需求的回复。未报价的采购需求(Buying Demand)界面见图 3-14,管理报价(Buying Reply)界面见图 3-15。

图 3-14　未报价的采购需求(Buying Demand)界面

图 3-15　管理报价(Buying Reply)界面

(二) 推广模块

目前,中国制造网采用的还是相对"传统"的推广方式,之所以被称为传统,主要原因在于中国制造网的推广还是依托于网站本身的广告方式来进行的。不同于阿里巴巴平台上的通过点击付费、竞价排名等,在中国制造网,关键字的排名服务被称为"名列前茅",搜索页面的右侧广告,被称为"精品橱窗",在首页正中间展示的广告被称为"首页展台"。同时，在中国制造网中，对于上面提到过的比较有特点的主打产品，如果供应商需要，还可以通过额外付费的方式，购买额外最多两组的主打产品，以提高产品的精准曝光。因为此类推广方式主要是由中国制造网的工作人员来操作，所以本章不再针对这几种推广方式作过多的介绍。

中国制造网提供了一种线上与线下结合的方式来满足供应商实现跨境电商服务的需求，在2015年，中国制造网收购了美国的Doba，这是一家主打与美国当地零售服务商合作的网站，在美国有相对完善的服务渠道，包括美国的仓储、物流等。中国制造网在收购该公司后，面对中国供应商推出了"直销美国"的服务，协助中国供应商在美国建立本地化的公司，解决当地的品牌推广，物流运输以及与美国的Amazon、ebay、Bigcommerce等合作帮助中国供应商完成在美国的本地化运营工作，这与阿里巴巴平台在线的方式是完全不一样的。

三、平台效果评估

评估一个电商平台的效果的标准在本质上是相似的。基本上都是从曝光量、询盘量以及询盘转化率（也就是成交率）来评价的。中国制造网与阿里巴巴平台的运营方式，尤其是在跨境这一部分的运营上有着相当大的不同，因此，虽然评估的方法相似，但如果对所有的电商平台都完全采用这个标准来评估的话，那是有失公允的。所以，在对电商平台的效果评估上，建议在作出评估时，首先要看平台是否在整个贸易流程中提高了效率，是否为买卖双方提供了便利的贸易手段，然后再针对平台本身与其他用户之间的对比来评价平台的效果。

供应商可以通过中国制造网提供的"数据罗盘"功能查看中国制造网的整体数据和企业本身在平台上体现的趋势等。数据罗盘入口（Data Campass Entrance）界面见图3-16，数据罗盘详情（Data Campass Details）界面见图3-17。

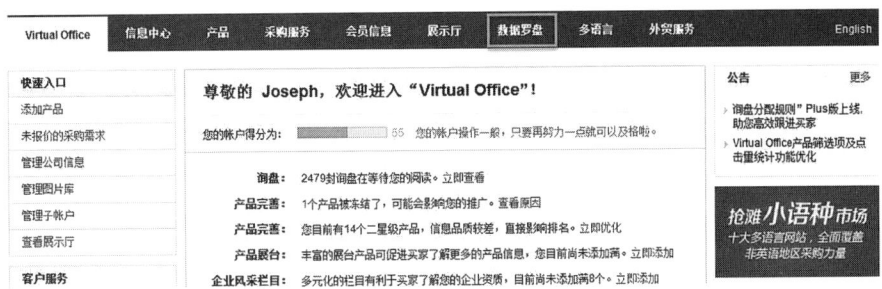

图 3-16 数据罗盘入口（Data Campass Entrance）界面

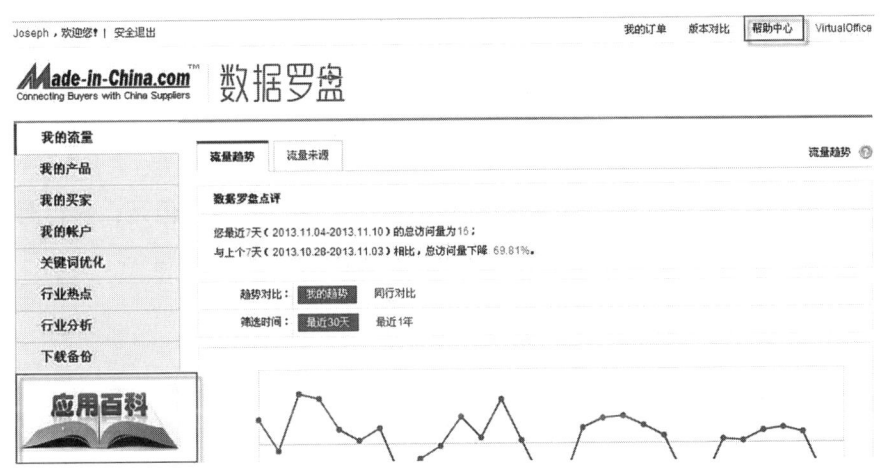

图 3-17 数据罗盘详情（Data Campass Details）界面

在互联网中，更应该关注的是趋势，而非数据本身。数据化的时代里，单一的数据是没有价值的，在一个区间内的数据对比才能反映出问题。从中国制造网的数据罗盘中，能够看到流量的趋势，结合平台提供的这些数据，可以简单地了解到在平台上产品的效果是上升了还是下降了，结果自身的操作去找到问题所在，从而进一步提升平台使用的效果。

当然，中国制造网提供的行业分析、热点数据等，也可以帮助供应商更好地优化平台，从而获取互联网电商平台关键的流量等。

另外，在中国制造网平台，还有针对贸易的一些服务。外贸服务（Foreign Trade Services）界面见图 3-18。

图 3-18　外贸服务（Foreign Trade Services）界面

可见，中国制造网虽然并非一个完整意义上的跨境电商平台，但是，平台所提供的各种服务仍然是为了解决贸易所有环节的效率低下的问题而存在的。

第二节　环球资源网

一、平台特点分析

说到环球资源网，就不得不提到环球资源网的起源。事实上，环球资源网多年以来，一直将自己定位为一家广告公司，也是以提供内容丰富而详实的以采购商为主要对象的行业杂志为重要优势的一家老牌企业，而非传统意义上的 B2B 平台。随着互联网的兴起，环球资源网也意识到互联网为商业贸易带来的巨大的价值，因此上线了环球资源在线（Global Sources Online），为广大从事生产贸易的卖家提供了在线的服务平台。

多年来，从对环球资源平台操作和应用的实际经验来看，环球资源网在中国市场因水土不服等各种原因一直开展得不是非常的顺利，但是，我们也必须看到环球资源平台的一些其他平台所不具备的特点和优势。

首先，环球资源网最初是发行以各国采购商为主要对象的行业采购杂志的公司，经过数十年的积累，已经积累了相当丰富的买家资源。上面提到的阿里巴巴平台和中国制造网，它们成立的时间都没有环球资源网长，因此，从平台运营的逻辑上看，环球资源网与上述的两家平台均不同。可以这样理解，环球资源网是一家通过在线平台来运营买家社群的公司。

其次，目前环球资源网还是世界上屈指可数的能提供各行业专业采购杂志的平台之一，数十年的积累，使其出版的采购杂志在买家中的口碑相当不错。虽然跨境电商平台已经势不可挡，但是，无法否认的是，传统杂志对于一部分老牌买家的吸引力还是存在的。另外，由于世界各国（地区）互联网发展的不平衡，不是所有国家（地区）的买家都习惯于通过互联网来寻找自己的供应商，互联网发展较为落后的国家（地区）的买家在一定程度上还是比较倾向于通过传统的杂志来完成供应商的积累。近十年来，电子商务在世界范围内不断发展，无论是哪一种传统的贸易渠道，都开始向互联网转移，正是由于这一趋势，环球资源网也做出了很大的调整，开始把重心向互联网平台的发展转移。

近几年来，环球资源网在电商平台上的投入也是非常大的，尤其是针对中国市场的投入。环球资源网在中国市场的发展由于受到传统思想的影响，一直不温不火，然而，应该看到的是，环球资源网结合自身强大的买家社群资源，逐步结合了线下自有展会来开展贸易撮合等服务。而且，环球资源网自己每年在不同国家（地区）举办的 China Sourcing Fair（环球资源采购交易会），也期望能结合网络平台供应商数据与线下的展会达成一个相对理想的结果。

最后，环球资源网的买家社群主要集中在欧美发达国家。近几年，环球资源网也不断将买家社群向发展中国家和新兴市场渗透，也期望通过互联网产品从这些国家和新兴市场获取新的资源。

二、平台操作解析

相较于阿里巴巴跨境电商平台和中国制造网平台来说，环球资源网的类型就相对单一了，源自环球资源的优势，这些年来，环球资源网并未对平台本身作出太大的改变，多次的改版均停留在平台原有内容的优化上，可以这样理解，环球资源网主要是为庞大的买家社群服务的，所以，在环球资源网中，对供应商是以星级来进行划分的，从 1 星到 6 星分了六档服务方案，不同的星级在网站中所获得的服务也是不同的，包括可供展示的产品数以及其他的服务等。在这里，仅针对环球资源网所提供的基本功能作一些简要的说明。

在环球资源网上，产品的上传要求非常严格，甚至可以说是苛刻。如上面的分析所述，环球资源网期望网站中的供应商能提供最优质的产品给自己的买家社群，从而让买家能在网站上得到最好的体验。当然，这并不是说环球资源网上传产品非常麻烦，而是在环球资源网上，供应商所上传的每一款产品均会经过环球资源网位于新加坡及中国香港地区的产品质量控制中心的审核以及对产品的图片进行优化等。因为环球资源网对产品的图片的外观、表现形式等均有相对严格的标准，所以，供应商在上传产品图片时，产品的表现力等因素，都会被严格地审核和把控。

在环球资源网上，将产品上传的过程，被称为"创建产品到供应商专用目录"，创建新产品（Create Product）界面见图3-19。

图3-19 创建新产品（Create Product）界面

创建的产品将出现在专用供应商目录中。创建产品的过程界面见图3-20到图3-24。

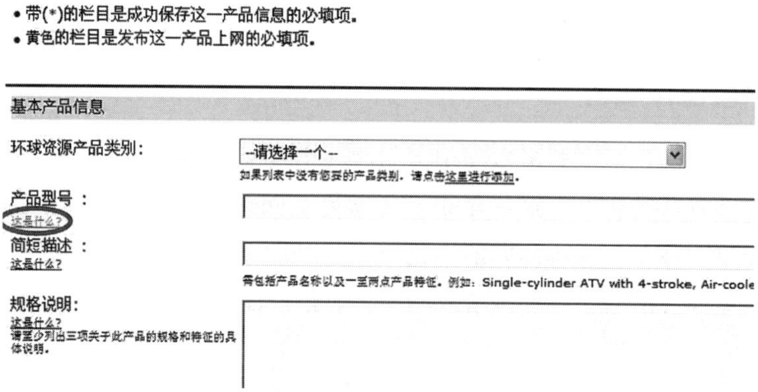

图3-20 添加产品型号（Create Catalory）界面

首先，需要添加产品型号，如图 3-20 所示。其次，需要选择产品的类别，在环球资源网中，这是一个交互的过程，在下拉菜单中无法找到需要的类别时，可以点击选择框下方的"这里进行添加"来添加一个类别，在弹出的界面中，可进行类别的添加。如图 3-21 所示。

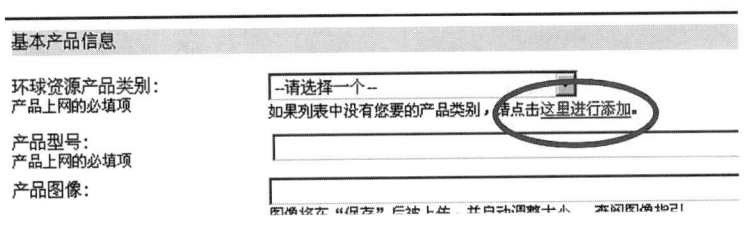

图 3-21　添加产品类别（Create Catagory Detail）界面

输入产品的关键字，系统会根据输入的关键字给出合适的类别提示，进而选择合适的产品类别，如图 3-22 和图 3-23 所示。

图 3-22　用关键字搜索产品类别界面

图 3-23　更多细分类别界面

环球资源网中，对产品的类别有非常详细的划分，所以，每一个产品均需要具体到每一个细分的类别才能进行下一步的操作，这样做的原因是可以让买家在细分的类别中更容易找到所需的产品。当然，网站也提供了供应商一次性添加多个产品类别的功能，以便于后期在产品上传时便捷地选择产品类别。在产品信息主页中就提供了这样的功能。如图3-24所示。

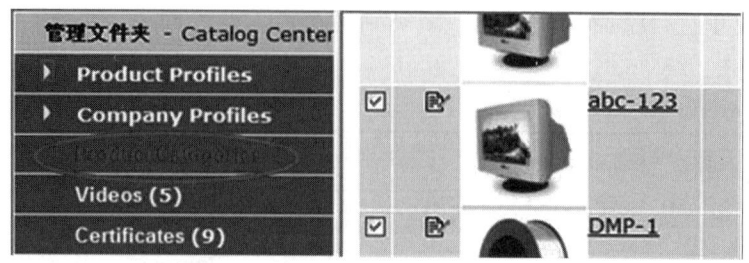

图3-24 一次创建多个产品类别（Create Catagories Batch）界面

至于产品详细内容的填写，在环球资源网则没有其他的平台那么复杂，因为在环球资源网中，并非靠排名来获得曝光，环球资源网中的规则是星级越高，排名越靠前，所以，只要按环球资源网的要求认真填写产品的内容即可，本章不再对产品填写的规范进行详细介绍。

环球资源网对于产品部分，还有一个非常重要的点需要说明，即在环球资源网中，产品上传完成后是需要提交成功后才能展示的，这里的提交不同于普通网站当中的保存，因为上传后的产品由于用途不同，产品的去向也是不同的，提交成功界面如图3-25所示。

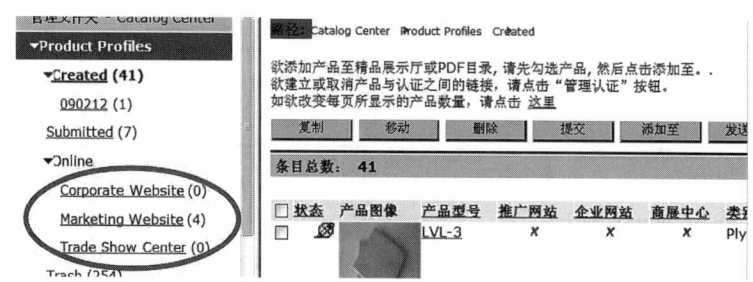

图3-25 提交成功（Product Submit）界面

需要了解的是，只有提交到Marketing Website的产品才会在环球资源网上展示。所以，在上传完产品后，需要主动提交产品到Marketing Website里去。

另外，还需要说明的是，环球资源网中，产品有上架和下架之分，简单地理解就是产品上架后才能展示，下架就不再展示。在环球资源网中，还有替换产品这样一种操作，可以理解为先锁定一款产品，然后上传新的产品，上传的产品在提交后会自动替换已经锁定的产品。原因结合前面讲到过的内容，在环球资源网上，一次性展示的产品数量是有限制的，所以，当供应商上传并展示的产品数量达到限制后，不能再增加展示的产品，此时可以选择产品进行替换。为了避免出错，环球资源网就用锁定、替换的方式来解决这个问题。锁定为替换产品界面及解除锁定界面分别如图 3-26 和图 3-27 所示。

图 3-26　锁定为替换产品（Product Lock）界面

图 3-27　解除锁定（Product Lock Replace）界面

环球资源网还提供了产品认证功能，允许供应商将上传成功的产品与产品的认证关联起来，方便买家查阅产品所获得的认证证书等。创建产品认证界面如图 3-28 所示。

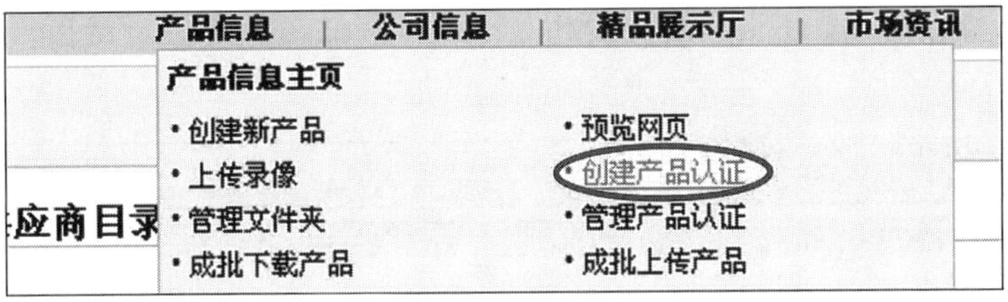

图 3-28　创建产品认证（Product Certification）界面

在产品信息中，选择了创建产品认证后，即可创建供应商已经获得的产品认证。上传产品认证扫描件界面如图 3-29 所示。

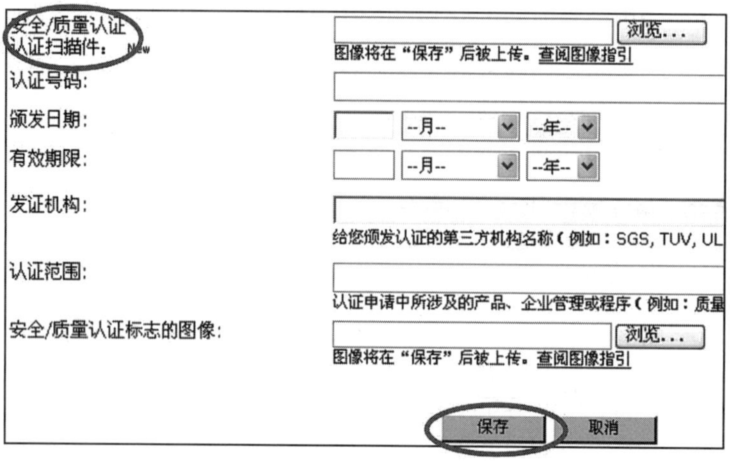

图 3-29 上传产品认证扫描件界面

随后，可以将产品与该认证信息进行关联，关联产品和认证信息界面如图 3-30 所示。

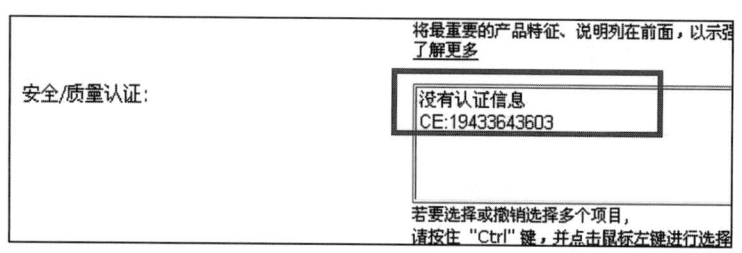

图 3-30 关联产品和认证信息界面

在产品管理栏目中，供应商可以将相关的多个产品与认证进行链接，如图 3-31 和图 3-32 所示。

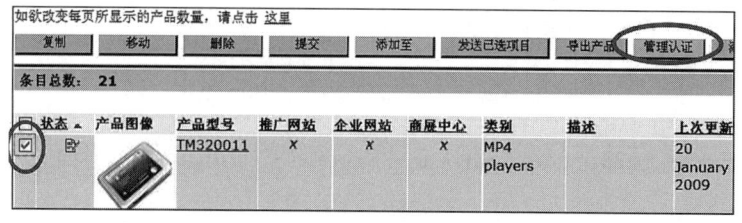

图 3-31 勾选多个产品与认证进行链接界面

第三章 其他跨境 B2B 电商平台

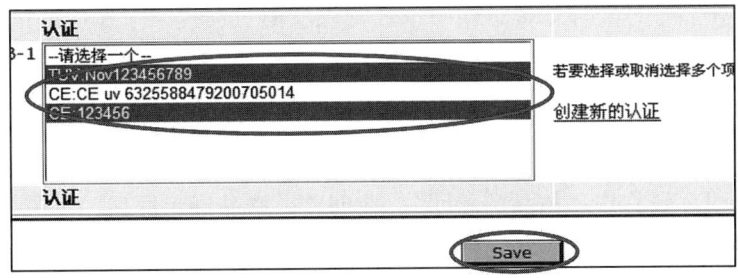

图 3-32 勾选后保存界面

正如上面提到过的,环球资源网的最大优势是买家社群,因此,在网站中同时提供了将已上传的产品群发给建立联系的买家的功能,通过选择需要的产品,在地址簿中选取需要发送的买家后,可以一次性将产品群发给这些买家,建立与买家的联系。勾选发送项目界面如图3-33所示,发送已选项目界面如图3-34所示。

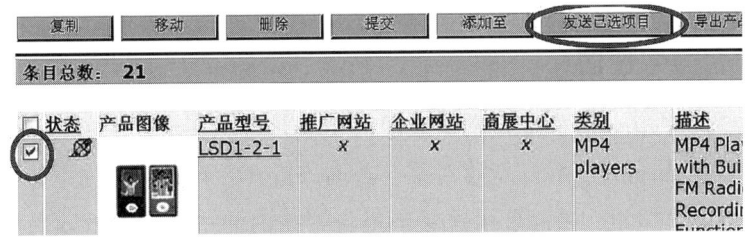

图 3-33 勾选发送项目界面

图 3-34 发送已选项目界面

与其他的平台一样，环球资源网中也针对供应商页面提供了相关的信息编辑功能，但是，与上传的产品一样，当完成了企业信息的编辑后，供应商还是需要将页面提交到 Marketing Website 中去，否则也不会正式地展示到网站上。

与上一节中提到过的中国制造网提供的"加密组产品"相类似的功能，在环球资源网中也有提供，被称作"精品展示厅"。在创建了精品展示厅后，供应商可选择需要展示的产品到精品展示厅中，并创建一个密码，生成一个链接，然后把这个链接连同创建的密码通过电子邮件或其他的方式发送给目标客户，邀请目标客户通过精品展示厅查阅供应商推荐的产品。2 星以上的客户还可以在精品展示厅中上传 PDF 格式的产品目录或是企业白皮书邀请目标买家下载及查看。另外，精品展示厅还提供了一个比较特别的功能，就是幻灯播放精品展示厅功能，通过这个功能，买家可以以幻灯片播放的方式查看展示厅中的产品。在一些没有网络的场合，比如展会上，供应商还可以通过精品展示厅提供的功能实现离线幻灯片展示，由于操作比较简单，在本章中就不多介绍了。

三、平台效果评估

环球资源网为购买了收费服务的供应商（也就是购买了 1 星到 6 星星级的供应商）提供了包括热门产品排行、我的竞争对手、查询分析（在环球资源网中，把所有的询盘都称为查询）、买家线索、精品展示厅登录报告等在内的一系列分析效果的工具，方便供应商对平台的效果进行相对应的评估。

正如上面提到过的，环球资源网的星级会直接影响到产品在搜索页面的排名，因此，在环球资源网中并没有提供太多的可供用户使用的推广产品，相反，环球资源网与展会的结合非常紧密，因此，在选择环球资源网时，还需要结合自身的产品和环球资源网的特点来作出更合理的星级方案的选择。

第三节 敦煌网

一、平台特点分析

敦煌网与上述三个平台的运营模式是完全不一样的。无论是阿里巴巴平台还是中国制造网平台，抑或是环球资源网，采用的都是收费制会员的方式，且采取的都是 B2B

的运营模式，而敦煌网更像一个小 B2B 的模式，因为敦煌网主要面对的是小批发型的供应商和买家，同时，成为敦煌网的会员是不需要基础会员费的，只有在成交后，敦煌网才会根据成交的金额收取一定比例的佣金，而且，这个佣金是由买家支付的。也就是说，在敦煌网上做生意，几乎是零成本的。

但是，众所周知，流量带来点击量和反馈，因此，任何一个平台，流量都是最重要的。那么，在敦煌网中是否有推广包呢？答案是当然有。敦煌网针对推广服务，推出了高级版服务包，通过支付不同的服务包，获得更多的推广，自然也可以获得更多的流量。当然，除了流量之外，更重要的是，成为高级会员后，供应商可以得到敦煌网行业经理的支持服务，如优先产品审核、快速产品上架以及交易纠纷优先处理等服务。而作为普通的免费用户，是享受不到这些服务的。

前面说到，敦煌网提供的是异于阿里巴巴平台、中国制造网以及环球资源网的平台运营模式，那么，不得不提到敦煌网的运营模式。在敦煌网，所有的用户都是以"网店"的方式存在的，因为敦煌网是允许个人注册店铺的，也就是说，敦煌网中存在的供应商并非传统意义上的供应商，更趋向于从事电商贸易的个人或是企业，而不像其他三个平台一样，要求供应商必须是经过工商注册的法人企业，那么，把敦煌网理解为小 B2B 网站就不足为奇了。同时，敦煌网规定，个人最多可以注册 3 个店铺，企业卖家最多可以注册 10 个店铺。

二、平台操作解析

平台上产品的上传与其他 3 个平台类似，在本节中就不着重说明了，在敦煌网上传产品时也包含了产品标题、产品图片、产品描述（参数、性能、属性）等内容，只要根据平台的提示进行准确的填写就可以了。

真正需要关注的是，在这个平台，引流的概念比其他 3 个平台都显得突出。在敦煌网，流量分为站内流量和站外流量两种。

所谓站内流量就是来自站内搜索得到的流量，这就要求卖家对店铺中的所有商品的关键字投放以及产品内容的填充都要准确和有吸引力。同时，敦煌网中小卖家的店铺模式决定了在敦煌网买家关注的是产品，而非供应商自身的实力，所以，以产品为核心的平台，买家的反馈就显得尤为重要。在敦煌网，客户对卖家的反馈、退款行为、口碑，以及返单等数据，都会直接影响到买家的决定。而且，这些数据同时也影响着网站关键字搜索后的产品排名，比如，店铺中某个产品产生过退款或是未能按期发货，又或是提供了虚假的出货单据等，都会受到网站的处罚，从而严重影响到产品在网站中的排名。为了获得良好的排名，所有的卖家都非常关注以上提到的几点。

如果卖家具备一定的经济实力，可以选择精准的关键字，在敦煌网选择购买"金橱窗"或是"黄金展示"的位置来投放定向广告，这里提到的金橱窗指的就是搜索页面中靠近顶部中间的位置，而黄金展示同样位于搜索页面，在搜索页面的右侧。这两个位置的定向广告眼球吸引力很强，必然会给曝光带来很大的效果。

除了站内流量之外，操作敦煌网还必须在意站外流量。由于敦煌网针对的是产品营销，因此，在敦煌网中，结合了 SNS 营销以及视频营销，这要求操作者不但要注意站内引流，还要注意通过平台提供的 Share 功能将产品分享到包括 Facebook、Twitter 等在内的知名社交网络平台上去，将外部的流量引到敦煌网上来。

三、平台效果评估

敦煌网的效果评估方式与其他平台的略有不同，由于敦煌网的投入成本相对较低，所以，在评估该平台效果的时候，更关注的是成交效果，而非像其他平台上的询盘量或是转化量。在敦煌网，采取的应该是"短、平、快"的原则，也就是说，运用敦煌网来开展贸易的目的就是快速成交，因此，在敦煌网上，评价其效果只有一个维度，就是是否能在平台上快速成交。另外，敦煌网所采取的运营方式，决定了在平台的买家也是以小型的买家为主的，就目前看来，单笔交易的金额并不大，多数是小于一万美金的订单。所以，在敦煌网上，所要关注的对象也与其他 3 个平台上的对象不同，这点也建议所有用户关注到。

【结语】

这一章对中国制造网、环球资源网以及以敦煌网为代表的其他跨境电商平台进行了简要的介绍以及操作说明，但是，本章中所提到的跨境电商的概念与上一章所提到的跨境电商的概念是不同的。在这一章里，这些平台的交易都是涉及跨境交易的，所以将它们也归入了跨境电商的范畴里。在互联网时代，贸易环境多变，订单也呈现出零散化和片段化的状态，再用订单的大小来确定交易的种类已经不准确了，所以，对于跨境电商平台的理解也需要随着环境的变化而产生变化。

【课后习题】

1. 如何从跨境电商平台的特点来理解中国制造网？
2. 环球资源网最大的特点是什么？
3. 为什么敦煌网更关注站外引流？
4. 环球资源网上传的产品是直接就展示吗？还需要什么操作？
5. 在中国制造网上，什么是加密产品组？它的作用是什么？
6. 环球资源网为什么要对每一个产品图片都进行优化？

第四章

跨境B2C电商平台

本章重点

本章学习重点是了解并熟悉跨境B2C平台存在的意义以及它与跨境B2B平台之间的差别。通过学习，了解全球速卖通、亚马逊平台、eBay平台以及Wish平台之间的异同以及基本的建立账户及开设店铺的流程。

学习目标

本章旨在让读者从跨境B2C电商平台的分析对比中发现跨境B2C电商平台的发展趋势，掌握跨境B2C平台操作的基本理论，为今后的工作实践打下基础。完成本章学习，学习者应获得以下成果：

（1）了解全球速卖通平台的特征及操作；

（2）了解亚马逊平台的特征及操作；

（3）了解eBay平台的特征及操作；

（4）了解Wish平台的特征及操作。

第一节 什么是跨境 B2C 电商平台

跨境 B2C 平台与跨境 B2B 平台面对的对象是不一样的。跨境 B2B 指的是 Business to Business，而跨境 B2C 指的是 Business to Consumer。首先，要了解什么是 B2C，B2C 也就是通常说的企业直接面向消费者销售产品和服务的商业零售模式，B2C 即企业通过互联网为消费者提供一个新型的购物环境——网上商店，消费者通过网络进行网上购物、网上支付等消费行为。这种形式的电子商务一般以网络零售业为主，主要借助于互联网开展在线销售活动。

一、跨境 B2C 电商平台的功能和特点

跨境 B2C 从字面上来理解就是跨越关境的商家面对消费者的商业模式。正由于其面对的是境外的消费者，所以，跨境 B2C 平台与跨境 B2B 平台也有相似之处。跨境 B2C 平台会面临与跨境 B2B 平台所需要处理的交易、支付、物流等环节相似的内容。

既然跨境 B2C 平台与跨境 B2B 平台有相似之处，那么，跨境 B2C 平台自然也具备与跨境 B2B 平台相似的特点，要判断是一个电商平台是否为跨境 B2C 平台，也需要从全球性、交易性和物流组织等多个方面来考量。对于不同的跨境 B2C 平台，运营的逻辑受到各运营商的优势的"制约"，所以不同的跨境 B2C 平台的特色也不一样，下文将针对比较流行的跨境电商 B2C 平台作一个简要的分析和介绍。

二、跨境 B2C 电商平台的发展和趋势

B2C 电商平台已经发展了较长一段时间，在互联网飞速发展的今天，由于移动互联网的出现和发展，越来越多的网民开始使用移动互联网来从事或开展电商贸易，而 B2C 平台主要面对的对象是有购买需求的消费者，消费级的购买是整个 B2C 平台的重心。可以预见的是，B2C 平台的发展在今后的几年里都会呈指数级增长。这里的指数级增长通常指的是以 2 的 n 次方来增长。

隶属于阿里巴巴集团的全球速卖通平台是在 2010 年 4 月正式上线的一个主力发展跨境 B2C 的电商平台。经过十几年的发展，截至 2024 年，该平台交易额年增长速度持续超过 400%，排名靠前的交易国家有俄罗斯、美国、巴西、西班牙、英国、法国、加

拿大、澳大利亚、以色列、乌克兰等。全球速卖通已覆盖超过全球 220 个国家（地区），海外买家的日访问量已超过 5000 万。同样可以看到，除了欧美发达国家之外，新兴市场也正在快速接受通过互联网来完成交易的方式，而在所有的交易中，经统计，大约 80%的交易来自个人消费者，由此看来，阿里巴巴的全球速卖通是一个以跨境零售为主的 B2C 跨境交易平台。

由于 B2C 平台的发展变化非常之快，而平台的规则也会因为客观经济环境的变化不断地调整，所以，本章将以阿里巴巴全球速卖通为主体，从各维度将全球速卖通与亚马逊平台、eBay 平台以及 Wish 平台进行对比分析，从中找到各个平台之间的差异，从而帮助用户更轻松地运用这些知识点，快速地找到适合的方法来操作和运营自己的平台。

三、跨境 B2C 平台特点及对比分析

（一）平台的历史

1. 全球速卖通

如上面提到的，阿里巴巴的全球速卖通平台是在 2010 年上线的，正式开始运营的时间并不长。上线初期，速卖通平台只是阿里巴巴中的一个频道，是不对外开放的，仅面对阿里巴巴跨境 B2B 平台的中国供应商提供服务，也就是说，在当时，只有中国供应商（CGS）才可以免费使用这个平台。速卖通平台独立出来后，成为一个面对所有消费者的跨境 B2C 平台，而这个平台的特点之一就是，所有在平台上线的产品只面向非中国境内的买家，这也就意味着，中国籍的用户可以下载、访问这个平台，但是，在这个平台是无法购买任何商品的。全球速卖通平台首页界面如图 4-1 所示。

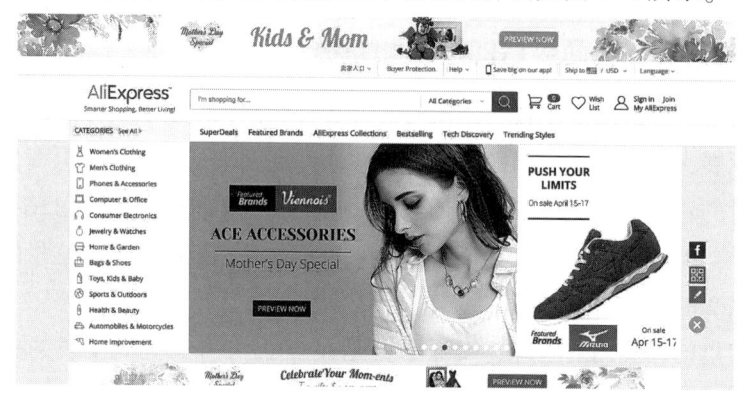

图 4-1 全球速卖通平台首页界面

阿里巴巴集团面向中国客户的 B2C 平台是基于淘宝网延伸出来的天猫平台。独立出来后的全球速卖通平台，刚开始是一个免费的平台，2015 年为了规范平台的运营，全球速卖通平台对外宣布，从 2016 年 1 月开始，对所有平台用户按照所属的行业，分别收取技术服务费，收取的服务费将按不同的行业以不同的年销售总额来进行返还。技术服务费收取标准见表 4-1。

表 4-1 阿里速卖通平台技术服务费收取标准（AliExpress Charge）

单店经营范围	18个经营大类	类目	类目范围		技术服务费年费（元）	返50%年费对应年销售额（美金）	返100%年费对应年销售额（美金）
A	服装配饰	Apparel & Accessories			10000	30000	60000
	珠宝饰品	Jewelry					
	手表	Watch			10000	30000	60000
	鞋包	Luggage & Bags			5000	24000	48000
		Shoes					
	美容健康	Beauty & Health	其他（剔除特殊类目）	其他	5000	24000	48000
			Sex Products（特殊类目）	情趣	10000	30000	60000
	假发及周边配件	Hair & Accessories	其他（剔除特殊类目）	其他	5000	18000	36000
			Centified Human Hair（特殊类目）	真人发	50000	60000	120000
B	孕妇和婴儿用品类	Mother & Kids			3000	12000	24000
	玩具	Toys & Hobbies			5000	12000	24000
	婚纱	Weddings & Events			10000	30000	60000
D	电脑&办公	Computer & Office	其他（剔除特殊类目）	其他	5000	18000	36000
			Laptop（特殊类目）	电脑	20000	18000	36000
			Tablets（特殊类目）	平板	20000	60000	120000
			Memory Card（特殊类目）	存储卡	10000	18000	36000
			External Hard Drives（特殊类目）	外置机械移动硬盘	5000	18000	36000
			USB Flash Drives（特殊类目）	U盘	10000	18000	36000

表 4-1（续）

单店经营范围	18个经营大类	类目	类目范围		技术服务费年费（元）	返50%年费对应年销售额（美金）	返100%年费对应年销售额（美金）
D	消费电子 Consumer Electronics		其他（剔除特殊类目）	其他	5000	18000	36000
			Electronic Cigarettes（特殊类目）	电子烟	30000	60000	120000
			Sports & Action Video Cameras（特殊类目）	运动相机	10000	12000	24000
	手机&通信	Phones & Telecommunications	其他（剔除特殊类目）	其他	5000	18000	36000
			Mobile Phones（特殊类目）	手机整机	30000	45000	90000
			Mobile Phones Accessories&Parts（特殊类目）	手机配件	5000	18000	36000
	安防	Security & Protection			5000	18000	36000
E	运动&休闲	Sports & Entertainment	其他（剔除特殊类目）	其他	5000	18000	36000
			Sneakers（特殊类目）	运动鞋	10000	24000	48000
			Cycling（特殊类目）	骑行用品	10000	24000	48000
			Self Balance Scooter（特殊类目）	平衡车	10000	18000	36000
F	家居生活&家装	Furniture	其他（剔除特殊类目）	其他	5000	30000	60000
		Home & Garden					
		Food					
		Hardware					
		Tools					
		Construction & Real Estate					
		Lights & Lighting	其他（剔除特殊类目）	其他			
			Downlight + Spotlight（特殊类目）	筒灯+射灯（含支架、非灯泡类）	10000	30000	60000
			LED Lighting+Lighting Bulbs & Tubes（特殊类目）	LED照明和灯泡、灯管	10000	60000	120000
G	家电	Home Appliances			5000	30000	60000
H	其他	Electrical Equipment & Supplies			5000	12000	24000
		Electronic Components & Supplies					
		Industry & Business					
		Office & School Supplies					
		Travel & Vacations					
I	共享类	Special Category					

通过技术服务费的模式,全球速卖通平台在短时间内将早期部分无履约能力、无稳定供应链或实力的卖家逐步清出速卖通市场,取而代之的是更诚信、更稳定、实力更强劲的卖家。

2. 亚马逊

谈亚马逊平台之前,首先得了解亚马逊公司。亚马逊是一家土生土长的美国公司,成立于1995年,位于美国华盛顿州的西雅图,是最早通过网络经营电子商务的几家公司之一。刚开始,亚马逊平台只经营书籍,但是随着业务区域的不断扩大,经营的产品类目也不断地扩大。目前,亚马逊平台上的经营内容包括影视、音乐和游戏、数码下载、电子和电脑、家居园艺用品、玩具、婴幼儿用品、食品、服饰、鞋类、珠宝、健康和个人护理用品、体育及户外用品、汽车及工业产品等。2004年,亚马逊全面收购中国卓越网,这一收购促使亚马逊多年的网络零售经验与卓越网相当深厚的中国市场经验进行了有机的结合,开始正面开拓中国市场。

亚马逊是一家面对世界市场的公司,有亚马逊美国、亚马逊日本、亚马逊英国等针对不同国家(地区)及其市场的平台,所以,中国的供应商开始尝试通过亚马逊在各个国家的平台来开展跨境销售业务。早期,中国卖家要在亚马逊上经营自己的产品跨境销售过程是相当烦琐的,比如亚马逊针对不同国家(地区)的平台还需要提供不同国家(地区)的身份证明等的规则,然而,亚马逊平台在跨境B2C上的战略,让其在2015年逐步尝试将各个国家(地区)的平台打通,让中国卖家只通过中国亚马逊就可以快速地完成各国(地区)平台的注册工作,达到其跨境销售的目的。另外还要知道,亚马逊是全球用户最多的网络平台,在2011年6月,全球有约20%的用户使用亚马逊的零售和拍卖平台。其中,35.4%的用户来自于美洲地区,31.8%的用户来自于欧洲地区,24.1%的用户来自于亚太地区,这就是跨境B2C的卖家热衷于使用亚马逊平台开拓市场的原因之一。亚马逊平台首页界面如图4-2所示。

图 4-2 亚马逊平台首页界面

亚马逊平台采取的是与全球速卖通平台不同的收费模式,即销售佣金的模式,根据不同的行业,收取销售佣金,如表 4-2 所示。

表 4-2 亚马逊平台收取佣金比例(Amazon Charge)

商品分类	佣金比例
金条、银条	5%
手机通讯、数码、数码配件、电脑、办公用品、大家电、个护健康、美容化妆、食品	8%
图书、音乐、服装鞋靴、箱包配饰、运动户外休闲、家居(床上用品、卫浴、厨具、家居装修、园艺、工具)、小家电、玩具、母婴、酒类、乐器、汽车用品、其他	10%
宠物用品、钟表	12%
珠宝首饰	15%

与全球速卖通平台另一个不同点是,在亚马逊平台,是不接受个人卖家的,只有符合要求的企业才能注册和使用亚马逊平台进行产品的销售和推广。单就这一点来看,全球速卖通平台还不能说是一个全面的 B2C 平台,而更像是一个 C2C 和 B2C 的混合体,但是相信随着平台的进一步规范,全球速卖通平台的"B"化过程也会很快。

3. eBay

eBay 创立于 1995 年,总部位于美国加利福尼亚州,事实上,eBay 创立之初只是一个商品拍卖的平台,用户在平台上可以针对自己的商品发起拍卖,如今,eBay 已经成长为一个从事各品类商品销售的 B2C 销售平台，如果要找一个与之最相像的平台的话，那么无疑就是中国的天猫了，因为 eBay 拥用全球广泛使用的 PayPal 支付系统，天猫加支付宝与 eBay 加上 PayPal 是不是非常相似？2015 年，PayPal 从 eBay 中分拆出来，这又与淘宝与支付宝之间的关系相似。但这些都不是重点，重点在于 eBay 所拥有的庞大的买家数量、广泛的站点分布，eBay 买家遍布全球，这才是跨境 B2C 卖家所看重的。eBay 平台首页界面如图 4-3 所示。

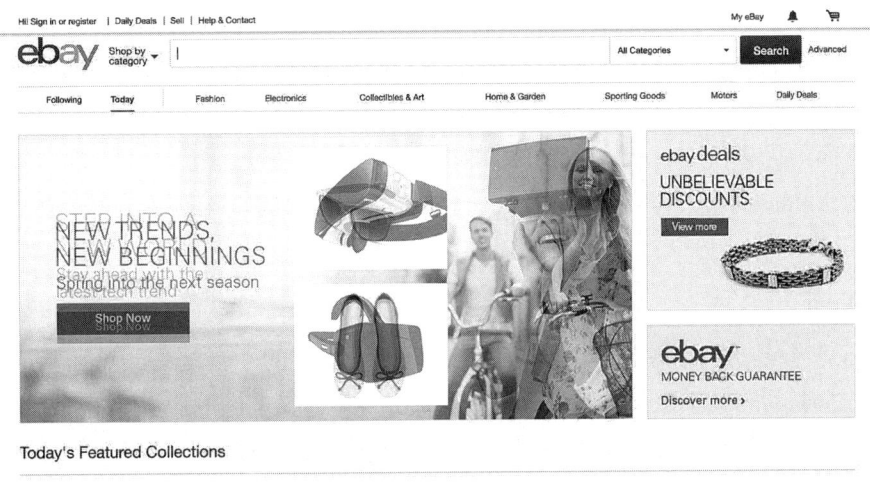

图 4-3　eBay 平台首页界面

　　eBay 平台允许个人注册，这一点与全球速卖通是一样的，但亚马逊主要采用的是信用卡的支付渠道，而 eBay 平台上主要采用的是 PayPal 支付。在 eBay 中，收费的标准与亚马逊类似，不同的是，在 eBay 上收费分为刊登费和成交费两类费用。eBay 平台面对不同的国家（地区），收费是不一样的。如果开设店铺，是按月或年单独计收店铺费。作为免费卖家，最多允许刊登 50 款产品，超过 50 个产品后，继续刊登是需要额外收费的。而如果开设店铺，那么可免费刊登产品的数量就大幅提升，当然，这个提升是因为用户缴纳了店铺的费用。另外，eBay 平台为了提高产品的曝光以加大流量，对于特色的功能，包括在搜索结果中使用大图片、使用产品展示主题等，也相应追加了费用。这样看来，可以将 eBay 平台理解为一个完全自由选择的大型市场，在市场中如何销售，用什么样的方式去销售，期望表现的效果如何，取决于用户在这个市场中选择了哪些服务。由于 eBay 中所涉及的费用类目较为复杂，在本章中就不进一步说明了，具体的可以参考 eBay 的网站，在网站中对于各项费用都有相当详细的说明。

eBay 英国站的标准费用包括拍卖物品的刊登费，一口价物品的刊登费，以及成交费。请特别注意，eBay 英国站针对汽车和分类广告类物品有不同收费标准，另有国际销售费用、慈善销售折扣、提前结束拍卖费用等项目。

从以上的费用标准可以看到，不同国别（地区）的 eBay 站点，除了标准费用之外，会针对该国家（地区）收取不同的特色费用。那么，从卖家的角度来看，eBay 平台还是没有完全脱离 C2C 的模式，虽然在不同国家（地区）的站点里规则不同，比如在英国的站点里，卖家必须是商业级别的用户，也就是说卖家必须以注册公司的身份才能入驻，但是在美国的站点里就没有这个限制，用户可以自由选择账户的类型。当然，eBay 是欢迎企业入驻的，在 eBay 有专门的企业直销通道，成为企业用户后，可以享受刊登额度等方面的优势，这一点，对于中国的卖家来说，还是可以根据实际的需求来进行合理选择的。eBay 的个人账户可以升级，当然，如果销售流量无法达到其标准的话，也会被 eBay 降级。

4. Wish

Wish 平台是近年来中国跨境 B2C 平台上炙手可热的平台之一，Wish 平台成立于 2011 年 12 月，准确地说，Wish 平台不能被称为传统意义上的电商平台，而是一个移动电商平台，平台的创始人一位来自雅虎，一位来自谷歌。Wish 平台的理念就是完全回归消费者的喜好，而不用太多的推广方式或是关键词等来进行营销，这与全球速卖通、亚马逊或是 eBay 都是完全不同的，因此不能用全球速卖通或是亚马逊的思维来运营 Wish 平台。根据 2023 最新统计数据显示，Wish 目前拥有超过 2600 万的活跃用户和超过 6 亿的注册用户以及超过 55 万的卖家账户，并且它已经成为北美和欧洲最大的移动电商平台，目前 Wish 平台超过 90%的卖家都来自中国。Wish 平台首页界面如图 4-4 所示。

第四章　跨境 B2C 电商平台

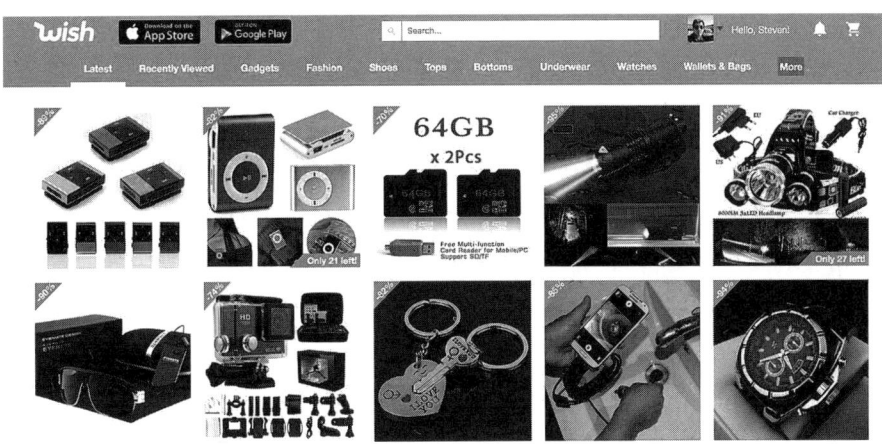

图 4-4　Wish 平台首页界面

为什么 Wish 平台能够受到用户的青睐，从而在短短几年的时间里发展如此迅猛呢？在全球移动互联网高速发展的今天，越来越多的人开始关注碎片化时间的内容，比如在公交车上或是喝杯咖啡的时间都会通过移动终端浏览一些自己感兴趣的内容，当然，在浏览的同时就不可避免地去关注一些商品，进而非常容易采取一些行动。而在 Wish 的逻辑里，产品不是被用来展示或是搜索的，而是被用来推送的，也就是说，Wish 平台所关注的是图片和产品的质量，而且，Wish 平台所采用的也不是常规的产品搜索的方式，而是采用根据用户访问的大数据来向目标群体推送信息的方式。

就目前而言，Wish 平台收费模式相对单一，统一按商品成交金额的 15% 来收取费用，这给相当大一部分的平台卖家带来一定的困扰，也比较容易遭到诟病。

（二）平台的运营逻辑

商业贸易是一个非常复杂的过程，而不同的产品，面对不同的市场以及买家时，影响买家决定的因素往往也是多样化的，所以，只有最适合、最符合买家习惯的平台运营逻辑，才能最快地激发买家的购买欲望，从而促使买家在平台上下单。

在分析几个平台的运营逻辑之前，需要知道，无论哪一个平台，首先要解决的就是支付的问题。在上一节里已经简单地分析了几个平台在达成交易后的支付方式，它们之间是存在共性的，在跨境 B2C 平台上，基本上采取的都是信用卡、PalPal 这两种最常用的金融通道，只有 Wish 平台，在收费和交易规则上相对于其他三个平台来说略微复杂了一点，所以，在 Wish 平台，会存在通过除了常用的两种支付方式之外的第三方金融通道来完成支付交易。也就是说，如果一个平台有自己的金融手段的话，会给平台本身带来非常大的优势，比如 eBay 和 PayPal，再比如全球速卖通和支付宝。而跨境 B2C 平台与跨境 B2B 平台之间存在着一个显著的不同，那就是在 B2C 平台上达成的交易，数据很容易就沉淀到平台上。因为在这些平台促进成交的手段并非所有平台都适用，规则在不同的平台上特别能表现出各平台的差异性，那么，从交易的支付方式的运用上，也能从某些角度看到一个平台的发展方向，从而有利于分析各个平台的运营逻辑。

  首先，无论哪一个平台，产品展示都是必需的，否则也谈不上交易。由于互联网总的来说还是一个虚拟的交易市场，所以，商品的曝光就变成了运营一个平台所必须的目标。但是，在上面，存在一个与众不同的平台，那就是 Wish 平台，在除了 Wish 平台之外的三个平台上，或多或少都能看到为曝光和流量而为额外资源付费的产品存在，而在 Wish 平台里，它的流量并不像其他 3 个平台一样用包括外部链接和互链等传统的方式来进行。上面提到 Wish 平台是通过大数据分析，将产品直接推送给目标潜在客户，因此，Wish 平台已经初步具备了数据价值反哺商业的可能性。从这个角度去理解的原因是，在另外 3 个平台里，买家在最终决定下单前，在访问网站后，除了直接通过关键字搜索自己感兴趣的产品外，还可以通过不同的类目来搜索产品，而且，在大类下，还会有更细分的小类目。但是这种方式在 Wish 平台上是找不到的。下面是 4 个平台在这一点上的界面对比，如图 4-5 到图 4-8 所示。

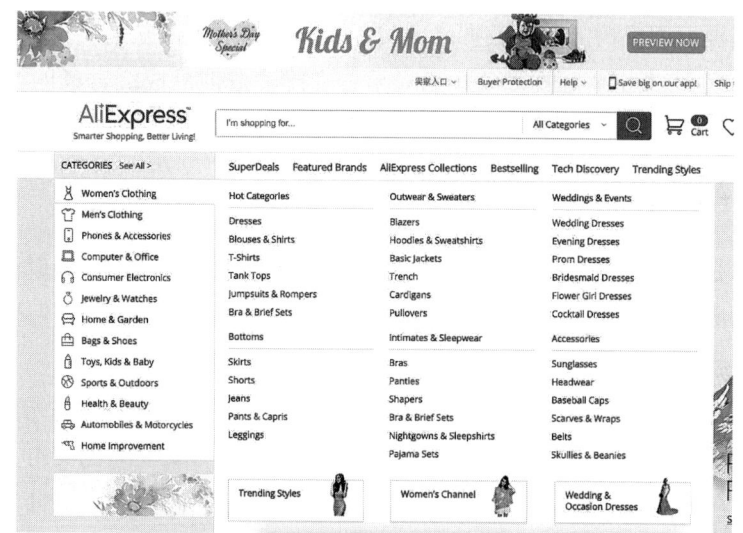

图 4-5 全球速卖通平台类目搜索（AliExpress UI Catagory）界面

第四章 跨境 B2C 电商平台

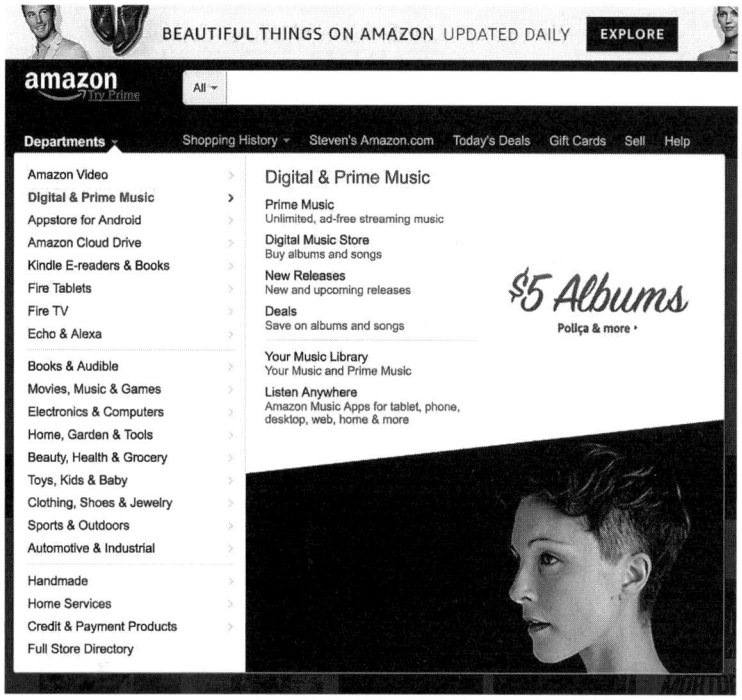

图 4-6 亚马逊平台类目搜索（Amazon UI Catagory）界面

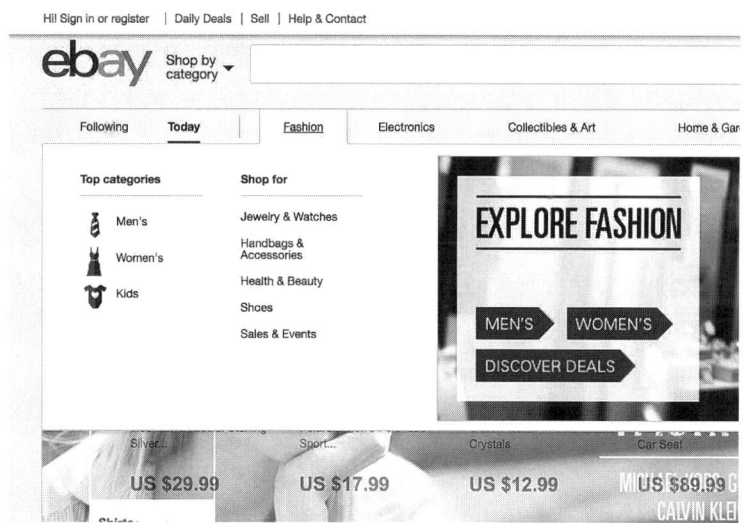

图 4-7 eBay 平台类目搜索（eBay UI Catagory）界面

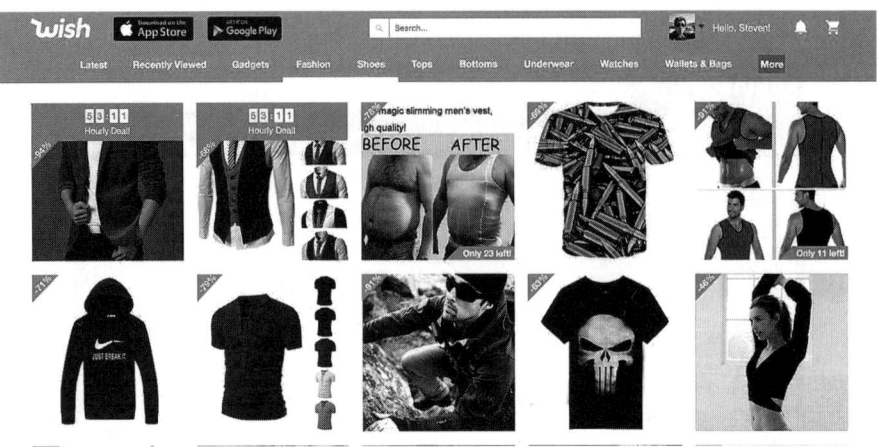

图 4-8　Wish 平台类目搜索（Wish UI Catagory）界面

　　Wish 平台刻意地模糊了类目的概念，在 Wish 平台，没有看到与其他平台类似的子类目模块。那么，Wish 平台的逻辑是什么呢？在 Wish 平台看来，他们要做的是将潜在买家完成购买之前的过程尽量减少，用数据来分析每一位潜在买家的习惯，将他们最可能购买的商品直接展示到他们的面前，而潜在买家需要做的，仅仅是从中选择需要的产品，直接交易就是了。从 Wish 最为主打的手机 APP 上，也没有看到任何详细分类的迹象。这种以客户体验为先的运营逻辑一定会成为将来所有平台发展的方向之一。

　　从平台的客户端来看，无论是跨境 B2B 平台还是跨境 B2C 平台，都开始将原有的桌面端转移到使用频率更高的移动端了，而受到移动设备屏幕尺寸和操作方式的限制，移动端 APP 的交互质量也是影响客户体验的相当重要的部分。上述 4 个平台的移动客户端 APP 各有千秋，总的来说，这些平台的移动客户端都主要在支付的交互上做文章，期望潜在买家能更方便地完成支付的过程，但是，由于不同平台采用的支付方式不同，导致了支付过程与平台的结合程度也有所不同。从买家的角度出发，只有能流畅完成支付的体验才能提高买家对 APP 使用的黏性。而支付的过程与客户端结合得越紧密，就越能将客户留在平台上，越能促使在这个平台上交易的商品更好地完成销售的过程。

　　除了 Wish 平台之外，其他 3 个 B2C 平台采用的都是与 B2B 平台类似的逻辑，就是将整个销售区分为展示、推广、交易这 3 个基本的过程，只有 Wish 平台将推广这个过程无限地弱化了。也就是说，Wish 平台在运营的逻辑上作了减法，而用大数据来解决被动推广到主动推送的问题。

（三）平台的店铺

在各个平台上开店铺的方式是有所不同的，正如上面介绍过的，在阿里巴巴全球速卖通上是允许个人或者是企业注册的，而且在全球速卖通平台上，并非注册后就可以开店，用户完成注册后，先要通过已经过实名认证的支付宝账号（个人或是企业的支付宝账号均可），然后，还要完成开店考试，了解了全球速卖通平台卖家的基础知识后才具备开店的资格。什么时候可以开店呢？全球速卖通平台规定，需要完成 10 款以上的产品上传后才有资格开设店铺。而在开设店铺后，如果卖家的产品因为任何原因导致数量少于 10 个了，那全球速卖通平台将有权关闭店铺。

在亚马逊平台上，由于其本身在不同国家（地区）的平台所遵循的法律是所在国（地区）的法律规定，所以，在不同的国家（地区）开设店铺的要求都有些许的不同。

在亚马逊平台上开设店铺首先要选择卖家的类型，由于亚马逊平台不接受个人开店，因此，必须是符合平台要求的企业用户才可以开设店铺。

同时，在亚马逊平台上开设店铺，一定要根据卖家开设店铺所在国（地区）的规则来进行，比如，要在亚马逊美国平台上开设店铺，首先免费注册一个账户，然后在亚马逊主页（Amazon.com）下方的菜单中点选"Sell on Amazon"。亚马逊平台开店界面如图 4-9 所示。

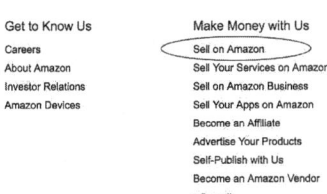

图 4-9　亚马逊平台开店（Sell on Amazon）界面

之后，亚马逊平台就会要求卖家提供营业执照、个人联系方式、具有国际收付功能的信用卡以及电话号码和税务识别信息等内容，因为在美国，不同销售金额的税率是不一样的。另外，如果卖家所在地不在美国，平台还会要求卖家注册一个平台所支持的国家（地区）的账户信息。目前，美国的亚马逊平台支持澳大利亚、加拿大、欧盟、印度、中国香港等 8 个国家（地区），且针对欧盟，亚马逊平台也有其支持的国家（地区）列表，此外，平台还要求卖家精确地注册商品的发运国（地）等。不同于全球速卖通平台，开设一个店铺则可卖到全球，要在亚马逊平台上开设店铺一定是需要针对平台所在的不同国别（地区）来有针对性地开设的。但是，在亚马逊平台上开设店铺，是因为其庞大的用户量和相对较为成熟的市场知名度，所以，虽然在亚马逊平台上开店不像在全球速卖通平台上开店这样简便，但是，还是有非常多的中国卖家尝试着通过亚马逊平台从事跨境 B2C 销售。在 2016 年，亚马逊中国顺应中国高速发展的跨境 B2C 趋势，为中国卖家提供了全中文的注册和申请页面。但是，从页面介绍来看，亚马逊平台还是需要单独在不同的国家（地区）平台上注册登记的，只是为了方便中国卖家注册和申请提供了相应的中方说明而已。亚马逊平台开店注册入口界面如图 4-10 所示。

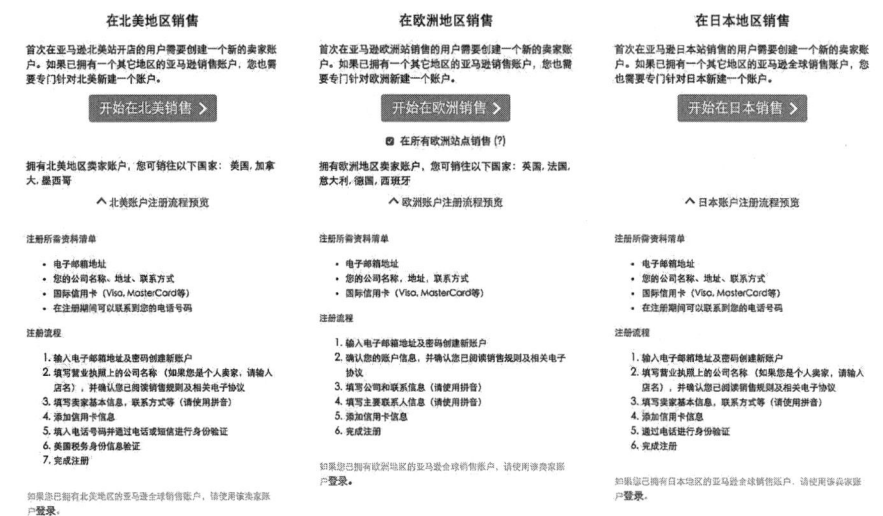

图 4-10　亚马逊平台开店注册入口（Amazon Registration）界面

在上文中也说到，eBay 平台在某种角度上，依旧脱离不了 C2C 的本质以及拍卖的历史"习惯"，但是，通过 eBay 平台商品可以面向 3.8 亿的全球买家，下面介绍一下在 eBay 平台上开店的流程。

在 eBay 中国的网站上，看似已经提供了开店注册的功能，事实上，如果要开店，还是要在中国香港平台上注册账户的，因此，此处以 eBay 美国网站为例介绍一下如何申请注册 eBay 账户以及开设店铺。eBay 平台开店界面及开店注册入口界面如图 4-11 和图 4-12 所示。

第四章 跨境 B2C 电商平台

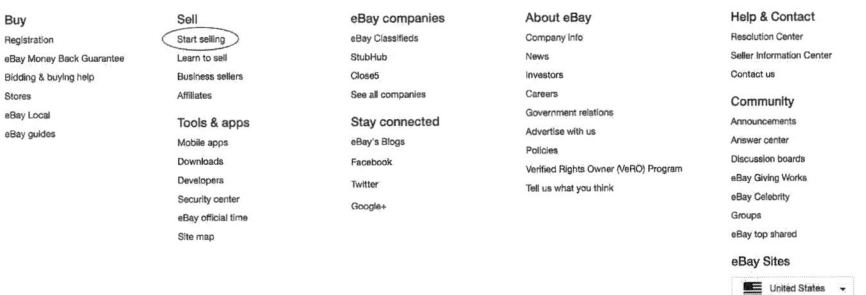

图 4-11 eBay 开店（eBay Registration）界面

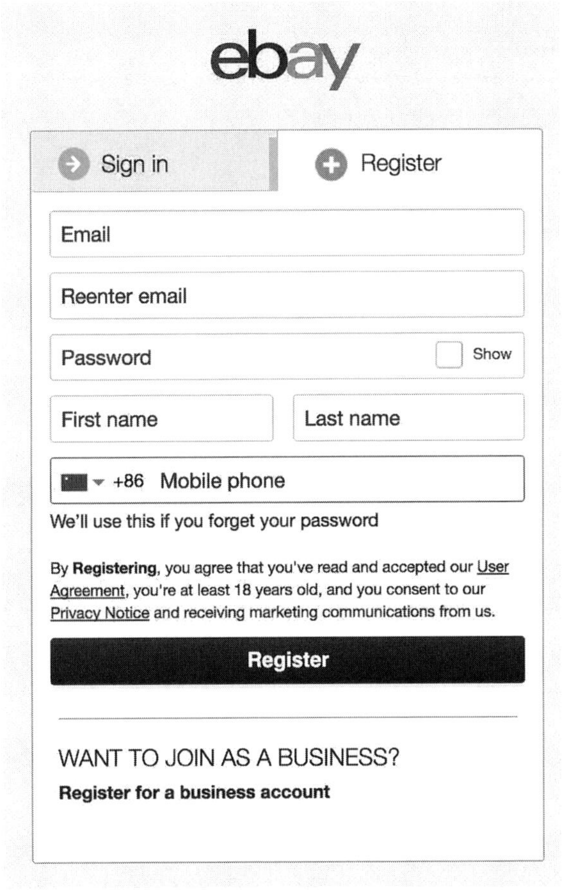

图 4-12 eBay 开店注册入口（eBay Registration）界面

首先，在 eBay 网站上免费注册一个账号，如实填写即可，建议使用 Gmail 或是 Hotmail 等国外流行的电子邮件来进行注册。在注册界面上，可以注意到 eBay 还专门针对企业用户提供了企业账号的注册，同样，针对企业用户提供的服务方案也是不一样的，所以，如果卖家是一家企业的话，是可以选择注册企业账户的。

而当卖家选择了企业账户之后，注册界面就会不同了，eBay 平台企业账户注册界面如图 4-13 所示。

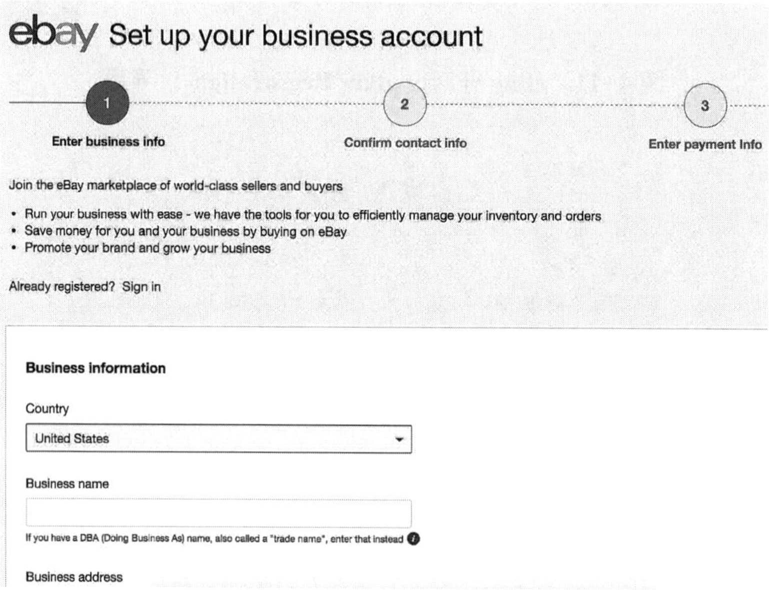

图 4-13　eBay 平台企业账户注册（eBay Registration Biz）界面

开设店铺的第二步就是注册或是登记 PayPal 账户，PayPal 是属于 eBay 的，所以，在 eBay 上开店，主要使用 PayPal 账号来完成交易支付。在完成了 PayPal 账号的认证后（一般都是通过一张信用卡来完成认证的），将 eBay 账号与认证过的 PayPal 账号进行绑定就完成账号的初步操作了。

接下来是刊登产品，针对刊登产品的细节，可以参考前面介绍过的一些简单的规则以及通过访问 eBay 平台的官方网站来了解。

Wish 平台与任何前面提到的跨境 B2C 平台都不一样，在 Wish 平台上开店非常的简便，正如该平台所宣传的一样，无论是潜在买家选择商品还是卖家开店，都作了减法，让一切都变得很简单。Wish 平台注册入口界面如图 4-14 所示。

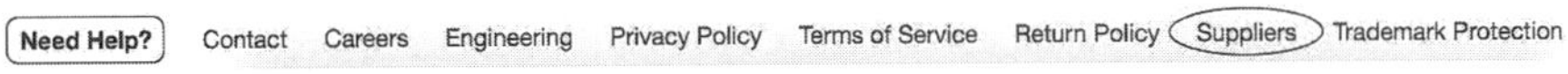

图 4-14　Wish 平台注册入口（Wish Registration）界面

在打开 Wish 平台网站后，点击网站最下方（浮动条）的"Suppliers"，即出现卖家注册页面，Wish 平台卖家注册界面如图 4-15 所示。

图 4-15　Wish 平台卖家注册（Wish Registration）界面

点击"免费使用"后，即出现 Wish 平台的注册店铺页面了，如图 4-16 所示。

图 4-16　Wish 平台卖家注册店铺（Wish Registration）界面

在 Wish 平台上注册一个店铺是完全免费的，不同于其他平台从最初就制定很多的规则，Wish 平台遵循的完全是客户体验的原则。但是，要在 Wish 平台上经营好自己的跨境 B2C 交易可不容易，因为注册简单、运营简单的前提条件就是平台对于商品的质量，以及知识产权等的审核及保护异常的苛刻。

在完成店铺的提交申请后，需要在 Wish 平台上提交一款产品进行店铺审核，而在审核的过程中，Wish 平台会分配一个客户经理发送一封信息收集的邮件给卖家，而在店铺创建完成后就需要开始对配送地区进行合理的设置了。要注意，由于在 Wish 平台上是不需要卖家刻意地去引流的，所以，几乎所有的流量都是来自于平台本身对产品、对后台大数据的分析，那么，在设置配送区域的时候，如果光是选择了某个国家（地区）的话，卖家可能得到的流量将少得可怜，所以，根据实际产品的市场优势，选择合适的配送国家（地区）就显得尤为重要。

（四）平台的推广

上面已经介绍了 4 个跨境 B2C 平台的店铺以及运营逻辑。不同的平台运营逻辑不同，推广方式也各不相同。

这里所指的推广方式不是指平台本身在各个国家（地区）的推广，因为无论是跨境 B2C 平台还是跨境 B2B 平台，平台本身在国际市场上展开的宣传和引流都是平台上的卖家无法控制的，而作为卖家，可以控制的只有在平台内部的引流工作。因此，在这一部分，要介绍的是各个平台在商品推广方式上的一些异同点。这一点将分成两大阵营来介绍，一个阵营是以全球速卖通为代表的传统跨境 B2C 平台，另一个阵营就是 Wish 平台了。

为什么把以全球速卖通为代表的跨境 B2C 平台称为"传统的跨境 B2C 平台"呢？原因就在于这个阵营中，平台与产品的关系是平台凌驾于产品之上，也可以这样理解，在这一阵营中，平台是产品的载体，在平台，所有的商品都是依赖于平台的运营逻辑的，也就是说，平台的规则发生了哪怕是细微的改变，都会让平台的商品无论是内容或品类，甚至是产品本身，都随之产生很大的改变以适应平台的变化。但是在另一阵营中，平台并非商品的载体，反而平台的产品成了平台的依托，而流量不是来自于平台本身的，是来自于平台所采用的渠道，这个渠道是单一的，也就是说，以 Wish 为代表的阵营中，潜在买家的习惯决定了产品的流量，决定了商品的畅销与否。

无论是哪一个阵营，都可以发现卖家的诚信度是平台所关注的重点中的重点，这一点在跨境 B2B 的平台还没有很直接地体现，无论是阿里巴巴跨境 B2B 平台还是其他的平台，都还在尝试通过各种手段和措施来完善这一体制，而在跨境 B2C 平台，由于面对的对象是直接的消费者，所以，在跨境 B2C 平台都会建立一个针对最终买家的体验的相对客观的评价体系，买家评价高的商品，往往会受到平台的青睐，平台会有意识地将流量引到这些商品上去，而对于评价不好的甚至是评价较差的商品，不但不会得到平台的青睐，商品还会被下架，甚至很有可能连店铺都会被关闭。所以，在跨境 B2C 平台，推广的方式并非花的钱越多越好，更重要的是做好商品在平台除展示之外的服务和品质的把控。

需要特别提到的是，Wish 平台开创了一种全新的跨境 B2C 平台的运营模式，它将大数据的价值体现得淋漓尽致，而大数据及云计算的应用，会是未来很长一段时间的发展趋势。可以看到的是，全球速卖通平台、亚马逊平台、eBay 平台都已经尝试将大数据应用在平台运营和发展上，在不久的将来，它们很可能会开始简化开设店铺的流程，或者说开始作互联网的减法。

（五）平台的物流配送

跨境 B2C 平台之所以能够面对直接的消费者，其实最重要的一点就是跨境 B2C 平台能够在快速完成交易的同时，完成 B2B 平台所不能完成的快速的物流运输。

在不同的平台上，所采用的物流运输方式也会由于所在国（地区）的不同而不同。下面来看看不同平台上的物流分别是采用什么样的方法实现。

在全球速卖通平台上，支持的物流方式包括 UPS、DHL、FedEx、TNT、国际 EMS、顺丰、邮政大小包等。而且，在全球速卖通平台上，卖家必须采用买家所选择的物流方式，未经买家同意，是不能更改物流运输的方式的。在全球速卖通平台上，平台鼓励买家选择速卖通提供的线上发货物流渠道。全球速卖通只认可以下物流跟踪信息：线上发货物流跟踪信息及各国（地区）邮政官网、UPS 官网、DHL 官网、FedEx 官网、TNT 官网、TOLL 官网、顺丰官网、EMS 官网提供的物流跟踪信息。对于无法正常在各物流平台官网上跟踪的物流运输，全球速卖通平台不予认可。

亚马逊平台经过多年的积淀，已经拥有全球极为先进的物流运输体系，同时，亚马逊平台也是全球跨境 B2C 平台少有的，具备自己的跨境物流服务的平台之一。而且，在亚马逊平台上，如果采用了亚马逊的物流，那么无论是在产品展示提升、秒杀促销还是其他方面，都会得到最大的可能性。此外，由于亚马逊平台的物流服务本身也在全球享有盛誉，那么，在亚马逊平台上，自然是采用平台提供的物流服务最为妥当。亚马逊物流服务流程如图4-17所示。

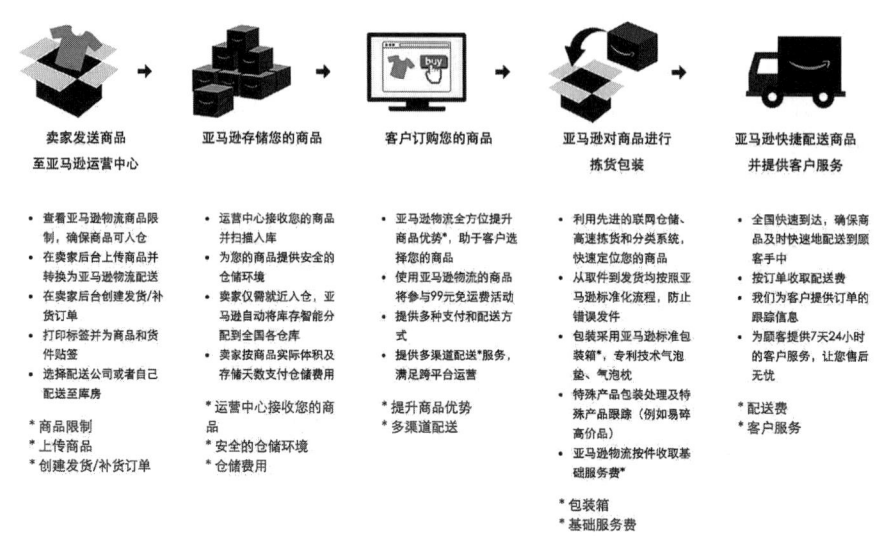

图4-17 亚马逊物流服务流程（Amazon Logistic）

eBay 平台与全球速卖通平台采用的是类似的物流运输方式，并没有什么需要特别说明的，但是，这里需要强调一下跨境 B2C 平台所必须要考虑到的海外仓问题。

所谓的海外仓，就是将货物批量发送至境外仓库，实现本地销售、本地配送的跨境物流形式。通过海外仓，卖家可以更改物品所在地，轻松成为境外卖家，增加产品曝光率，同时，由于海外仓的出现，将商品批量发运到海外仓，降低了商品的运输成本，而商品销售的价格没有变化，因此商品实现了更高的利润。此外，在跨境 B2C 平台上，订单的响应速度是直接影响买家体验的重要指标之一，而海外仓可以有效降低订单响应的时间，提升物流配送时效，有效地降低了人工成本。同时，由于在海外仓中有备货，所以，当出现问题时，卖家可以高效地完成退换货服务，提升客户满意度。

因此，建立海外仓会给跨境 B2C 的运营带来非常大的优势，而各大平台都已经开始在不同的国家（地区）建立针对自己平台的海外仓，为平台上的卖家提供服务。这一点，在选择跨境 B2C 电商平台时，也是需要考虑的。

由于 Wish 平台对于物流的规则是要求卖家必须在买家下单后 7 天内发货，那么，在选择物流方式时就需要在时效性和物流成本上作出一个平衡,以保证平台所要求的相对完美的买家购物体验度。

【结语】
本章重点介绍了跨境 B2C 电商平台相对比较突出的 4 个平台,也对各个平台的优势进行了简要的说明,文中并没有针对某一个平台的详细操作方式进行说明,原因在于各个平台的操作部分大同小异,而且,随着国家政策、内外部经济环境,以及平台规则的变化,操作也会频繁变化。因此,在这一章里,通过平台之间对比的方式来完成这几个平台的介绍,旨在通过这些介绍让读者能基本掌握各大平台的基本知识,并在实际的工作中去实践和印证。

【课后习题】
1. eBay 平台允许个人开店吗?
2. 在亚马逊平台上开店只需要注册一个账号就可以了吗?
3. 如何理解 Wish 平台开店非常简单?
4. 如何理解 PayPal 和支付宝的关系?
5. 全球速卖通平台收费的原因是什么?
6. eBay 平台的收费模式是什么?

第五章

跨境电商独立站

本章重点

本章学习重点是了解独立站的概念与特点、独立站建站的工具和过程以及独立站的推广方法。

学习目标

本章旨在让学习者了解独立站的基本概念与特点、认识独立站建站的工具、学习使用 shopify 建站的过程以及建站完成后的推广工作,从而对独立站的学习有更完整的认识。完成本章学习,学习者应获得以下成果:

(1) 了解独立站的概念与特点;
(2) 了解独立站建站的工具和基于 shopify 的建站过程;
(3) 了解独立站的推广方法。

# 第五章 跨境电商独立站

第一节 独立站简介

一、独立站的兴起

（一）跨境电商与品牌化

在跨境电商发展初期，亚马逊、速卖通、eBay 等第三方卖家服务平台得益于其起源早、发展时间长、知名度高、卖家服务完善以及基础用户数量庞大等优点成为了大多数外贸企业的第一选择。卖家通过入驻平台来售卖商品，由平台提供支付结算及物流服务，卖家支付服务费用。

近年来，我国跨境电商持续高速发展。2022 年我国跨境电商进出口 2.11 万亿元，同比增长 9.8%。其中，出口 1.55 万亿元，同比增长 11.7%。然而，随着入驻平台的卖家数量急剧增加、平台规则限制增多、市场竞争愈加激烈、利润空间被不断压缩，电商平台逐渐成为了红海行业，不少企业转而开始探索通过打造品牌独立站来实现长远发展。国家也陆续出台相关支持政策。《"十四五"电子商务发展规划》中提到，要引导电子商务企业加强创新基础能力建设，提升企业专利化、标准化、品牌化、体系化水平。随着消费者对品质和品牌的要求不断提高，品牌化将成为跨境电商未来的发展趋势和核心竞争力。

（二）品牌化与独立站

过去中国跨境出口电商主要以"量"或"价"争夺市场优势，但随着中国劳动力成本优势减弱、世界主流经济体消费者对产品"质"的要求不断提升，这种以"量"或"价"竞争的模式在中国出口跨境电商行业中优势减弱，取而代之的则是"质量第一"或"保证质的前提下兼顾价"的竞争模式。此外，在互联网已经普及的环境中出生的"数字原生代"正逐渐成为消费主力军。与以往的消费者不同，新一代的消费者更重视品牌，也更习惯于在做购买决策时去搜寻在网络中拥有良好口碑的品牌。因此，走品牌化道路是大势所趋。

与依赖第三方平台引流销售相比，独立站模式更契合品牌建设，也就是说，品牌自行创建官方网站,直接销售产品。独立站模式可被看作是实现 DTC 品牌销售的经营通道,它们之间具有很强的互补性。品牌一旦建立了自己的独立站,既能享受在线电商的便捷性,又能避免受到渠道和平台的各种限制。消费者可以通过官方网站绕过中间渠道,直接与心仪的品牌互动,进行产品的个性化定制、参与商品促销活动,以及接收品牌价值的传达。在许多情况下,只有当消费者与品牌直接接触时,才能最大限度地提升其参与感和对品牌的认可度。

过去,亚马逊是中国企业海外布局的重要渠道之一,而现在,越来越多的跨境卖家寻求布局海外的新方向,独立站成为更多人的选择。亿邦智库发布的《2021 跨境电商金融服务报告》显示,2021 年,28.5%的跨境卖家建设了独立站,8.6%的跨境卖家表示销售额最大的渠道是独立站。消费者方面,根据谷歌与德勤中国联合发布的《2021 中国跨境电商发展报告》,75%的受访者维持或增加了在品牌独立站的消费,这表明消费者已具备一定的品牌意识。从全球来看,据麦肯锡预测,从 2022 年起,未来 5 年,全球零售电子商务销售复合年增长率将超过 8.1%,其中独立站市场份额将达 40%。跨境电商作为外贸新引擎,以数字化赋能高效的贸易链路,满足消费者日趋个性化的需求,助推消费者—品牌关系建设,为中国企业实现品牌国际化提供了新路径。随着跨境电商迈入品牌化、渠道立体化的新阶段,独立站以其特有优势成为跨境电商品牌增长的新渠道。

二、独立站的定义和特点

(一)独立站的定义

据杭州电子商务研究院定义,独立站是指基于 SaaS 技术平台建立的拥有独立域名、内容、数据、权益私有,具备独立经营主权和经营主体责任,由社会化云计算能力支撑,并可以自主、自由对接第三方软件工具宣传推广媒体与渠道的新型官网(网站)。

跨境电商独立站是相对于第三方跨境电商平台而言的。第三方跨境电商平台是指卖家向境外消费者销售产品开设网店的平台,拥有庞大的用户基础,有利于卖家快速获取产品订单。第三方跨境电商平台为卖家提供各种服务,收取一定的佣金。常见的第三方跨境电商平台包括亚马逊、eBay、全球速卖通、Wish、阿里巴巴国际站等。与第三方卖家平台不同,独立站是由从事跨境电商的卖家,通过购买服务器或自行搭建具有自己域名的独立站点,并自主运营店铺的经营方式。简单来说,独立站就是拥有独立的域名、独立的空间和页面的网站。独立站的搭建及运营皆由卖家自主完成，这种去中心化的电商模式，更有利于卖家直面消费者，传达品牌理念，提升品牌价值，因而独立站模式成为了许多企业近年来探索跨境电商的新路径。

独立站是自营型跨境电商零售出口模式的必要基础设施，是跨境电商企业搭建的直接面向境外消费者的展示、互动、交易的新型虚拟零售店形态。独立站通过应用数字媒介，搭建起品牌商品跨境流通的"直通车"和"快车道"，让品牌商品更快更广地触达境外消费市场。

（二）独立站的特点

创建一个独立的网站，就是自建申请一个独立的域名空间，自己独立开发或授权委托第三方企业开发网站程序，然后进行网站推广和网络营销。越来越多的商家选择自建独立站来跨境销售产品，相比入驻跨境电商平台，采用独立站进行产品销售有其独有的特点和优势。相对于第三方平台，独立站的优势主要体现在以下几方面。

1. 摆脱平台束缚，降低经营风险

跨境电商经营者如果选择入驻卖家平台，虽然可以获得平台庞大的公域流量加持，但同时也必须要遵守平台复杂的规则，而激烈的竞争也使得部分卖家尝试进行一些违反规定的商业行为。自2021年4月以来，亚马逊对平台商家进行了一波严厉的监管"封号潮"。据深圳市跨境电商协会统计，在4月和5月两个月的时间内，亚马逊平台上被封店的深圳活跃卖家超过5.2万家，造成行业损失金额预估超千亿元人民币。亚马逊官方表示，封号的原因大多数是被平台检查出"卖家滥用评论"等违规行为。亚马逊"封号潮"反映出中国部分跨境电商对第三方平台的依赖性过强。一旦被封号，对经营者而言就是毁灭性打击。

独立站相比于第三方平台，卖家拥有高度灵活的自主权，能够自主决定独立站的运营规则、商品陈列方式、消费者响应速度等要素，没有产品下架的风险和各种政策压制，也不用与其他同行争抢流量，卖家完全通过自己的经营理念来运营品牌，构建起一个面向消费者的虚拟零售场景。因此许多跨境电商企业开始尝试向独立站的电商模式转型，以规避由主流平台规则限制带来的风险。

2. 强化品牌认知，增强品牌体验

上文提到，独立站模式更能契合品牌建设。独立站可以根据商家自己的需求自主设计优化，比如自己的域名、网站主页的设计、产品详情页的质感和内容的迭代更新。商家可以从产品包装、视觉设计、品牌理念等多个维度进行品牌升级，让自己的产品和竞争对手的产品形成差异。在品牌塑造上，跨境出口电商越来越注重自身品牌的宣传，在宣传过程中利用其独特的宣传风格来告诉消费者"我是一个什么样的品牌"，同时，独立站商家也以品牌价值为核心与消费者进行社群互动，以此维持和扩大流量池。由此，自营型模式中，自主品牌成为跨境电商企业集聚流量的核心依托。通过搭建独立站，卖家实现自主品牌私域流量池积累，打造了品牌认知度，实现了消费者—品牌互动，培养了忠实客户群体，强化了消费者对自身品牌的印象。

3. 提高溢价空间，降低交易佣金

品牌认可度有助于获得消费者信任、维系消费者忠诚度、提高消费者重复购买率，进而促进跨境电商企业经营绩效改善。自营型跨境电商企业如果以产品为核心打造商品或者零售品牌，在目标消费群体中形成具有辨识度的产品与品牌认知，那么依托品牌触达、联结消费者就可以提升溢价空间。2024年发布的《跨境电商发展报告》显示，"出海"已经成为许多中国企业的主题词，"品牌出海"是其中一个重要方面。在新消费时代中，品牌价值往往代表着品牌对消费者长期心理的影响，这种影响力可以让品牌在市场竞争中脱颖而出，吸引一批忠实用户，品牌溢价也随之增加，不再局限于市场价格竞争。因此，独立站可以通过增强品牌体验，提高品牌价值，进而提高溢价空间。

虽然独立站建设过程中的固定成本较高，但是建成后无须向第三方平台缴纳费用，可变成本较低。

4. 掌握用户数据，提供决策依据

区别于依赖第三方平台，独立站数据皆为自有，在利用数据方面具备先天优势。消费者浏览独立站时，产生了丰富的用户数据，包括用户画像、产品点击率、购物车弃置率、页面停留时间等。商家能够巧妙地运用这些数据，实施数据驱动的营销策略，根据核心用户画像，将营销资源投入合适的社交媒体平台，更好地定位潜在市场机会和产品目标人群。此外，销售数据的波动差异也可为新品研发、库存控制和媒体投放提供有益参考。通过对用户的购物旅程进行分析，商家可以更精准地锚定客户消费需求，从而制定针对性的活动，增强用户黏性，可以有效避免陷入相同的错误策略，也可以更好地制定下一步商业策略，提升用户体验，并进行二次营销和提高转化。

独立站与第三方平台的对比见表5-1。

表 5-1　独立站与第三方平台的对比

	平台	独立站
开店	有门槛，要求相对多	门槛较低，快速建站
产品	同质化严重，铺货	个性化，差异化
价格	价格透明，价格战	不易比价，溢价空间大
规则	规则多，政策严	自主性强，灵活
品牌	不容易建立品牌	私域流量，相对容易建立品牌
佣金	佣金高，平均15%	3%及交易
流量	平台自带流量	需要自行引流

第二节　独立站建站

独立站建站前期的筹备较为复杂，需要技术、购买域名、空间、页面设计，还需要集成支付、打通物流，资金压力大。因此，建站不能盲目，要先分析市场，明确自己面向的目标人群等。

一、建站前的准备

（一）明确独立站定位

所谓"万事开头难"，选品是零基础跨境电商者面前的首要难题。选品不是凭空想象，卖家应该首先考虑产品或产品价格是否具有吸引力，其次考虑该产品是否符合市场期待，从目标市场消费者的角度出发，对产品和市场进行调研。再者考虑产品是否满足当地消费者的需求。此外，还要注意独立站选品的基本原则，即不易碎、质量轻、体积小。选品完成之后还需要确定这些产品的定价水平和如何提升用户体验等。

更重要的是，要做什么类目、做什么产品、产品本身要做什么改良和优化等，这些都需要卖家提前根据资金、资源和供应链能力等综合情况进行综合考虑，在选品时尽量规避国内外法律规定禁止销售的商品，比如虚拟商品、商务服务、大型机械设备、原材料类商品、危险品等，具体可以参照各平台的《平台禁限售规则》。

如果卖家对独立站选品有疑问，可以借助以下工具作为选品辅助。

1. 亚马逊热销榜单：挖掘畅销趋势

网址：http://www.amazon.com

如果卖家是新手，资金有限，可以从简单的入门方式开始。访问亚马逊畅销榜是最基本但非常实用的选品方法。亚马逊畅销排行榜基于商品的销售量，每小时自动更新，能够让卖家了解每件商品近期和历史销售情况。

操作步骤：访问亚马逊网站—在搜索框中输入"Best Sellers"—探索不同类别的热门产品。

2. 速卖通选品中心：找到畅销热点

网址：http://www.aliexpress.com

对于预算有限的初学者，AliExpress 提供了免费工具。它可以帮助卖家找到热门商品并查看供应商信息，为选品决策提供便利。

操作步骤：访问 AliExpress Dropshipping Center—输入关键词，浏览热门商品—查看销售数据，选择适合的产品。

3. Google Trends：把握搜索热度

网址：https://trends.google.com/trends/

谷歌趋势是另一个免费且易于使用的工具。它可以查看产品关键词热度变化、地域需求趋势等。虽然 Google Trends 上并没有明确标出某个产品的热度值是多少，但卖家可以将自己已知的产品与需要搜索的产品进行热度对比，从而为选品决策提供依据。

操作步骤：访问 Google Trends—输入关键词，例如"耐克鞋"—查看关键词的搜索趋势，了解市场需求的变化。

4. YouTube、Facebook、Instagram 等社交媒体

社交平台不仅可以进行社交，也是选品的宝库。头部网红的推荐往往能启发商家发现市场潜在需求，可以借助他们的影响力来为选品决策提供依据。

操作步骤：关注头部网红的推荐或代言—注意他们推荐的产品类型和特点—根据推荐的产品寻找市场机会。

5. Niche Scraper：发掘速卖通爆款

网址：https://nichescraper.com/

Niche Scraper 是一款强大的选品工具，可以根据条件搜索查询 AliExpress 和 shopify 站的热门产品。它提供产品挖掘、爆款精选、竞争分析和广告制作等功能。

操作步骤：访问 Niche Scraper—使用产品挖掘工具找到热卖产品—通过竞争分析了解其他店铺的热卖产品。

成为出口跨境电商卖家后，要对目标人群进行分析，确定出目标市场以及第三方跨境电商服务平台。

第一，确定目标人群。国外与我国在历史、文化习俗、生活习惯、气候、宗教信仰等方面都有较大区别，其消费需求、消费习惯与我国也有很大差异，新手跨境电商卖家要结合自己的优势确定自己的目标人群是哪些群体，比如年轻女性、白领、运动爱好者等。而不是单纯地根据自己以前的经验或是个人兴趣来确定目标人群。当然，新手跨境电商卖家也可以根据自己拥有的资源优势来确定目标人群，比如拥有运动产品的资源优势，就可以确定自己的目标人群是有运动爱好的人群。如若没有资源优势，也可以结合互联网数据、各大服务平台畅销榜、社交媒体账号等来分析当下热门的产品是哪些，再细分目标人群。

第二，确定目标市场。新手卖家在考虑目标市场时要对行业进行全方位的了解，尽可能选择市场竞争力比较小的市场，比如日本市场等。目前出口跨境电商行业中主要流行的是欧美市场，早些年有许多卖家吃到了欧美市场发展的红利，但是现在进军欧美市场的企业数量很多，其中不乏拼多多等携带巨额资金的大型企业。此外，美国等国家（地区）的通货膨胀现象尚未好转，消费者的可支配收入逐年降低，此时选择欧美市场可能会遇到更多不可控的挑战。而日本市场虽然人口基数小，但是人均消费水平高，而且市场竞争力相对较小，适合新手卖家入局，日本市场也是当下比较热门的跨境出口电商蓝海市场。

第三，确定服务平台。优质的第三方跨境电商服务平台能够为卖家解决许多难题，比如跨境电商基本知识、跨境支付、跨境物流等。

(二) 准备材料

1. 独立顶级域名

独立域名是独立站的基本特征，独立域名在全世界都不存在重复的情况。顶级域名又称一级域名，是直接以 .com、.net、.org 为后缀的域名。卖家可以通过阿里云、腾讯云、GoDaddy（国外）等国内外域名注册平台获得独立顶级域名。选择域名时还要注意以下几点。

(1) 简单易记

避免一些拼写或者含义复杂的词汇，尽量带有特色，字符最好在 10~15 个，像 colourpop 等。

(2) 避免字符及数字

为了让客户通过简单输入域名就可以进入网站，应当避免一些字符跟数字误导到客户，例如 c00ldomain、bestdomain4u，像用数字 0 去代替字母 o 的做法，容易误导用户无法正确通过域名进入网站，而数字域名会降低网站的正式性，进而降低客户的信任度。

(3) 用 com 顶级域名

如果是做精品独立站，要长久经营使用的，建议使用品牌词作为域名，推荐独立站注册域名通用后缀：com、net、shop、store。如果单独只做单一市场国家（地区）的独立站，可以考虑使用带有国别属性的域名比如日本的"JP"，俄罗斯的"RU"、美国的"US"等。com 的域名网站是目前全球最主流的，无论在权重、SEO 收录等方面都远胜于其他顶级域名，普及度及信任度相对较高，如果独立站打算做两个国家（地区）以上的用户受众，建议还是用 com 域名。

(4) 品牌化运营

要检查域名在各大社媒平台是否被人提前注册，提前把各大社媒平台的同名账号也注册下来，这样的域名联合品牌化运营才能发挥更大的营销效果。

2. 收付款账号

跨境独立站收款一般有第三方平台收款、信用卡收单等方式，收款平台较多，国内卖家通常通过 PayPal 平台收款或信用卡收单机构收款。

PayPal 平台支持中国企业注册和收单，并且多数独立站平台都集成支持 PayPal 账户收款，使用较为方便，早期 PayPal 注册门槛很低，近些年由于网络诈骗、骗单等情况，PayPal 对放款也有了一定要求，如必须买家确认收货后才放款，如有买家投诉，资金可能被冻结，因此卖家应正当运营。

3. 物流账号

独立站的发货模式有 4 种。

(1) 从境内做自发货

境内自发货是独立站卖家普遍采用的方式。

独立站没有平台的强制发货时效限制，也没有限制发货渠道，可以自己找物流商合作，例如邮政小包、燕文、云途、DHL、4PX、EMS、顺丰等，选择好对应的物流渠道，然后在独立站后台进行配置设置即可，买家下单后货物直接从境内发出，这种形式的优势是库存压力小，风险低。

（2）dropshipping（无货源）

通过分销平台（如 1688）等选品，将商品上架到独立站，对独立站运营引流，待消费者下单后，从供应商处购买产品，由供应商直接发货到消费者手中。

（3）海外仓

卖家租用第三方海外仓，将货物通过海运批量发送到海外仓，支付仓储费。收到订单后，从本地海外仓直接发货，没有通关障碍，因此配送时效大幅提升，客户收货时间快，购物体验感好。海外仓由于需要提前备货，独立站新卖家在不了解市场行情的情况下，容易产生库存压力大、资金周转不畅等问题，并且海外仓储本身也是有成本的，因此不建议新卖家盲目备货，一般独立站大卖家会使用海外仓。

（4）亚马逊 FBA

亚马逊 FBA 即亚马逊物流服务，亚马逊物流也会开放给第三方卖家，就像国内的京东物流一样。亚马逊可以将第三方卖家的库存纳入亚马逊全球的物流网络，为其提供拣货、包装以及终端配送的服务，亚马逊则收取服务费用。

在物流选择方面，跨境电商卖家可以选择平台物流、合作物流、国际小包等物流渠道。在订单量少的时候卖家可以专注运营，国际物流发货通过第三方货代进行代理发货。在订单量较多的情况下，卖家应该与国际物流承运商合作，获取相应的物流账号，以便获得更便捷的发货方式和更优惠的价格。

国内发货量较大的跨境物流有中国邮政等服务商，国际主要承运商在中国也都开展有国际运输业务，另外还有整合物流服务商递四方（4PX）、燕文、云途等为跨境卖家提供了大量发货渠道和专线渠道，比较适合独立站卖家。

4. 其他

邮箱、Facebook、Facebook Messenger、Instagram、WhatsApp 等社交账号通常也是与境外买家沟通的主流方式，建议卖家提前准备和建设相应社交账号。

二、建站工具选择

术业有专攻。选择好的建站工具可以省去建站所花费的大量精力与烦恼，最主要的是以最小的付出获取最大的回报。目前搭建独立站主要有 SaaS 模式建站和开源代码建站两种主流方式。

（一）SaaS 模式建站

英文全称是 Soft as a Service。供应商将应用软件统一部署在自己的服务器上，卖家根据自己的需求订购不同服务。通过成熟的模块化系统，快速帮助用户从网站开发、设计和集成等维度搭建站点。市面上目前比较流行的第三方建站工具有 shopify、2Cshop 等。

（二）开源代码建站

还有一类就是采用国外一些开源代码如 WordPress、magento、OpenCart 这样的系统来搭建，应用代码自己搭建网站。但这需要一定的代码基础，并且需要去安装调试测试代码，然后才能上线运营。从搭建到上线历时较长，需要耗费更多人力及开发成本。对于新手、平台转型、刚入行的独立站卖家，建议通过第一种 SaaS 模式的方式搭建网站，简单便捷，上线快，投入低。不建议卖家自己成立建站团队，维护成本与投入资金较高，不如选择专业的建站公司。

（三）shopify 建站

1. shopify 简介

shopify 是全球顶尖的一站式电商 SaaS 平台，其完善的生态系统集云端建站、库存管理、多渠道销售等功能和技术于一体，赋能来自约 175 个国家/地区的数百万独立站商家、大型零售贸易企业及全球知名品牌。shopify 的优缺点如表 5-2 所示。

表 5-2　shopify 的优缺点

优点	缺点
1. 操作简单，易上手 2. 价格适中 3. 可多渠道销售产品 4. 拥有众多插件，可扩展很多功能 5. 适合中小卖家起步使用	1. 相对其他一些建站方式，基础费用以及交易手续费高 2. 虽然能绑定独立域名，但还是受限于 shopify 的规则，更像一个绑定了独立域名的网店

2. 注册账号

进入 shopify 官网，点击右上角"Start free trial"，如图 5-1 所示。

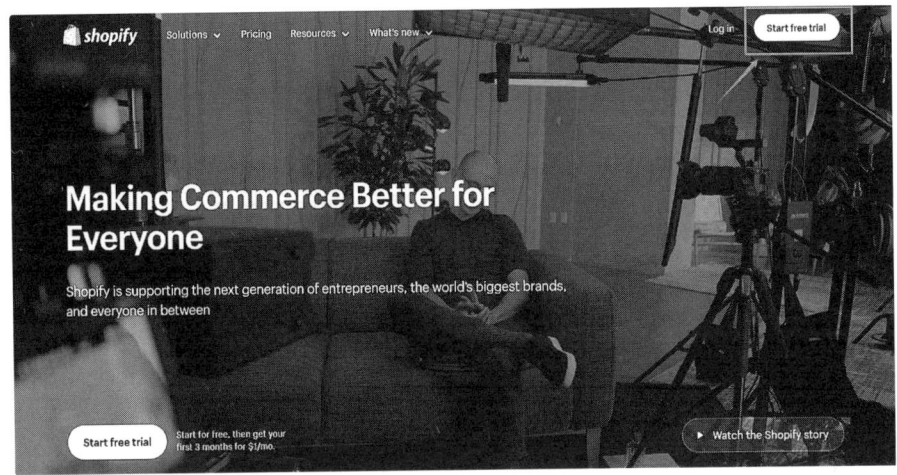

图 5-1　shopify 英文官网界面

接下来大致有两步，这个步骤因为 shopify 经常调整，所以并不固定，但是并不影响之后的建站步骤：

一是询问目前经营的在线电商业务，可以跳过此步，也可以按照实际情况填写。

二是确定店铺地区，不同国家（地区）可能获得的功能不同。有条件的选美国，因为功能齐全，比如和某些社交平台对接非常方便；如果没有，就如实选择中国。

接下来需要创建账号，点击"Sign up with email"，注意推荐使用 Gmail、Outlook 或者企业邮箱等国际通用的邮箱地址进行注册，如图 5-2 所示。之后去填写的邮箱验证，如图 5-3，"Confirm email"后即可"Enter your store"。

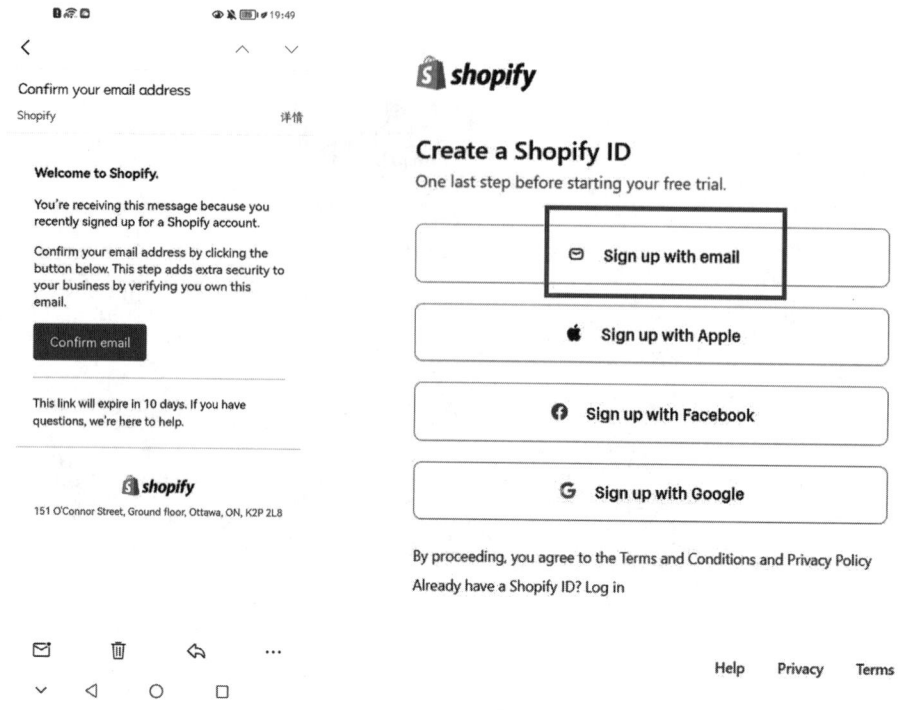

图 5-2　shopify 邮箱注册界面　　　　图 5-3　注册确认邮箱界面

登录 shopify 后看到的界面如图 5-4 所示，左侧是菜单栏，主要功能如下。

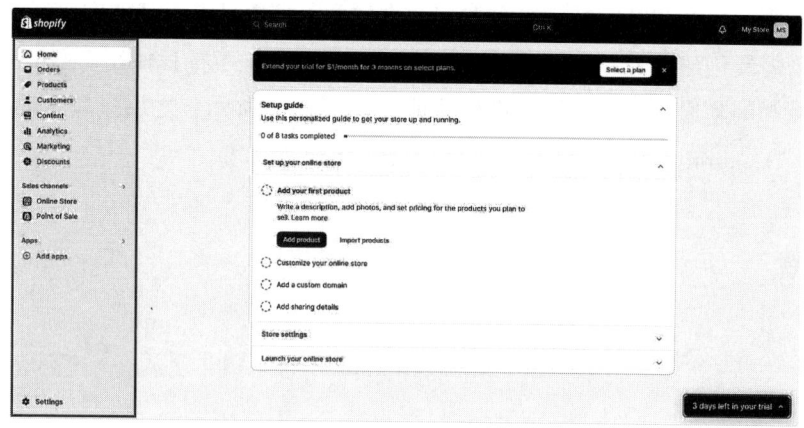

图 5-4　shopify 商家建站界面

（1）Home 主页。刚进去是没有任何数据的，这里还有一些提醒用户做设置的东西。等用户的各项设置都做好了,【主页】会显示店铺的核心数据。

(2) Orders 订单。网站所有的订单都显示在这个地方。利用草稿订单处理未在 shopify 线上平台成交的订单,例如通过电话达成的订单,可以通过电子邮件将发票发送给客户,然后收取款项。弃单,是指记录网站上所有的已经到达付款页面但是最终没有完成付款的订单。

(3) Products 产品。点进去可以看到全部产品的情况,里面也可以设置【产品系列】等,点击右上角【添加产品】可以上传新产品。

(4) Customers 客户。点进去可以看到所有用户的情况,也可以导入/导出用户。当新客户在店铺内下单时,客户的详细信息便会被自动添加到这一栏,也可以手动添加客户信息。在这个栏目可以看到当前所有客户名称、所在地、订单数及花费金额等内容。对这些客户数据可以进行导入导出、细分管理等操作。

(5) Analytics 分析。点进去可以看到店铺详细的核心数据如销售额、转化率、客单价等。

(6) Marketing 营销。shopify 商店创建以后,需要借助许多工具、采取不同的策略来进行推广营销,在这里可以创建营销活动,显示、分析营销效果。

(7) Discounts 折扣。各种折扣是促进 shopify 商店成单及客户复购的一种强有力的营销策略。在此页面可以查看设置的折扣的基本情况,例如状态、设置方式、类型等。

(8) Online Store 在线商店。这个版块主要涉及网站设计相关等内容。

(9) Settings 设置。包括网站各种设置的选项,比如商店信息、域名等。

(四) shopify 套餐介绍

目前 shopify 主推的套餐有 3 种:Basic 套餐、shopify 套餐、Advanced 套餐,每月价格分别为 29 $、79 $、299 $。

1. Basic shopify:初级玩家

套餐亮点速览:

- 2 个员工账户
- 最多 4 个库存地点
- 最高可达 77% 的运费折扣
- 2.9%+30 美分在线交易信用卡手续费
- 2.7% 当地借记卡手续费

- 2% 非 shopify Payments 支付交易手续费

Basic 套餐的两个员工账户可以满足基本的商店运营需求，而多个库存地点让用户更加灵活地分配库存，提高运送效率，增加消费者满意度。还有各项费用折扣，帮用户减少运营成本。

2. shopify：中等规模的玩家

电商事业日益壮大，对于一些高级功能和更灵活的选择有了一些需求。除了 Basic shopify 的所有功能外，这个套餐提供更高级的报告和订单处理功能，还能创建不同类型的折扣代码和礼品卡，吸引更多顾客。

套餐亮点速览：

- 员工账户数量提升至 5 个
- 库存地点数量最多提升至 5 个
- 提供专业报告
- 礼品卡功能
- 最高可达 88% 的运费折扣
- 2.6%+30 美分在线交易信用卡手续费
- 2.5% 当地借记卡手续费
- 1% 非 shopify Payments 支付交易手续费

shopify 套餐在员工账户和库存地点数量上相较于 Basic 套餐都有所提升，满足更大规模的运营需求。值得一提的是，这一套餐增加了专业报告功能，可以协助商家策划营销活动、查看征收的销售税额等。除此之外，使用 shopify 套餐的商家在手续费上面还可享受更高折扣，将节省下来的成本用在市场营销活动上，从而引流刺激销量。

3. Advanced shopify：功能进一步升级

事业稳步上升的同时，还需要一些定制化和高级的功能来满足业务需求。那么，Advanced shopify 是最佳选择。它包含了 shopify 的全部功能，并且还提供实时运费计算、高级报告和自定义员工账户等功能。此外，还能轻松处理大量订单。

套餐亮点速览：

- 员工账户数量提升至 15 个
- 库存地点数量最多提升至 8 个
- 高级专业报告
- 最高可达 88% 的运费折扣

- 第三方自动计算运费功能
- 2.4%+30 美分在线交易信用卡手续费
- 2.4% 当地借记卡手续费
- 0.5% 非 shopify Payments 支付交易手续费
- 关税和进口税估算功能
- 按照市场自定义价格功能

Advanced 套餐拥有 15 个员工账户、8 个库存地点以及极高的手续费折扣。该套餐向商家提供更高级的专业报告，让数据导向型商家可以更深入挖掘和了解消费者动向和业务状况。另外，使用此套餐的商家能够在消费者下单后及时提供精准的运费计算服务，避免了运费误差造成不必要的麻烦，优化了消费者购物体验。

（五）店铺设计

在设计店铺时有 3 个很重要的元素：页面（Pages）、导航（Navigation）、主题（Theme）。网站质量十分重要，尤其是对于搜索引擎的排名来说。排名靠前的网站，一般来说设计都非常优秀，质量很高。

1. 页面

页面是店铺主要展示的信息，这一栏用于添加一些对客户来说很重要的信息，例如关于我们、售后服务、物流政策、隐私条款等，这些内容有利于客户更好地了解公司、信任公司，从而促进销售。下面来设置 shopify 店铺的页面，登录到 shopify，点击左侧菜单栏"Online store"下方的"Pages"。

在设计店铺页面时，以下几个页面推荐添加：关于我们（About us）、联系方式（Contact us）、隐私政策（Privacy Policy）、退款政策（Refund Policy）、服务项目（Terms of Service）、物流信息（Shipping Information）。

首先来添加"关于我们（About us）"页面。点击"Pages"，如图 5-5 点击"添加页面（Add page）"。

比如，要添加一个"About us"页面，在"Content"栏里面写关于店铺的介绍，品牌故事之类的信息。可以参考一些龙头企业的写法，但一定要展现出自己的特点。同时，还可以在内容部分添加 Logo 或图片，点击"Image"图标，插入图片，如图 5-5 所示。

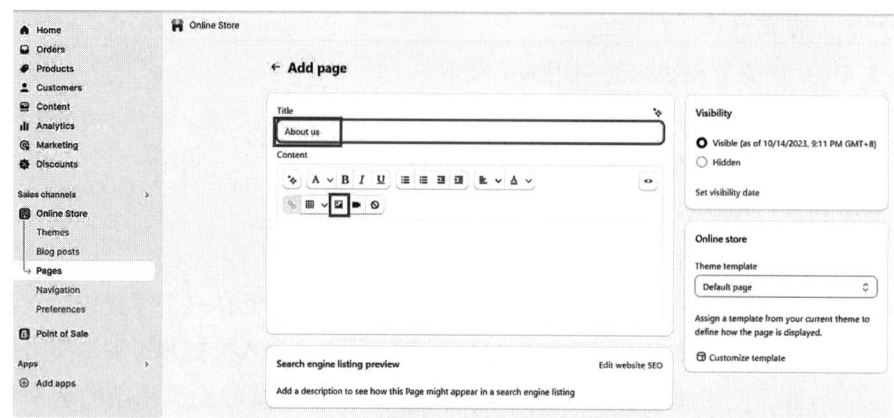

图 5-5　shopify 添加页面设置界面

完成之后，点击"保存"。同理，可接着添加其他页面。

另外，一个购物网站，要想让初访者看懂店铺在卖什么、怎么购买，难免需要围绕产品、服务、功能和购买程序等提供一定的讲解。因此，FAQ（Frequently Asked Questions：常见问题页面）也就显得必要且重要了。

FAQ 的作用：

（1）打消客户疑虑。想要下单却不知道如何购买、运费怎么计算、几天才能到达，这些都是能让客户购买时产生焦虑的问题，而 FAQ 通过回答相关问题解决客户的购买疑虑，让客户能够放心下单。

（2）节省客服时间。如果每一位客户、每一个小问题都来私聊客服，客服的工作量就会直线上升而且可能忙不过来以致客户流失。通过 FAQ 这样的常见问题公开回答，可以节省客服的时间和精力，使其能更专注于有特殊问题的客户，促使成单。

（3）树立品牌专业形象。在回答的内容中，卖家可以展现出产品的专业知识、各个流程的详细步骤与规则，让客户感受到专业性，也可在其中植入品牌信息，形成品牌/产品信赖，从而赢得客户信任。

（4）利于网站 SEO 优化。搜索引擎在收录各类独立站时，也会参考 FAQ 页面的内容，所以不断优化 FAQ 页面，尤其是一些特定的搜索内容，可以帮助独立站提升 SEO 排名。

常见的 FAQ 问题有：

（1）What is the return policy？——退货政策是什么？

(2) What are the shipping options? ——有哪些快递选择?

(3) What are the international taxes, duties, etc. that I have to pay? ——如何支付, 税费如何计算?

(4) When will I receive my order? ——何时到货?

(5) What do I do if I never received my order? ——未到货该如何处理?

(6) What do I do if I received a defective order? ——如果收到有缺陷的订单怎么办?

(7) How do I make changes to an order I've already placed? ——如何更改已下的订单?

(8) How do I make sure I order the right size? ——如何确定尺码?

(9) How do I contact your company if my question isn't answered here? ——如果我的问题在这里没有答案,我该如何联系贵司?

2. 导航

所有的页面都添加好之后,就来设置"Navigation(导航)",点击"Online Store"里面的"Navigation",有两个部分"主菜单(Main menu)"和"页脚菜单(Footer menu)"。主菜单会显示在 shopify 网店每个页面的顶部,页脚菜单显示在页面的底部。

先来设置"主菜单",点击"Main menu"进入设置,输入名字比如"About us",并在"链接"位置输入已创建好的"页面"链接或者页面标题,导航设置界面如图 5-6 所示。点击右下角的"添加"按钮,保存内容,再点击"保存菜单"按钮,便可将创建的页面显示在页面顶部导航栏。

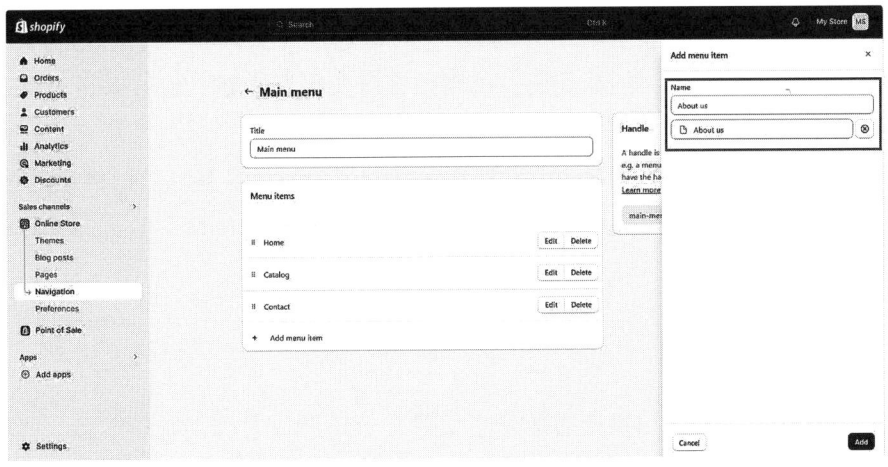

图 5-6 shopify 导航设置界面

同理可以设置"页脚菜单"。可以添加"隐私政策（Privacy Policy）"、"退款政策（Refund Policy）"、"服务项目（Terms of Service）"、"物流信息（Shipping Information）"等页面。

3. 主题

shopify 店铺需要一个主题模板，网站才能使用。可以从首页新手页面>Customize Theme 进入主题设置，也可以从左侧菜单的 Online Store>Themes 进入主题设置。

图 5-7 所示就是主题界面，此页面为未购买套餐的试用阶段页面，试用阶段是被密码保护的，但是购买套餐的独立站卖家可以设置使用。

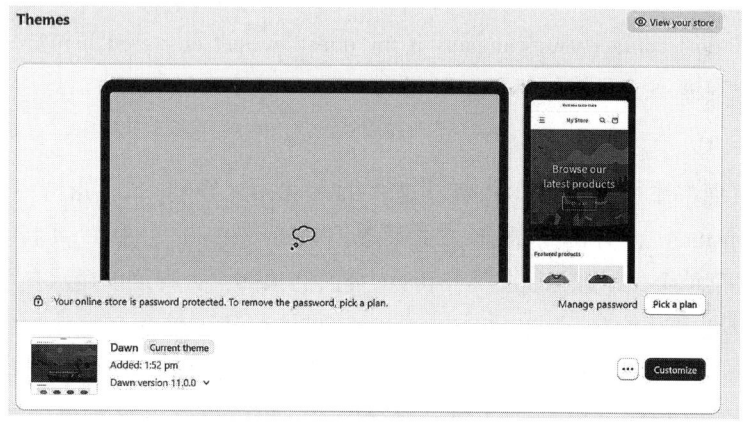

图 5-7　shopify 主题设置界面

（1）选择主题。默认主题叫做"Debut"，可以通过"Actions"对主题进行重命名，复制主题，下载主题文件，编辑代码，编辑语言以及预览主题，也可以通过 Customize 来自定义主题。

（2）主题库有免费和付费版本。免费版本功能简单，但是基本的销售还是够用的，这里建议到第三方平台购买一个功能丰富的主题，比如 Themeforest、Template Monster。

（六）店铺设置

1. 商店信息

在账户设置中，可以编辑商店的基本信息，包括商店名称、联系信息、商店地址等。这些信息将用于与客户和供应商等方面进行联系。

点击"Settings（设置）"的第一个选项"Store details（商店信息）"，点击

"Profile"右上角的"Edit",可对商店名字、电话和邮箱进行编辑,如图5-8所示。这里的商店邮箱指的是与shopify联系的邮箱,比如shopify会给用户发账单通知等。

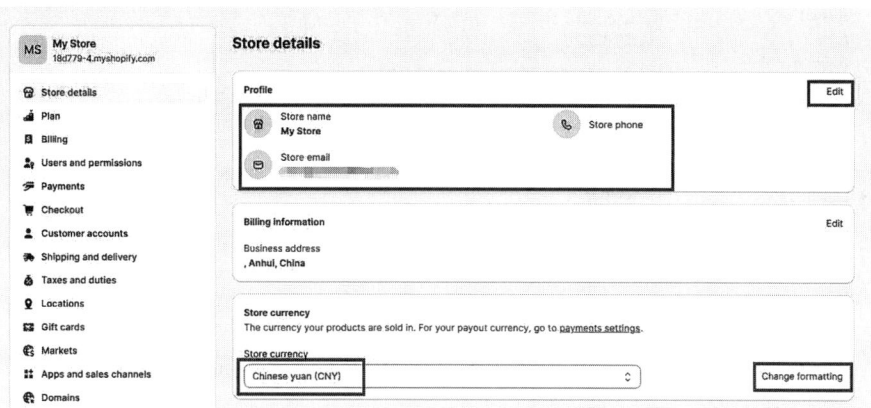

图5-8　shopify商店信息设置界面

在"Store currency"处可以设置店铺的货币,一般设为美元,这个不影响收款。

在这里还可以设置一下店铺的时间,最好与用户的广告账号设定同样的时区,方便做后期数据的对照。比如店铺设定的是北京时间,那申请广告账号的时候也要申请同一个时区的,否则会出现后期的数据对照混乱的情况,时间设置界面如图5-9所示。

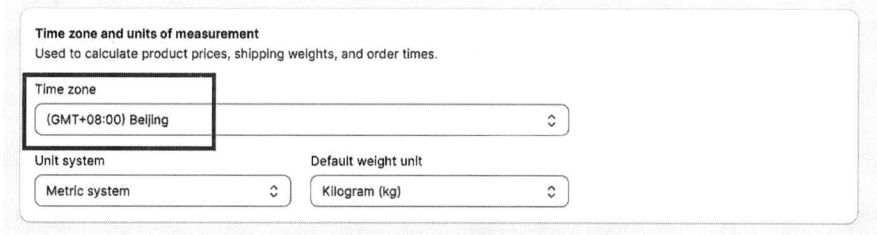

图5-9　shopify店铺时间设置界面

2. 用户和权限

点击"Settings"的"Users and permissions",进入用户管理和权限设置界面,如图5-10所示,有店主和员工两个角色。

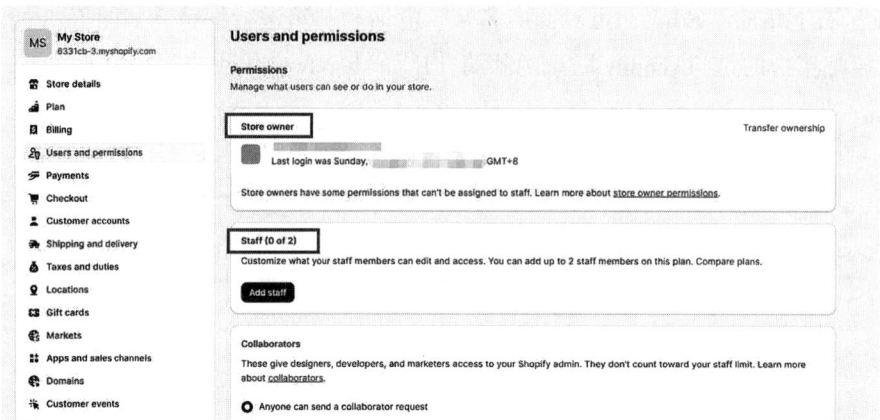

图 5-10　shopify 用户和权限设置界面

员工角色：商店所有者或管理员可以创建多个员工账户，并为每个员工分配不同的角色和权限。不同角色的员工可以执行不同的任务，以确保访问权限的安全性。

点击"Add staff"，商店所有者或管理员可以定义不同角色的权限。例如，可以创建销售员角色，允许其管理订单和客户信息，但不允许其访问支付设置，如图 5-11 所示。

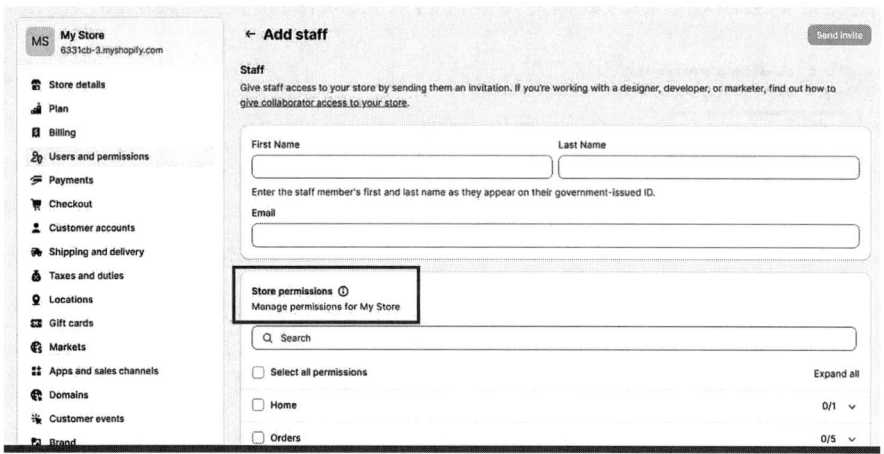

图 5-11　shopify 角色权限设置界面

3. 运输和发货

点击 Settings>Shipping and delivery>General，如图 5-12 所示。

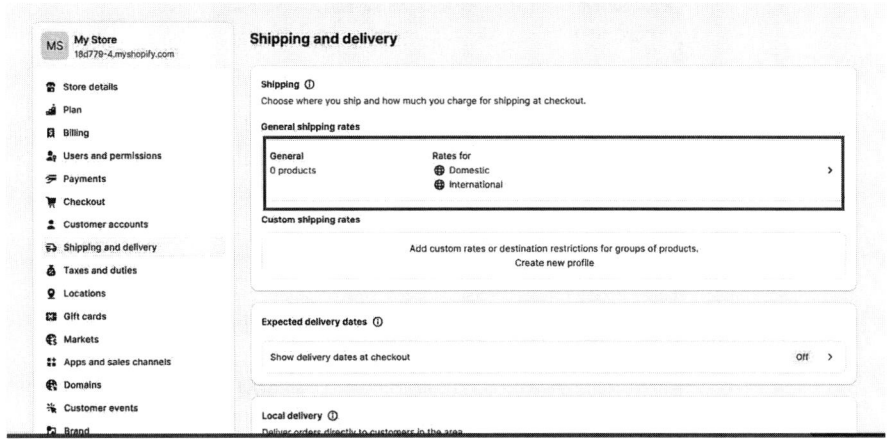

图 5-12　shopify 运输和发货设置界面

在"Shipping zones"可以设置运送区域，点击"Create zone"新增想要配送的区域，比如美国，点击"Done"完成，如图 5-13 和图 5-14 所示。

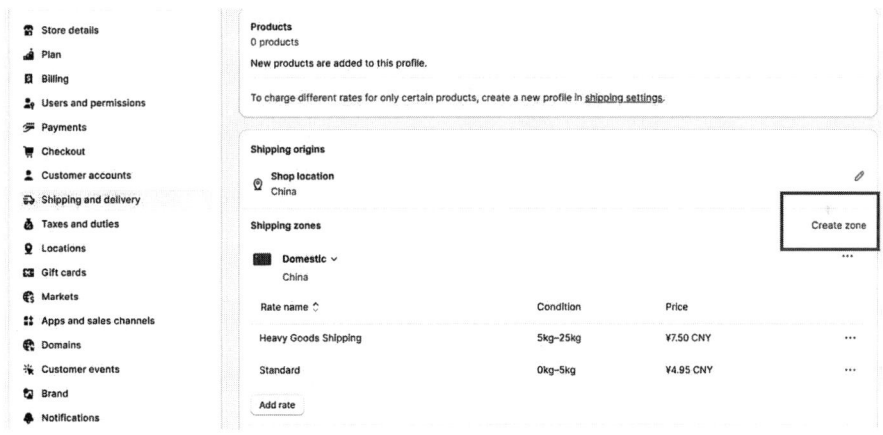

图 5-13　shopify 添加配送区域界面

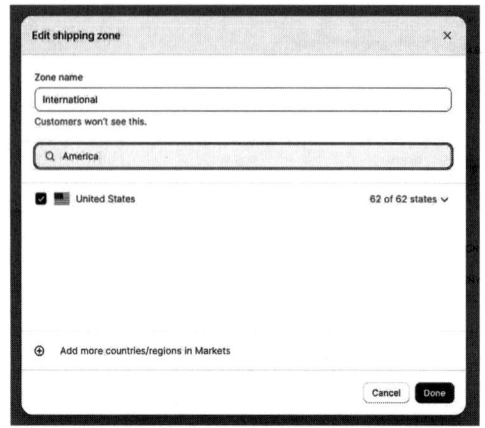

图 5-14　shopify 选择美国作为配送区域界面

接下来就是设置运费，点击"Add rate"，如图 5-15 所示，然后可以看到如图 5-16 所示的界面。

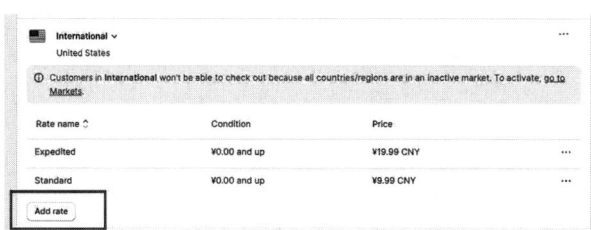

图 5-15　shopify 添加运费界面

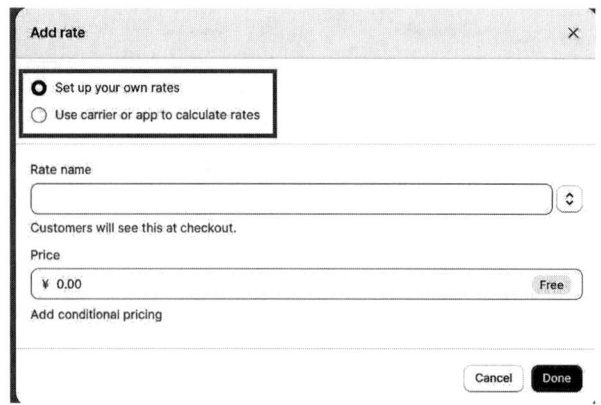

图 5-16　shopify 运费选择界面

（1）根据自己的需求设置运费，Set up your own rates；

（2）按照第三方的托运方计算运费，Use carrier or app to calculate rates。

这里以设置自定义运费为例，选择"Set up your own rates"。此处需要设置一个费用名称，这实际就是运输方式，可以自行输入一个也可以从选项中选择一个，共有 3 个预置的选项 Standard、Expedited、Heavy Goods Shipping，Price 一栏按照实际费用填写，如图 5-17 所示。然后添加运费计算依据，根据重量或者订单金额来计算运费，按照需求自行填写，然后保存。

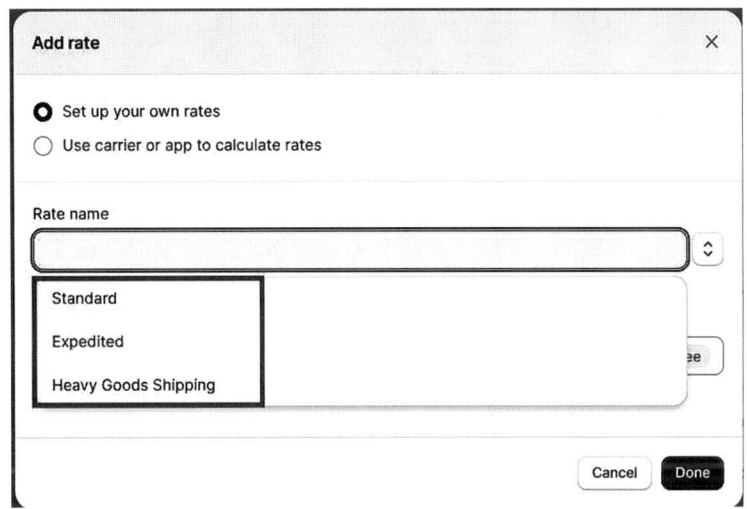

图 5-17　shopify 运输方式选择界面

同样方法添加其他区域保存。

4. 税费和关税

在税收设置中，可以设置适用于自身产品和客户的税率和税务区域，这样可以确保在结账时正确计算税收。但是由于各个国家（地区）的税收和关税政策相对复杂，作为刚起步的独立站的卖家，税费是可以暂时不设置的。从发货地发到目标国家（地区），其实可以直接设置商品的价格为含税价格。如果后期规模越来越大了，特别是在有海外仓的情况下，或者专门注册了境外的公司去做独立站，这个时候就需要考虑税费了。

如图 5-18 所示，直接勾选在价格中包含税款即可，这样客户在付款页面就无须支付额外的税费，然后点击右上角保存。

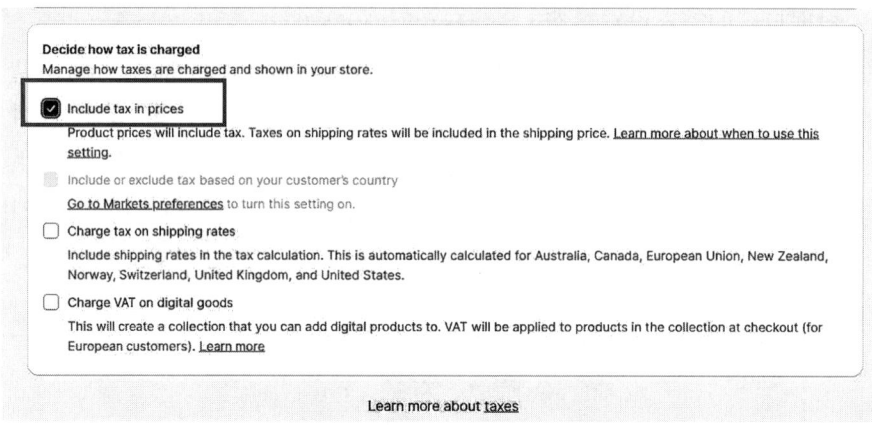

图 5-18 shopify 税费设置界面

5. 关联域名

店铺名称是 shopify 店铺的免费二级域名地址（例如，店名是 ABC），链接地址就是 https：//ABC.myshopify.com。通过 shopify 自带的名字生成器创建的名字后，会自动把名字和域名关联到一起。上文准备材料已经提及需要卖家自己准备好域名，接下来就是将域名关联到卖家的 shopify 店铺。

点击主页面的"Settings（设置）"的"Domains（域名）"选项，点击"Connect existing domain"，如图 5-19 所示。

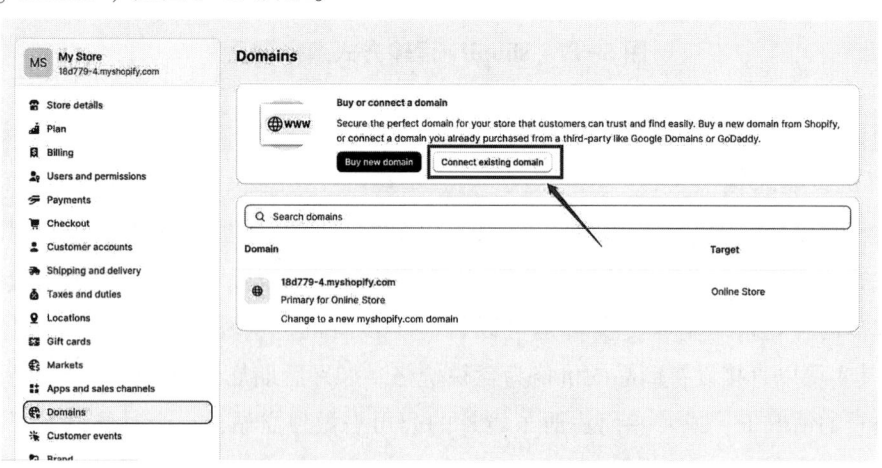

图 5-19 shopify 关联域名设置界面

接着输入域名，点击"Next"，域名绑定完成，如图 5-20 所示。

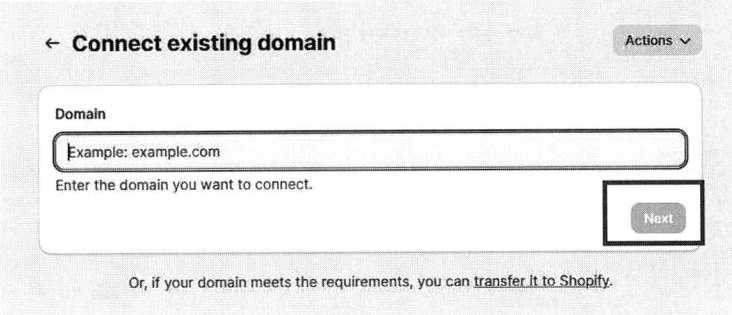

图 5-20 shopify 绑定域名界面

6. 支付

点击"Settings"的"Payments"选项,shopify 提供了多样的选择。

(1)第三方支付方式。点击 Choose a provider> Third-party payment providers,如图 5-21 所示,这里按照店铺所在地列出当地能用的所有第三方支付方式,其中适合中国大陆用户的主要有 PingPong、2Checkout,如图 5-22 所示。

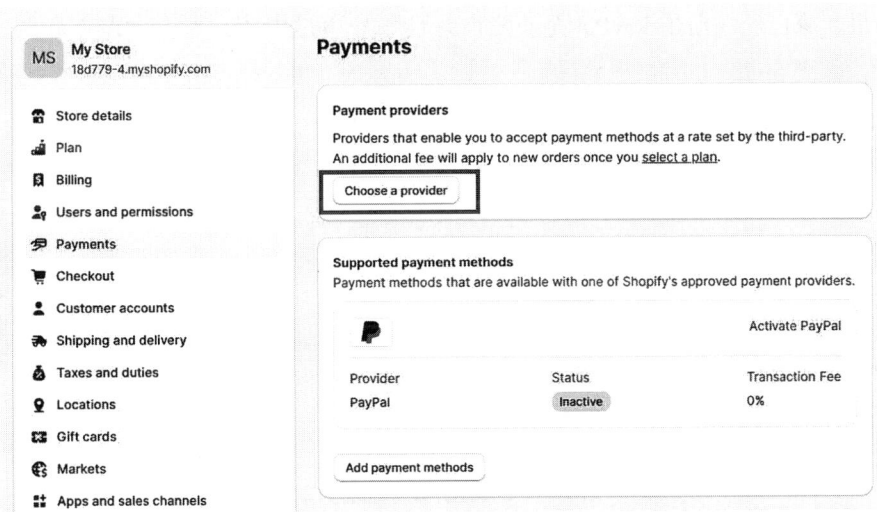

图 5-21 shopify 选择支付方式界面

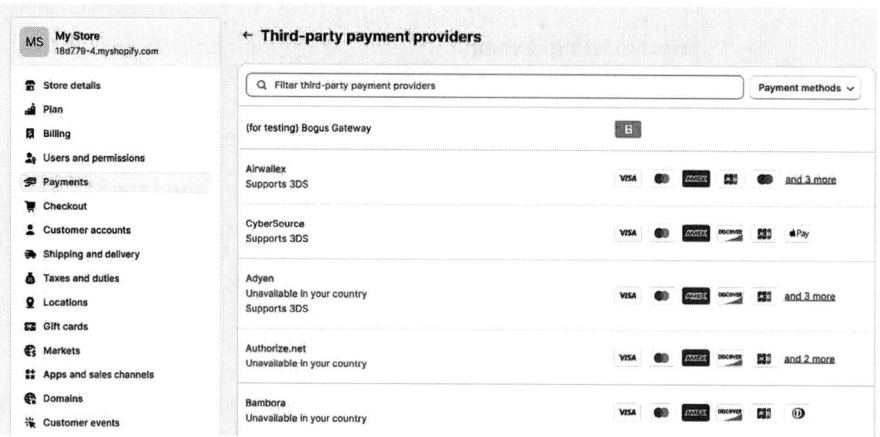

图 5-22　shopify 第三方支付方式界面

（2）PayPal。PayPal 是最流行的付款方式，具有以下特点：支持 190 多个国家（地区），24 种货币在线支付；高知名度，覆盖区域广；账户与账户之间产生交易的方式，买卖双方都拥有；像国内支付宝一样拥有广泛的受众群体。

如果商家已经注册了 PayPal 企业账户并且账号通过审核，点击"Activate"进行绑定即可，如图 5-23、5-24 所示。

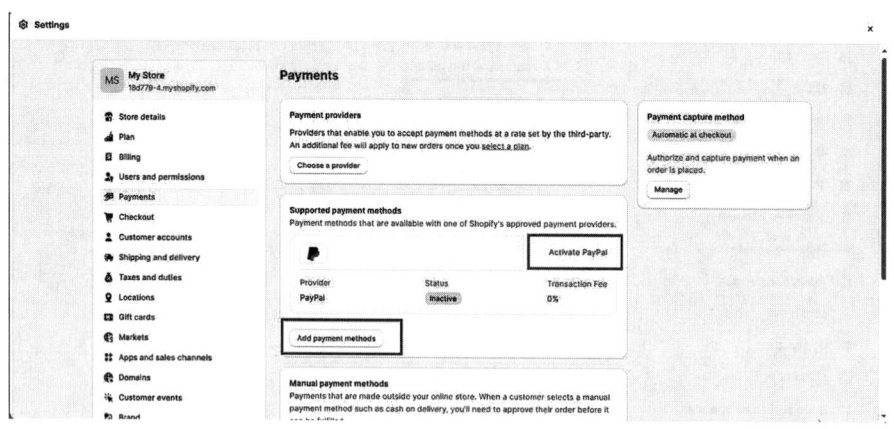

图 5-23　shopify 绑定 PayPal 设置界面

第五章 跨境电商独立站

图 5-24 输入 PayPal 信息界面

7. 结账

这个设置的目的是让客户在店铺下单进入结账页面的设置。点击"Settings"的"Checkout"选项，有 Customer contact method、Customer information、Order processing 等栏目，如图 5-25 所示，一般保持默认，如果有需要也可以进行修改。

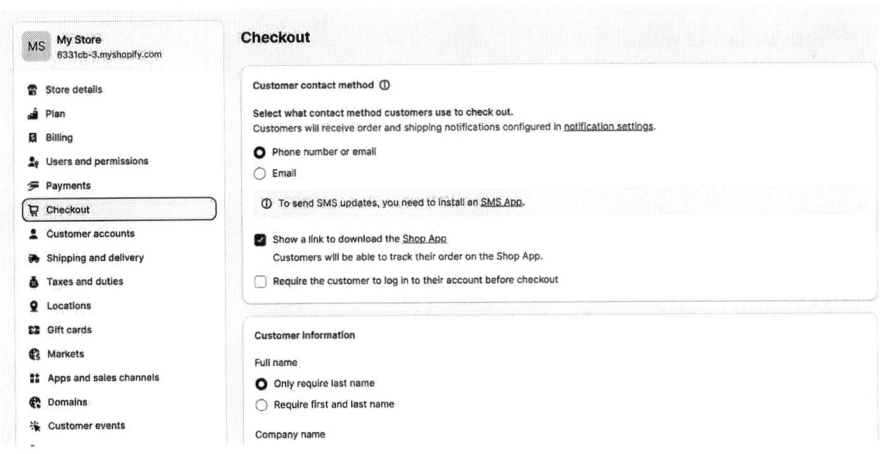

图 5-25 shopify 结账设置界面

8. 通知

通知设置是指允许店主或管理员自定义如何以及何时接收有关其网店的各种活动和

事件的通知的选项。这些通知有助于店主随时了解重要事件和更新，能够有效地管理自己的商店，并及时向客户作出回应。

点击"Settings"的"Notifications"，进入通知设置页面，如图 5-26 所示。在通知设置页面显示 Orders（订单信息）、Shipping（物流信息）、Customer（客户信息）等项目。这些通知 shopify 都有模板，可以直接使用。如果想自己设计，可以随便点击一项比如"Order confirmation"，在右上角"Edit code"进入修改。也可以点击"Send test"，如图 5-27 所示，发送一封测试邮件到邮箱，看下最终的实际效果。

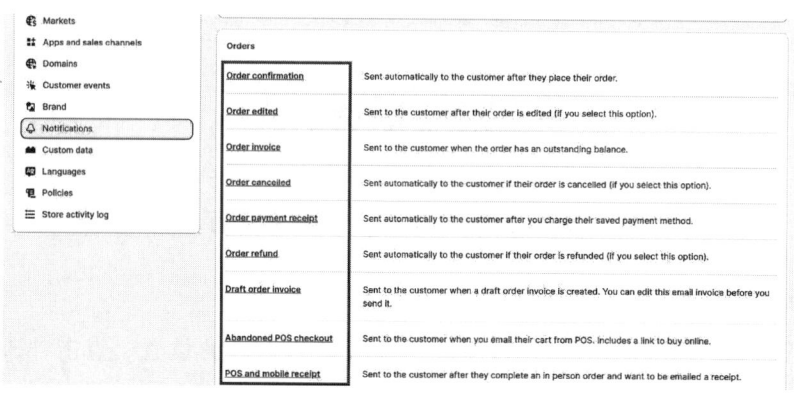

图 5-26　shopify 通知设置界面

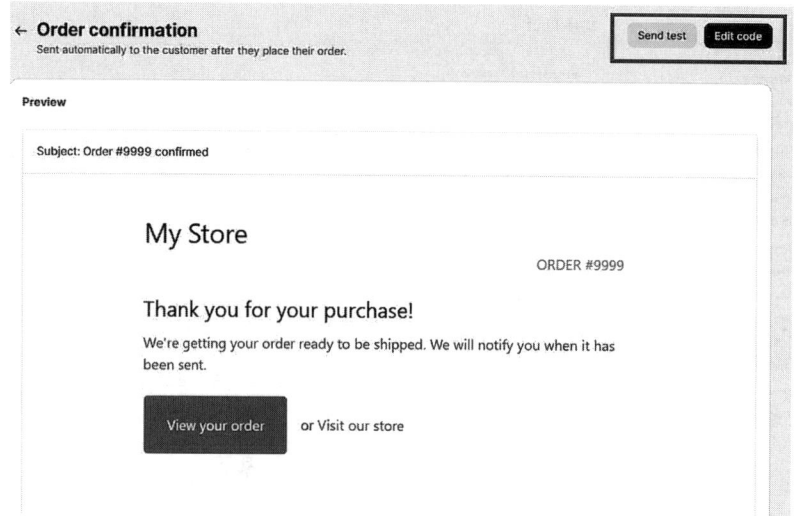

图 5-27　shopify"订单确认"的通知设置界面

（七）shopify 值得安装的 3 款插件

1. Free Shipping Bar

88%的顾客认为，如果有免邮优惠，他们会更加愿意在网上购物。这个插件能将免邮信息展示在网站顶部栏，可以自定义出现在哪些页面和不出现在哪些页面。比如出现在所有页面和主页、不出现在产品页等。

顾客添加产品到购物车时，可以直接看到还缺少多少金额或已达到包邮的金额，样式背景也可以自己设定，从而增加顾客对网站的好感度以及提升订单转化率。

优势：

（1）提升购物车价值和销售：出现在网站顶部，提醒顾客包邮条件，通过渐进式消息推广免费送货优惠，激励客户提高购物车价值并促进销售。

（2）高级定位：根据内容、页面，显示不同的免费送货优惠或折扣活动，从而优化收入增长。

2. BEST Currency Converter

如果想提升客户的购物体验，那么，以当地货币单位显示价格可以省去客户很多不必要的时间，也能提升客户与平台的黏度。

优势：

（1）轻松添加多种货币：按下按钮即可添加 160 多种货币，像专业人士一样开始国际销售，并鼓励客户购买。

（2）自动转换价格：价格会根据卖家的客户位置自动转换，这为卖家的客户创造了愉快和轻松的购物体验。

（3）增加销售额：通过帮助卖家的客户用当地货币购物，卖家可以减少客户的挫败感和购物车放弃率，从而增加销售额。

3. POP！Sales Pop & Social Proof

做 shopify 独立站的劣势之一就是缺乏平台背书，所以卖家必须一直向买家强调自己的店是值得信任的。如果是一家没有成熟品牌的新店，买家可能会犹豫购买导致放弃购物车。Sales Pop 通过向新客户展示真实的用户正在进行实际购买并简化客户的想法来启动卖家的销售。

这个 shopify 插件即帮助卖家经过配置之后，以弹窗的形式展示谁又买了一件什么产品的工具。Sales Pop 能够证明用户正在浏览的商店是一个真正的商店,并且表明有人想要购买店铺的产品,让消费者有机会实时看到其他人购买的东西,以此带来更多的销售、更高的转换率和更少的麻烦。

优势:

(1) 完全免费:这意味着在不增加成本的情况下无须额外支出,Sales Pop 将提高店铺的访问者转化率。

(2) 转换更多流量:为产品创造信任和紧迫感。

(3) 海量模板可供选择:利用提供的大量模板来构建外观和感觉,就像品牌添加样式、颜色以完成外观设计,但是不需要编码。

(八) 独立站速度优化

根据调查显示,47% 的互联网用户希望网站加载时间在 2 秒以内,网站如果超过 3 秒还没有打开,40%的用户会选择关闭页面离开,85%的互联网用户希望移动端的网站加载速度比 PC 端更快。因此,独立站网站的加载速度,直接关系着用户的购物体验和成交率,又间接影响着网站的浏览器排名和整体权重。整体全面的网站优化加速,是每个跨境独立站卖家都应该重视的事情。

1. 影响网站速度的因素

(1) 不可控因素

shopify 官方强调,客户的设备、网站、地址因素是作为客观因素而存在的。由于访问店铺的受众来自全球各地,因此受众使用的网络和设备是各不相同的,这些因素也会导致店铺的加载速度并不一致。

(2) 可控因素

shopify 官方也强调,店铺的 App 应用、模板、图片和视频,以及复杂效率低下的 Liquid 代码也是影响网站速度的重要因素。

• 图片和视频:过大的图片和视频中隐藏的图片可能会对加载页面中其他更重要的部分造成干扰。

• 模板:模板由 Liquid、HTML、CSS 和 JavaScript 代码组成。编辑或自定义模板时,文件大小可能会增大,并影响商店速度。

• 店铺的 App 应用:当添加 App 以更改在线商店的功能或外观时,这些应用会在模板中添加代码,这样它们才能运行。

- 复杂或效率低下的 Liquid 代码：重复执行复杂操作可能会增加 Liquid 呈现时间，从而影响整体商店速度。

2. 网站速度优化建议

（1）压缩图片和视频

- 图片优化

shopify 允许使用 JPG、PNG 和 GIF 等图片格式，而店铺的图片主要以 JPG 图片为主，因此图像的压缩很重要，这也是加快网页运行速度的必要条件。作为产品展示图，图片的质量一定要有保证，但越是高清的图，就越容易拖慢网站的速度。这时候，就需要对图片进行无损压缩。在上传图片之前，推荐使用 TingPNG 来压缩图像的大小。

- 视频优化

小的视频尽量转成动图来使用。大的视频可以上传 YouTube，不仅加载速度快，还在一定程度上做了 SEO 优化和 YouTube 推广。

（2）从 shopify 官网上，下载网站速度快的主题

事实上，网站存储速度主要取决于网站主题，在官网主题上，像 Prestige、Debut、Warehouse 主题占据的存储空间比较小，因此加载速度会比绝大多数主题快。

（3）减少 App 安装数量，删除多余的 App

通过 shopify 下载的大多数 App 会将一些 JS/CSS 文件添加到店铺，主要问题是，JS/CSS 文件在后台运行，会使网站的速度降低。

（4）找专业人士进行网站主题优化

第三节 独立站推广

一个好的转化和推广策略对于独立站商品销量的增长有着极大的影响。如何优化页面设计和布局进而提高用户转化率？如何提升用户满意度？如何提高独立站购买回头率？等等。这些与提高商品销量有关的问题归根结底都与网站内营销推广密切相关。下面介绍几种独立站常用的运营推广方式。

一、SEO

(一) SEO 是什么

1. SEO 的概念

SEO 即 Search Engine Optimization（搜索引擎优化），是指通过对网站的内容和结构进行优化，提高网站在搜索引擎中的排名，从而获得更多的流量和用户。这些优化动作的目的是，当用户搜索特定关键词的时候，商家的页面可以在 Search Engine Results Pages（SERPs 搜索结果页）排在更前的位置，进而获得大量的曝光和流量。

常规的 SEO 分三大类：(1) On-site SEO/On-page SEO（站内 SEO）：指所有在站内做的，能对提高排名有帮助的操作，比如内容的优化等。(2) Off-site SEO/Off-page SEO（站外 SEO）：指所有在站外做的，能对提高排名有帮助的操作，比如外部链接等。(3) Technical SEO（技术性 SEO）：比如用技术去提高页面的打开速度，处理 404 错误等技术性的优化，都算在这个版块里。

2. 谷歌搜索引擎的工作原理

(1) 信息爬取和索引整理

可以把谷歌想象成一个图书馆，当输入搜索词的时候，这个图书馆会把相关的书甚至书里相关的页找出来，并按一定的规则排序，然后呈现给用户。那么这个图书馆能做到这件事情的前提是，它知道每本书的每一页大致有什么内容，否则它是无法进行搜索的。

那么它是如何知道每本书的每一页大致有什么内容的呢？首先是靠爬虫收集信息，可以想象成谷歌放出去很多电子蜘蛛，这些蜘蛛会自动去不同的网站上抓取不同页面的信息。信息抓取到之后，这些电子蜘蛛会把信息汇总给谷歌，谷歌会对这些信息进行整理并变成搜索索引（Search Index），以备后面调取。仅仅有这些信息还不够，因为如果每次输入搜索词，只是单纯呈现出所有包含这个词的结果的话，那么用户的体验会很差，所以需要排名机制。

(2) 排名机制

谷歌有自己的一套排名机制系统，会对不同的网页进行排名，除了谷歌自己，没人能够确切知道这套算法是怎么样的，但是这套算法中有几个很关键的因素。

- 外部链接。外部链接是指在别的网站导入自己网站的链接。比如一个卖女装的网站，其产品被时尚杂志 Vogue 推荐了，Vogue 在官网放了该网站的产品和链接。用户通过 Vogue 可以点击该网站的链接并去到该网页，那这个链接就是外部链接。

• 搜索意图。它是指用户在输入这些搜索词时的实际搜索意图，用户实际想要的东西是什么。对于谷歌搜索引擎来说，它要做的是当用户输入搜索词的时候，给用户呈现最相关、对用户最有价值的信息。这是搜索引擎的命脉，如果谷歌这点做得不好，那很可能造成客户流失。

（3）内容价值

谷歌搜索引擎虽然不能像人一样完全理解内容，但是基于谷歌巨大的投入和强大的技术，搜索引擎一定程度上能理解内容。这就要求卖家在内容上做到更加细致，能够给搜索这个词的用户提供最有价值的信息。

（二）为什么要做 SEO

1. 帮助卖家建立自己的品牌

尽管品牌通常被认为是一种更传统的营销策略，而 SEO 则属于数字营销，但两者涉及的步骤相似。建立品牌需要考虑卖家提供的内容以及其他人对此的看法。当卖家查看优化网站所涉及的步骤时，这些因素是相似的。卖家需要创建符合用户需求和兴趣的内容，然后想办法从其他网站获得指向该内容的链接。所以在制定 SEO 策略时，在选择关键词方面，需要选择与品牌形象一致并且能帮助卖家在目标受众中建立起品牌形象的内容。

2. 优化的网站能获得更多流量

虽然付费广告、社交媒体和其他在线平台可以带来流量，但大部分流量还是来自搜索引擎。据统计，大多数网站的流量都来自谷歌的自然搜索结果。这意味着，搜索引擎的自然搜索流量比其他渠道带来的流量还要多，而且质量也更高。

3. 提高网站的可信度和权威

互联网已经彻底改变了许多企业的销售流程。这是因为在今天，消费者可以获得大量有用的资源，这些资源可以帮助他们在与销售代表交谈之前了解他们的选择。如果卖家将 SEO 与内容营销相结合，那么当卖家创建信息丰富、有价值的内容时，就有机会成为客户学习过程的一部分，在研究阶段的早期与潜在客户建立信任和信誉，原理如下。

用户先通过搜索与行业相关的信息并在搜索结果中看到卖家的资源之一，从而发现卖家的网站。然后，用户阅读了该资源。如果用户喜欢它，可能会与朋友分享并关注卖家的信息。用户对网站资源的每一次关注、思考，都在将卖家的品牌确立为一个可信的、权威的信息来源。

4. SEO 不需要为广告空间付费

SEO 的最大优势之一就是无须付费。传统的广告渠道，无论是在电视频道或杂志、报纸的页面上，都需要向媒体公司付款以进行展示。一旦广告期限结束，广告就会停止展示。当然搜索引擎也提供付费广告的服务，图 5-28 所示为 Google 搜索结果，前两个搜索结果是付费的广告（PPC 广告），由小的"Ad"标签表示。至于 Google 的 PPC 广告，仅在用户点击广告并访问其网站时才需要向 Google 付费，这无疑使其比传统广告更具优势。尽管如此，要想取得这些位置，卖家必须持续付费，一旦停止付费，广告就不会出现了。在 Google 广告位的下方，就是出现在自然搜索结果中的网站，它们并没有为这些排名支付一分钱。这就是 SEO 带来的好处，让卖家不花一分钱也能出现在搜索结果比较靠前的位置。

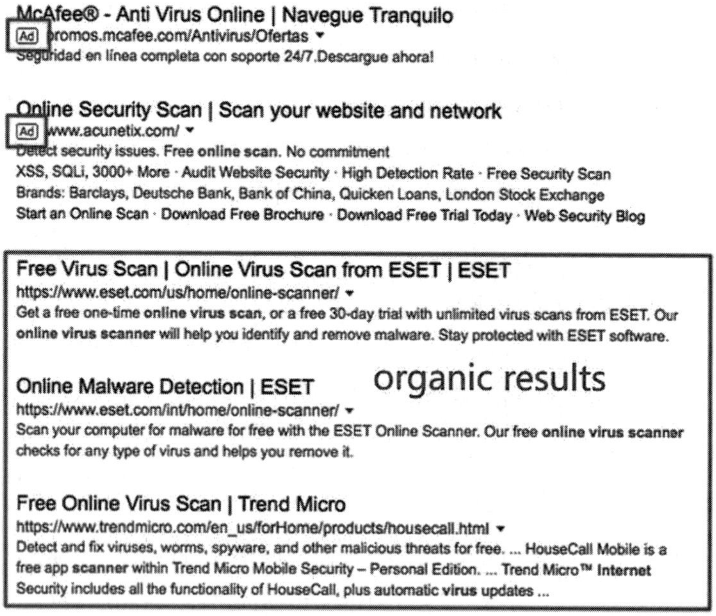

图 5-28　Google 搜索结果

5. 帮助卖家领先于竞争对手

搜索引擎首页的空间是有限的，排名靠前的结果能够获得更多的点击量。所以，如果卖家的独立站能够在搜索结果中排名靠前，就会具有更大的竞争优势。当卖家对网站进行 SEO 优化后，不仅帮助它提高了在搜索引擎中的排名，同时也在全面地超越竞争对手。

二、关键词研究

（一）关键词的概念

关键词是搜索引擎优化（SEO）中的一个重要概念，指的是用户在搜索引擎输入的词或词组。这些关键词代表了用户的搜索需求，可以是产品、服务、问题的解决方法等。通过对关键词的理解和使用，网站可以提高在搜索引擎中的排名，从而吸引更多的流量。

关键词分为核心关键词和长尾关键词。长尾关键词是相对于核心关键词的一个概念，是核心关键词的一个扩展。比如"手机"是核心关键词，那么"iPhone 14 Pro 手机"就是一个长尾关键词。长尾关键词可以按照很多维度进行扩展，扩展的目的是捕获更多的流量。

（二）查找核心关键词的方法

谷歌网站确定核心关键词的方法有很多，可以通过以下几种常用的办法来找核心关键词。

1. 谷歌关键词难度挖掘工具

使用关键词工具时要注意关键词难度。太难的关键词不容易排到首页，所以可以选择难度低但流量不错的词作为优化重点。

2. 查看竞争对手的关键词

挖掘竞争对手的关键词是因为他们已经确定了哪些词具有高流量和适当难度。但是，卖家不能简单地照搬他们的关键词，而应该选择适合自己的核心词，以便在此基础上开发更多相关内容。

3. 从 YouTube 上面挖掘

YouTube 是全球第二大搜索引擎，可以有效挖掘到核心关键词和用户需求。高赞评论是挖掘用户需求的好地方。有些内容搜索引擎找不到，如果作为关键词就是稀缺内容，谷歌会给予不错的排名。

4. 从其他平台挖掘

国外的社交媒体和购物平台是挖掘素材的好地方，操作方法与 YouTube 类似。找到需求后记录在表格中即可。

通过认真研究和选择核心关键词，并将其优化至与网站内容和用户意图相匹配，可以提高谷歌搜索引擎中网站的排名，并增加有针对性的有机流量。

（三）选择关键词的要点

选择关键词要遵循以下几个点。

1. 关键词要有一定的搜索量

整个网站的关键词是呈金字塔型的，搜索量大的词作为整站的核心词和类目词，搜索量次之的作为产品页面目标词，搜索量再小一点的可以作为产品描述和产品的 Title，长尾关键词等作为文章 Blog 的根据词。

2. 关键词选择要看优化难度

Semrush 和 Keyword Planner 这两个工具都可以查看关键词的优化难度，新站选择关键词要权衡一下当前的预算和精力，大词很难在短时间内竞争过其他站点做出流量，此外也要考虑到后续的外部链接预算。

3. 关键词是否具备商业价值

例如，用户在搜索"What is Mechanical Keyboards"的时候，可能只是想了解一下这个东西，搜索"Best Mechanical Keyboards"的时候可能在对比价格，用户在搜索"Buy Mechanical Keyboards"的时候可能是想下单购买了，所以不同的词有不同的商业价值，在做网站优化的时候就需要考虑到，做好相应的优化。

4. 关键词的多样性

比如"Mechanical Keyboards"，不同的用户搜索习惯也不一样，对产品的认知和了解也不同，有可能出现"Machine Keyboard"，也就是常见的关键词变体或者紧密变体。

5. 关键词的相关性高

关键词要与网站内容和产品有相关性，更高的契合度有助于 Google 排名。

6. 独立站选择关键词要区别于平台

像阿里国际站和亚马逊平台，可能有些词在平台上搜索量很大，在平台上代表特定的产品，但是在谷歌上却不一定有很大的搜索量，甚至有些产品在谷歌上搜索的时候完全是另外一种产品。

（四）如何做好关键词布局

关键词筛选好以后，就要把这些挑选的关键词合理地布局到每个页面中。

1. 在网站首页布局关键词

网站的首页是网站所有网页中权重最高的网页，在为网站首页布局关键词时，应该做到：
- 在导航中添加关键词；
- 在文章的标题中加入关键词；
- 在底部的版权信息中添加关键词。

2. 在 Title 中布局关键词

- title 中关键词数量不要超过 3 个，标题长度也不要超过 120 个字符；
- 多个关键词之间要用下划线"_"和中横杠"-"隔开；
- 标题关键词越靠前网站给予的权重就越高，通常排名越好；
- 在设置关键词时，应将产品词放在前面，品牌词放在后面，以提高网站效益。

3. 在 Description 中布局关键词

- 必须高度概括网站页面主题内容；
- 描述一定要通顺、简要、符合逻辑；
- 一般不超过 150 个字符，描述内容要和页面内容相关。

4. 在 Keywords 中布局关键词

- Keywords 一般不超过 3 个，每个关键词不宜过长；
- 关键字排名较差时，应将重要关键字靠前放置，除非站点权重高。

5. 在内容页面灵活运用关键词

网站的内容页是吸引用户和流量的主要来源。因此，在进行 SEO 关键词分布优化时，应该对每个栏目的标题进行关键词优化。具体做法如下：
- 每个标题应对应一个长尾关键词；
- 长尾关键词在文章中要出现三四次；
- 核心关键词要在文章中至少出现两至三次；
- 每个栏目都要对应一个关键词，内容页的结尾处也需要列出相关关键词。

三、社交媒体引流

随着社交媒体的普及,越来越多的用户通过社交媒体获取信息和进行交流。因此,将自己的独立站推广到社交媒体平台上,可以获得更多的用户和流量。常见的社交媒体推广方式包括以下几种。

(一) Facebook

Facebook 在全球的用户很多,体量大,流量也大,广告效果也不错。可以在 Facebook 上设置一个独立站的官方主页,根据独立站的风格和目标用户的年龄输出内容,多发起互动性活动,确保粉丝黏性,切忌只发广告。

账号积累一定的粉丝之后,就可以在输出内容时带上独立站的推广图片或链接,进行引流。后期也可以在平台做付费广告推广,有针对性地将平台粉丝引流到独立站上。

需要注意的是,做 Facebook 广告的卖家账户很容易被封。

(二) Instagram

Instagram 作为分享图片的社交软件,要想增加浏览量,需要多带热门话题标签,发布时间尽量贴合目标用户的浏览时间段。想要让浏览用户成为粉丝,上传到 Instagram 上的图片就必须要吸睛,产品广告图片需要在表达商品特性的基础上做到有视觉美感。

独立站的官方 Instagram 账户要选择企业账户,方便在私信界面设置自动回复和专业客服回复,提升独立站的专业感和转化率。

(三) TikTok

TikTok 平台用户量很大,还吸引到了众多名人明星以及有影响力的关注者,同时越来越多的商家和品牌也意识到了 TikTok 越来越成为新的销售媒介和品牌宣传渠道。卖家可以在 TikTok 官方主页附上独立站链接,有购买意愿的目标用户可以直接通过链接进入独立站站点。从 TikTok 链接过来的落地页,可以额外设置"首单折扣、新人价、免配送费"等活动,刺激用户付费,掌握用户数据。除了主页链接,评论区、后台私信也是很好的引流点。在回复粉丝留言时,可以趁机进行产品宣传和折扣讲解,刺激意向用户对独立站产生兴趣和信任。

（四）YouTube

YouTube 作为全球第二大搜索引擎网站，除了娱乐以外，还潜藏着非常巨大的商业价值，平台每个月的流量都是按 10 亿级别计算的，接近全球人口的七分之一。如果想要做关于视频的站外推广的话，一定要进行 YouTube 的运营。

（五）Pinterest

Pinterest 广告为营销人员提供了一个机会，让他们的新产品在发布时能从 Pinterest 的 2.5 亿用户那里获得一些关注。98% 的 Pinterest 用户说他们尝试也乐于在 Pinterest 上发现新东西，而在其他社交媒体平台上，这一比例为 71%。除了帮助新产品提高知名度外，使用 Pinterest 广告定位功能的品牌也会看到不错的效果，超过一半的 Pinterest 用户在看到网站上的商业内容后进行了购买。

四、KOL 引流

粉丝经济时代，卖家可以尝试搜寻一批和产品或品牌调性相契合的流量主或红人，给其寄去一些免费的试用品并发送邀请推广的邮件。

五、电子邮件营销 EDM

电子邮件推广是一种常见的推广方式，通过向用户发送邮件来吸引他们访问自己的独立站。电子邮件推广的关键是建立一个合法的邮件列表，并向这个列表中的用户发送有价值、个性化、引人入胜的邮件。常见的电子邮件推广方式包括以下几种。

（一）邮件订阅

在自己的独立站上设置邮件订阅功能，让用户可以订阅自己的最新文章、优惠信息等。

（二）邮件营销

通过邮件向用户推广自己的产品、服务、活动等。但是，不要过度发送邮件，否则会被用户认为是"垃圾邮件"。

（三）邮件交流

通过邮件与用户建立联系，回答用户的问题、提供建议和帮助，增加用户对自己独立站的信任和忠诚度。

六、第三方平台引流

可以选择通过第三方平台进行引流，尤其是以品牌为核心的卖家，独立站和平台站相互结合的方式更为合适，优势互补打造自己的品牌销售渠道，从而将平台站的客户部分沉淀到独立站。比如跨境电商头部卖家安克创新，在亚马逊平台起家，近年来逐渐加大对独立站的投入，并在亚马逊平台上设置了独立站的入口。

【结语】

本章以独立站的基本概念和特点为核心，分成了三小节。第一节介绍了独立站的兴起、概念和特点；第二节介绍了独立站的建站工具、建站前的准备材料和基于shopify的建站过程；第三节介绍了独立站的几种引流推广方式。这些都是独立站入门需要掌握的基本知识，要注意把理论知识恰当地运用到实际工作中，具体问题具体分析。

【课后习题】

一、单选题

1. 以下哪个属于独立站？（   ）

A. eBay   B. Shein

C. 速卖通   D. Wish

2. 以下哪个不属于顶级域名的后缀？（   ）

A. china   B. . com

C. . net   D. . org

3. 以下哪个属于长尾关键词？（   ）

A. bottle   B. coat

C. iPhone   D. portable charger 20000mAh

二、多选题

1. 以下关于独立站的描述，哪些是准确的？（   ）

A. 在国内，大家都使用独立站在网上购买商品

B. 独立站的内容对付费搜索广告没有影响，只要购买关键字就好了

C. 以上皆非

D. SEO 是独立站免费流量的来源之一，用户搜索结果页面展示位置在付费广告的下面

2. 以下哪些属于开源独立站建站系统？（　　）

A. shopify   B. Opencart
C. Shopline   D. Magento

3. 一个好的域名有什么特点？（　　）

A. 不要过长   B. 可以包含字符或数字
C. 包含需要优化的关键词   D. 通俗易读

4. 以下哪些做法能优化独立站速度？（　　）

A. 压缩页面大小   B. 优化图片
C. 缓存页面   D. 删除 shopify 上多余的 App

三、判断题

1. 独立站是一种去中心化的电商模式。卖家可以直面消费者，及时获得买家反馈。（　　）

2. shopify 添加页面时不需要考虑 FAQ 页面，后期聘请客服回答顾客问题更高效。（　　）

3. shopify 主推的套餐有 3 种，新手可以先购买最基本的 29 美元的套餐进行试验，等熟悉 shopify 操作并且独立站的销量达到一定的水平后，再考虑升级套餐。（　　）

4. 在设置关键词时，可以把品牌词放在前面，产品词放在后面，以加深用户对品牌的印象。（　　）

四、简答题

1. 独立站有哪些建站方式？各自的优缺点是什么？
2. 独立站卖家为什么要重视 SEO？
3. 独立站的推广方式有哪些？

拓展阅读

第六章

跨境电商从业基本技能

本章重点

本章学习重点是了解并掌握 Skype 和 WhatsApp 的使用方法,以及图片处理软件的使用方法等。

学习目标

本章旨在让学习者了解跨境电商基本的从业素质要求;熟悉 Skype、WhatsApp 的使用及图片处理技术的实际操作,从而更好地学习跨境电商的相关知识。完成本章学习后,学习者应获得以下成果:

(1) 了解跨境电商公司的岗位设置和职业素养;
(2) 了解并掌握 Skype 和 WhatsApp 的使用方法;
(3) 了解并掌握 Photoshop 等图片处理软件的使用方法;
(4) 掌握跨境电商中常用的商务英语表达;
(5) 了解各国(地区)不同的商务礼仪。

第一节　跨境电商公司岗位与素质要求

一、跨境电商公司主要岗位介绍

目前，跨境电商工作主要是外贸企业从事电子商务运营和物流服务相关的工作，主要工作岗位和具体工作内容如下。

（一）初级岗位

初级岗位的工作人员应掌握跨境电商技能，懂得"如何做"跨境电商。目前，岗位主要需要完成以下工作。

1. 客户服务

能利用邮件、电话等沟通渠道，熟练运用英语，以及法语、德语等小语种和客户进行交流，售后客服人员还需了解不同国家（地区）的法律，能够处理知识产权纠纷。

2. 视觉设计

既精通设计美学又精通视觉营销，能拍出合适的产品图片并设计出美观的页面。

3. 网络推广

熟练运用信息技术编辑、上传、发布产品信息，利用搜索引擎优化、社区营销、数据分析方法进行产品推广。

（二）中级岗位

中级岗位的工作人员应熟悉现代商务活动，掌握跨境电商运营和管理知识，懂得跨境电商"能做什么"。目前岗位主要需要完成以下工作。

1. 市场运营管理

既精通互联网，又精通营销推广，了解当地消费者的思维方式和生活方式，能够运用网络营销手段进行产品推广。具体工作内容包括活动策划、商品编辑、商业大数据分析、用户体验分析等。

2. 采购与供应链管理

所有成功的电商平台都离不开成功的供应链管理。跨境电商的产品方案制订、采购、生产、运输、库存、出口、物流配送等一系列环节都需要专业的供应链管理人才。

3. 国际结算管理

灵活掌握和应用国际结算中的各项规则，有效控制企业的国际结算风险，切实提升贸易、出口、商品及金融等领域综合管理能力和应用法律法规的水平。

（三）高级岗位

高级岗位的工作人员应熟悉跨境电商前沿理论，能够从战略上洞察和把握跨境电商的特点和发展规律，具有前瞻性思维，引领跨境电商产业发展，懂得"为什么要做跨境电商"。高级岗位主要包括熟悉跨境电商业务的高级职业经理人及促进跨境电商产业发展的领军人物。

目前，众多跨境电商企业处于初创阶段，客服人员、网络推广人员、视觉设计人员等是最迫切需要的初级人才。随着企业向纵深发展，竞争不断加剧，其对负责跨境业务运营的商务型中级人才需求会越来越强烈。具有 3~5 年大型跨境电商企业管理经验，能引领企业国际化发展的战略管理型高级综合人才更是一将难求。

二、跨境电商从业基本要求

（一）素质要求

1. 严格遵守国家信息安全和互联网的相关法律法规，具有较高的网络文化素养和网络文明素质，具备跨境电商领域相关的诚信与信用素养、信息安全与保密素养。
2. 具有良好的道德素养、人文素养、科学素养和职业素养，具备较高的网络沟通素质。
3. 具备良好的人际沟通素质和团队合作精神。

（二）能力要求

1. 具有办公软件使用、PPT 制作、图片和视频处理，以及外语的听、说、读、写能力。
2. 具有用互联网思维来处理网络商务活动的能力。
3. 具有较强的跨境电商业务操作能力和市场拓展能力。

4. 具有较强的商务大数据分析能力。

5. 具有从事国际企业经营的跨文化管理与沟通的能力。

(三) 知识要求

1. 牢固掌握与现代管理、网络经济和信息技术相关的基本理论和专业知识。

2. 掌握跨境电商基本理论和方法，了解快速发展的跨境电商新兴产业相关动态。

3. 熟悉我国电子商务及对外贸易的方针、政策和法规，精通各国（地区）法律、惯例和准则。

4. 了解全球主要国家（地区）的经济发展、风俗习惯、消费习惯。

5. 掌握电子商务企业管理相关知识，注重技术创新，把握商业模式创新动态。

(四) 跨境电商人的七项必备技能

一个合格的跨境电商人必须具备以下七项技能。

1. 外语交流

良好的外语是做好跨境贸易工作的必要条件。尤其是英语，英语是最为普及的国际通用语言，只有具备基本的英语交流与沟通技巧，才有资格进入跨境电商领域。

2. 贸易实务

一个跨境电商人首先应懂得外贸流程与操作，了解信用证和通关业务，能巧妙处理客户投诉。进一步，应具有设计和策划企业国际推广方案，快速提升出口业绩，建设和管理企业外贸团队，建设欧美渠道等方面的贸易实务知识和能力。

3. 行业背景

熟知产品资料、说明书、广告等，注意收集竞争对手的广告、宣传资料、说明书等，并加以研究、分析，真正做到知己知彼，以便采取相应对策。平时多读有关经济、销售方面的书籍、杂志、报纸，了解国家、社会的消息及新闻。

4. 国际营销

一个合格的跨境电商人要懂得国际营销的方法和技巧，例如，如何在阿里巴巴国际站发布高质量的产品信息，如何提高搜索引擎的排名，如何提炼关键词，如何提高询盘转化率，如何做好 P4P 和诚信通，等等。

5. 法律法规

由于电子商务的发展，全球贸易规则正在发生巨大的变化，跨境电商从业者需能及时了解国际贸易体系、政策、规则、关税细则等方面的变化，对进出口形势也要有更深入的了解和分析能力，避免在跨境贸易中出现侵权行为。

6. 人文地理

跨境电商从业者需要对海外贸易、互联网、分销体系、消费者行为有深入的理解，对世界各国（地区）人民的风俗、购物习惯都要有一定了解。

7. 良好心态

合格的跨境电商人应该具备良好的心态和性格特征，要善于与客户沟通，处理各种纠纷。更要时刻保持高涨的工作热忱和激情，做事持之以恒，不因一时的失败而气馁。

下面提供某外贸企业电子商务部岗位说明书，作为范本供读者参考（见表6-1）。

表6-1　某外贸企业电子商务部岗位说明书

1. 电子商务主管/经理岗位说明书

部门	电子商务部	直接上级	总经理（暂定）
职位	电子商务主管/经理	直接下级	网络推广、客服
岗位职责	（1）协助总经理制订年度销售目标； （2）保证每月销售额达到预期目标； （3）每月与本部门人员进行实质性的沟通，分析和交流现存问题； （4）帮助本部门人员解决工作中存在的问题； （5）从实际情况出发，安排好每个岗位人员的工作任务和内容； （6）督促本部门人员完成工作，并随时加以鼓励和指导； （7）做好与总经理之间的沟通，制订企业品牌网络营销方案、宣传推广计划，并传达到相关人员执行； （8）维护好供应商与客户的关系； （9）完成上级临时指派的其他工作任务。			

表6-1（续1）

任职要求	（1）具有大专及以上学历，三年以上电子商务主管工作经验； （2）熟悉直通车、钻石展位、网络搜索引擎，擅长SEO，熟悉网络推广模式，了解行业现状和发展趋势，具备网络社区或电子商务网站运营策划经验； （3）熟悉主要外贸电商平台的运营环境、交易规则、推广方法； （4）具有良好的文案撰写能力，善于运用文字打动买家，熟悉各大论坛的运作情况； （5）负责网络营销及推广方案的制订与实施，编制推广费用预算，审核广告投放数据和进度； （6）通过策划各类活动，并结合互联网资源进行有效的广告宣传和促销推广。
具备技能	组织领导能力、决策能力、管理能力、沟通协调能力、解决问题能力、计划能力、创新能力、执行力。

2. 业务员岗位说明书

部门	电子商务部	直接上级	电子商务主管/经理
职位	业务员	直接下级	无
岗位职责	（1）完成每月的销售定额目标； （2）对客户提出的问题耐心、仔细、迅速地解答； （3）维护好与新老客户的关系； （4）建立客户档案，跟踪售后服务信息。		
任职要求	（1）具有大专及以上学历，国际贸易或相关专业毕业，两年以上工作经验； （2）英语听说读写能力达到六级水平以上； （3）好学、上进，具备良好的沟通能力和销售技巧，性格开朗乐观，有较强的工作责任心。		
具备技能	沟通协调能力、谈判能力、解决问题能力、创新能力。		

表6-1（续2）

3. 网络推广组长岗位说明书

部门	电子商务部	直接上级	电子商务主管/经理
职位	网络推广组长	直接下级	网络推广
岗位职责	（1）制订行之有效的推广计划； （2）精通 Google、Yahoo、Baidu 等搜索引擎的相关知识，以及 Alexa 排名机制和优化原则； （3）利用各种互联网资源、网络媒介推广企业品牌、产品及服务，提高企业网站曝光度、知名度和美誉度； （4）提出富有创意的网络推广方案，并能高效推动方案的执行； （5）完成上级临时指派的其他工作任务。			
任职要求	（1）具有大专及以上学历，电子商务专业，两年以上各类网站推广经验、网络营销工作经验，文字功底扎实，有较强的策划、文案撰写能力，能够独立策划并撰写活动文案，起草各种宣传文件； （2）精通 SEO 优化技术和部署技巧，熟悉网络和论坛，熟悉网络营销手段和策略，能根据要求提高关键词排名； （3）具备多种迅速提高网络人气的技能，如能熟练使用微信、微博、软文、论坛、博客、SNS 社区等； （4）熟悉相关网络广告投放者，有成功的网站 SEO 推广经验和丰富的互联网资源者（如网站站长、联盟、网络资源等）优先。			
具备技能	领导能力、沟通协调能力、管理能力、培养下属能力、学习能力、创新能力、执行力、计划能力。			

表 6-1（续 3）

4. 网络推广员岗位说明书

部门	电子商务部	直接上级	网络推广组长
职位	网络推广员	直接下级	无
岗位职责	（1）利用微信、微博、博客、论坛、BBS 等多种网络推广方式进行相关产品的推广工作； （2）运用多种网络推广手段提高网站访问量及传播效果； （3）分阶段按时完成网站推广任务，定期或不定期地对推广效果进行跟踪、评估； （4）对网站的流量负责； （5）及时提出网络推广的可行性建议； （6）完成上级临时指派的其他工作任务。			
任职要求	（1）具有一年以上的推广发帖工作经验； （2）了解网络推广，了解各大论坛、博客、SNS、微信等一些网络推广手段和方向； （3）有较强的责任心和耐心、较好的写作能力； （4）有电子商务行业推广工作经验或专职网络推广经验者优先。			
具备技能	团队协作能力、学习能力、创新能力、执行力、计划能力。			

5. 网站建设主管岗位说明书

部门	电子商务部	直接上级	电子商务主管/经理
职位	网站建设主管	直接下级	网站程序员
岗位职责	（1）分析现有网站资源是否能满足企业需求； （2）负责网站的设计、建设以及日常的维护与更新； （3）对网站系统数据库进行日常管理，统计数据库中的相关信息； （4）负责网络运行的安全性、可靠性及稳定性； （5）负责网站的链接、广告交换和网站层面的合作推广工作； （6）负责软件开发工作； （7）负责计算机硬件和软件的维护； （8）完成上级临时指派的其他工作任务。			

表 6-1（续 4）

任职要求	（1）具有大专及以上学历，计算机软件开发专业； （2）具有两年以上相关工作经验； （3）能独立完成网站设计及软件开发项目； （4）能承受工作压力，有较强的工作责任心。
具备技能	领导能力、管理能力、专业知识技能、创新能力、执行力、计划能力、解决问题能力、培养下属能力。

6. 网站程序员岗位说明书

部门	电子商务部	直接上级	网站建设主管
职位	网站程序员	直接下级	无
岗位职责	（1）协助主管建立、开发企业网站； （2）保证企业网站正常运行； （3）定期对网站进行维护、更新； （4）协助主管做好软件开发工作； （5）完成上级临时指派的其他工作任务。		
任职要求	（1）具有一年以上网络开发经验，熟悉软件开发过程和软件工程方法，熟悉软件开发工具的使用； （2）熟悉 SQL Server 数据库系统的开发与应用，有较强的编程语言功底，熟悉 C#、ASP.NET、JavaScript、XML、HTML； （3）熟悉相关工具的使用，如 Powerdesigner、Visio、Project、VSS 等； （4）有大型专业网站开发经验者优先。		
具备技能	专业技能、团队协作能力、创新能力、分析能力、概括能力、判断能力、逻辑思维能力、沟通协调能力、执行力。		

表 6-1（续 5）

7. **设计主管岗位说明书**

部门	设计部	直接上级	电子商务主管/经理
职位	设计主管	直接下级	美工、摄影
岗位职责	（1）负责企业品牌形象设计； （2）进行网站项目的整体版式、风格设计，负责网页、专题设计和动态调整； （3）负责企业网站的页面设计、页面内容的更新和网站优化； （4）负责各类包装设计、平面设计； （5）负责各类活动的道具设计、美术陈列； （6）完成上级临时指派的其他工作任务。		
任职要求	（1）具有本科及以上学历，视觉设计类专业，美术和计算机应用功底扎实； （2）精通 Web 页面设计原理，有良好的视觉设计能力，有优秀的布局感和色彩感，能够整体把握网站的风格和结构； （3）精通平面设计，熟练掌握操作 CorelDraw、Photoshop、Illustrator、Flash、Dreamweaver 等平面设计软件； （4）敬业爱岗，积极进取，富有灵感，能高质量、快速地实现设计创意； （5）具备网页制作和设计经验、有团队领导能力者优先。		
具备技能	组织领导能力、管理能力、专业知识技能、创新能力、执行力、计划能力、解决问题能力、培养下属能力。		

8. **美工岗位说明书**

部门	电子商务部	直接上级	设计主管
职位	美工	直接下级	无
岗位职责	（1）负责优化、上传产品图片，更新库存； （2）协助主管完成网店装修和各类美工工作； （3）协助主管完成各类活动的道具设计、美术陈列； （4）完成上级临时指派的其他工作任务。		

表 6-1（续 6）

任职要求	（1）具有大专及以上学历，视觉设计、平面设计类专业； （2）有较强的平面设计和美术功底； （3）熟练使用 CorelDraw、Photoshop、Illustrator、Flash、Dreamweaver、Office 等常用设计软件； （4）精通 Web 页面设计原理，有良好的视觉设计能力，有优秀的布局感和色彩感，能够整体把握网站的风格和结构； （5）具备网页制作和设计经验、有团队领导能力者优先。
具备技能	专业技能、团队协作技能、创新能力、执行力、沟通协调能力。

9. 摄影岗位说明书

部门	电子商务部	直接上级	设计主管
职位	摄影	直接下级	无
岗位职责	（1）负责产品照片的拍摄工作及后期的制作； （2）对拍摄出来的图片做好分类、上传工作； （3）测量产品尺寸； （4）完成上级临时指派的其他工作任务。		
任职要求	（1）具有大专及以上学历，一年以上影棚拍摄经验； （2）具备扎实的美术功底，对色彩感觉强烈，对视觉表达有独特的见解； （3）积极热情，具有职业道德、良好的行业素质； （4）有较强的团队意识，能承受较大的工作压力。		
具备技能	专业技能、团队协作技能、创新能力、执行力、沟通协调能力。		

第二节　图片处理软件

随着电子商务的迅速发展、电商企业规模的不断扩大，实战型的电子商务人才愈发紧缺。一名优秀的跨境电商从业人员不仅要掌握跨境电商基本理论和方法、外语的流利使用等多项"软能力"，更要掌握办公软件使用、简单图片处理等硬性技术。在装修店铺、上传产品图片时，画质清晰、优美的图片会吸引更多顾客的目光，这就需要使用到基本的图片处理技术。Photoshop 是一种功能强大的图像处理软件，使用该软件可对图片进行编辑、抠图、合成、调色及特效制作，同时也可用来设计店铺首页、详情页、促销海报、主图等。

一、Photoshop 在网店中的应用

（一）美化图片

大多数淘宝店铺的卖家并非专业的摄影师，但其店铺里的照片却通常看起来色彩鲜艳，给人以赏心悦目的视觉体验。其实，通过 Photoshop 对图片进行简单地调整和美化，就可以实现这样的效果。

（二）图片调色

在电子商务活动中，经常困扰卖家和买家的一个问题就是色差问题，拍摄出来的图片不可能百分之百地还原实物的样子。使用 Photoshop 对拍摄图片的色调进行微调，使之接近产品最真实的颜色，可以尽量减小色差，还可以提高图片的质感。

（三）合成图片

发布产品时经常需要将几张图片组合在一起，这时候也需要使用 Photoshop 的合成功能，为线上产品提供更好的视觉效果。

（四）促销广告

在电商网站上经常会看到产品旁边有很多诸如"包邮"或"本店促销"等吸引顾客眼球、帮助产品促销的文字。使用 Photoshop 可以在图片上添加各式各样的文字广告，使店铺呈现出较好的视觉营销效果。

二、Photoshop 工作界面介绍

（一）Photoshop 的快捷操作

在学习具体的 Photoshop 图片处理技术之前，需要简单了解几个基本的快捷键操作方法，以便提高学习效率，Photoshop 界面如图 6-1 所示。

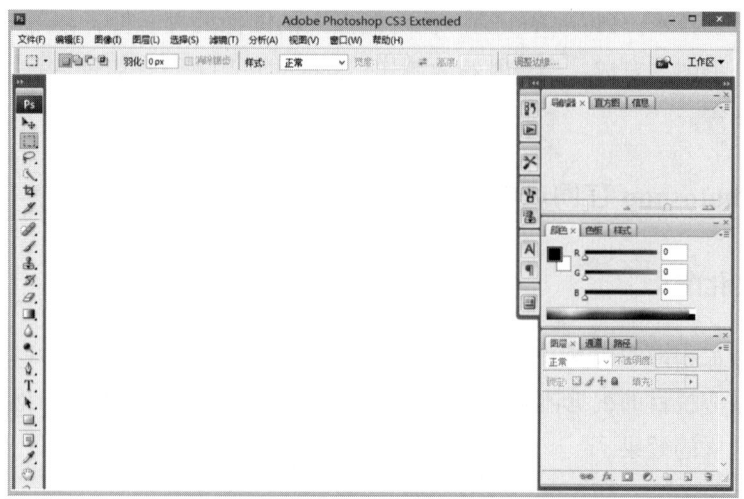

图 6-1　Photoshop 界面

1. 先按 Ctrl，同时按 O 键：打开一张或多张图片。
2. 按 Z 键，拖动鼠标：放大图片，查看局部，便于查看或处理细节。
3. 按 Space 键，拖动鼠标：平移图片，可查看邻近图像区域。
4. 先按 Ctrl，同时按 0 键：按屏幕大小缩放，显示原图。
5. 先按 Ctrl，同时按+键：放大图片。
6. 先按 Ctrl，同时按-键：缩小图片。

（二）Photoshop 工作界面图

Photoshop 的工作界面包括菜单栏、选项栏（属性栏）、工具栏、图像区及浮动调板，如图 6-2 所示。下面将分别进行说明。

第六章　跨境电商从业基本技能

图 6-2　Photoshop 工作界面

1. 菜单栏

菜单栏为整个环境下所有窗口提供菜单控制，包括文件、编辑、图像、图层、文字、选择、滤镜、3D、视图、窗口和帮助。Photoshop 通过两种方式执行所有命令，一是菜单，二是快捷键，菜单栏界面如图 6-3 所示。

图 6-3　菜单栏界面

2. 选项栏（属性栏）

选项栏（属性栏）界面主要是显示工具栏中所选工具的选项信息，不同的工具有不同的选项，选项栏界面如图 6-4 所示。

图 6-4　选项栏（属性栏）界面

3. 工具栏

工具栏也叫工具箱，对图像的修饰及绘图等工具，都从这里调用。拖动工具箱的标题栏，可移动工具箱。有些工具的右下角有一个小三角形符号，这表示在工具位置上存在一个工具组，其中包括若干个相关工具，工具栏界面如图 6-5 所示。

图 6-5　工具栏界面

4. 图像区

图像区用来显示制作中的图像,它是 Photoshop 的主要工作区。同时打开两幅图像,可通过单击图像窗口进行切换,图像区界面如图 6-6 所示。

图 6-6　图像区界面

5. 浮动调板

浮动调板的作用是安放制作需要的各种常用的调板，浮动调板界面如图 6-7 所示。

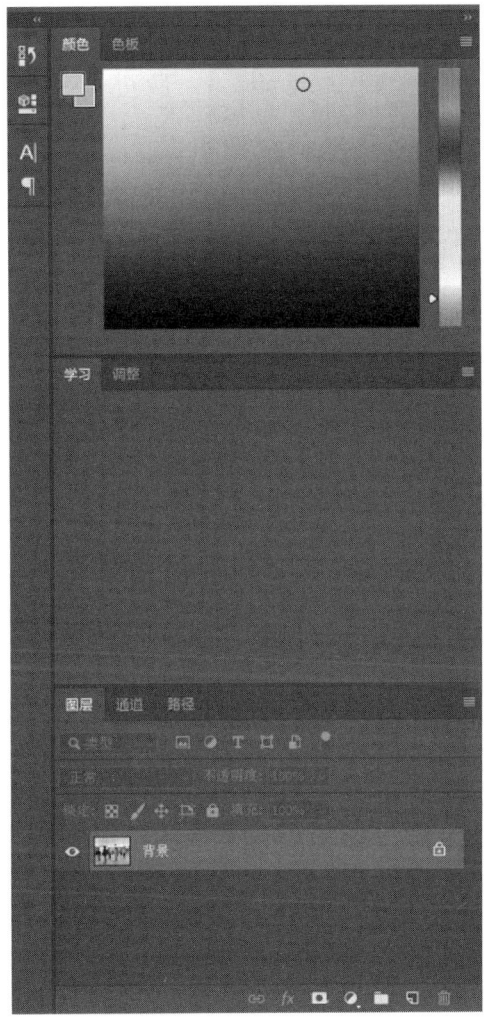

图 6-7　浮动调板界面

（三）常用工具及其快捷键

Photoshop 中常用工具及其快捷键如图 6-8 所示。

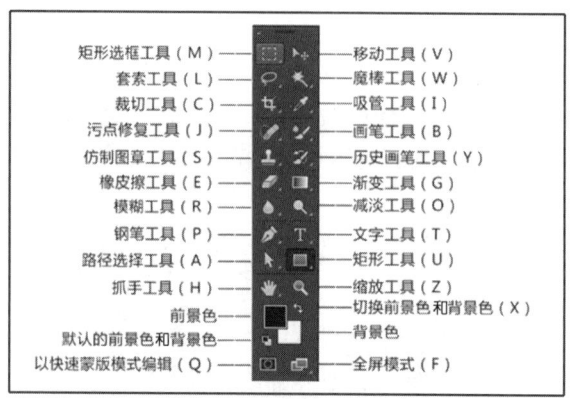

图 6-8　常用工具及其快捷键界面

三、用 Photoshop 处理图片

（一）在 Photoshop 中建立选区

首先明确两点：选区是封闭的区域，可以是任何形状，不存在开放的选区；选区一旦建立，大部分操作就只在选区范围内有效，如果要对全图进行操作，必须先取消选区。

Photoshop 中的选区大部分是靠使用选框工具来实现的。选框工具集中在工具栏上部，共有 8 个：矩形选框工具、椭圆选框工具、单行选框工具、单列选框工具、套索工具、多边形套索工具、磁性套索工具、魔棒工具，其中前 4 个属于规则选框工具。

1. 规则选框工具

Photoshop 中的规则选框工具，如图 6-9 所示。

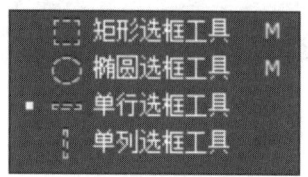

图 6-9　规则选框工具界面

建立一个选区来实现图像部分色彩调整的效果。在 Photoshop 中打开一幅图像，在

工具栏选择矩形选框工具。然后在图像中拖动画出一块矩形区域，松手后会看到区域四周有流动的虚线。这样就建立好了一个矩形选区。此时再使用色彩调整工具进行调整，就只会对选区内的图像有效了，如图6-10所示。

图6-10 矩形框选区界面

一旦选区建立，几乎所有的操作都只局限于选区内，填充前景色也只会在选区范围内有效，如图6-11所示。

图6-11 矩形选区操作界面

取消选区的方法是使用菜单选择→取消选择（Ctrl+D）。

2. 建立任意形状的选区

建立任意形状的选区需要使用套索工具、魔棒工具、多边形套索工具、磁性套索工具。

（1）套索工具

套索工具界面如图6-12所示。

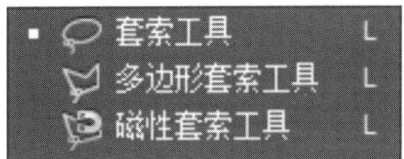

图6-12 套索工具界面

套索工具的使用方法与画笔有些类似。按下鼠标后在屏幕上任意拖动，松手（或按回车键）后即可建立一个与拖动轨迹相符的选区。需要注意的是，如果起点与终点不重合，系统会自动在两者间生成一条连接线，如图 6-13 所示。

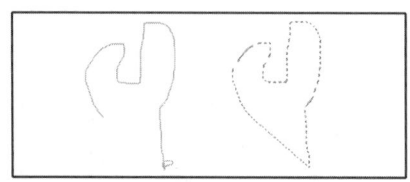

图 6-13　套索工具使用界面

多边形套索工具在选取过程中持续按住 Shift 键可以保持水平、垂直或 45 度角的轨迹方向。当终点和起点不重合时，可以按下回车键或直接双击鼠标完成选取。这样起点与终点之间会以直线相连，如图 6-14 所示。

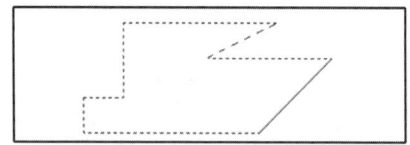

图 6-14　多边形套索工具使用界面

（2）魔棒工具

魔棒工具界面如图 6-15 所示。

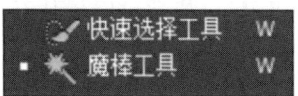

图 6-15　魔棒工具界面

魔棒工具是基于图像中相邻像素的颜色近似程度来选择的，如图 6-16 所示。

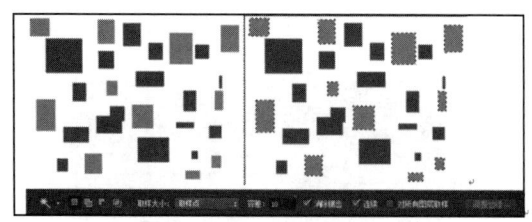

图 6-16　魔棒工具选择界面

选择连续选项时可以将图像中连续的像素选中，否则可将连续和不连续的像素一起选中。选择作用于全部图层时，魔棒工具将跨越图层对所有可见图层起作用。如果不选，将只对当前图层起作用。

（二）调光调色

调用曲线：图像/调整/曲线/Ctrl+M，将会看到设置框，其中有一条倾斜45度的线段，这就是曲线，如图6-17所示。

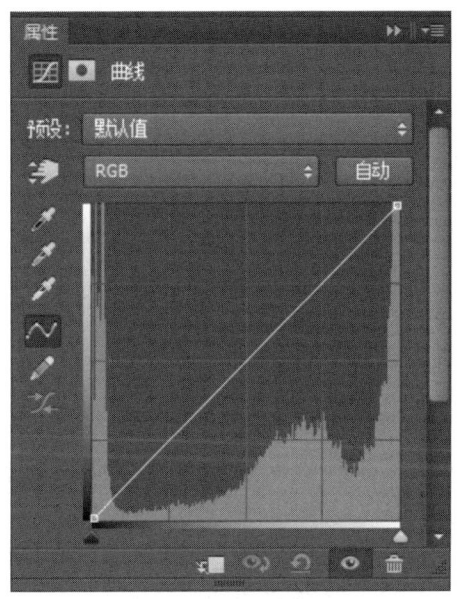

图6-17 曲线界面

Photoshop将图像的暗调、中间调和高光通过这条线段来表达。线段左下角的端点代表暗调，右上角的端点代表高光，中间的过渡点代表中间调。对于线段上的某个点来说，往上移动就是加亮，往下移动就是减暗。

色相/饱和度：可以控制图像的色相、饱和度和明度（Ctrl+U），如图6-18所示。

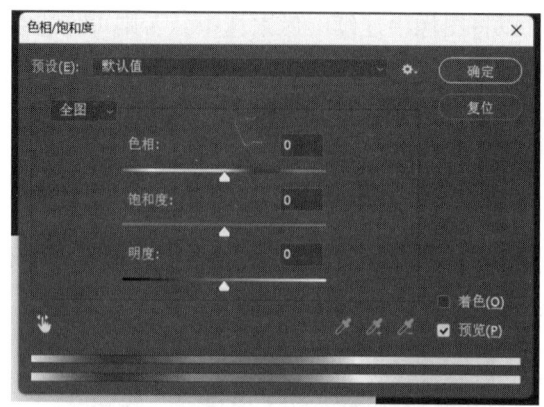

图 6-18　色相/饱和度界面

（三）Photoshop 的修饰和修复功能

1. 仿制图章工具的应用

仿制图章工具可以从任何一张已经打开的图像上取样后复制到现用图像上，但是两张图像的色彩模式必须相同，如图 6-19 所示。

图 6-19　仿制图章工具

仿制图章工具实际上经常被用来修补图像中的破损之处，也可以用来改善画面。具体方法就是用临近的像素来进行填充。

2. 模糊工具的应用

模糊工具的作用是将涂抹的区域变得模糊，模糊有时候是一种表现手法，将画面中其余部分进行模糊处理，有助于凸现主体，如图 6-20 所示。

图 6-20 模糊工具应用

3. 污点修复工具的应用

污点修复工具的使用较为简单,只需要在想要修复的污点上点击或拖拽,污点即会消除。如果对点击一次的效果不满意,可以进行多次单击,直到满意为止。

4. 橡皮擦工具的应用

橡皮擦工具,顾名思义就是用它来擦除图片中不需要的部分,在使用橡皮擦工具之前,需在属性栏设置它的大小、模式、软硬程度、不透明度,选择合适的属性值对图片进行处理。

四、海报制作

海报制作包括以下步骤。

(一)处理产品图

此处以图 6-21 所示的电动车为例进行说明。

第一步,抠图。把目标产品从整张图中抠出来,去背景,使其成为一个独立的图层,并对目标图进行简单的处理。

第二步,羽化。为了保持抠出的电动车边缘圆滑,要对选区进行羽化(Shift+F6)处理,羽化值根据实际情况而定,一般选在 3~5。

第三步,去污点。电动车身上的污点、刮痕或者其他有瑕疵的地方,要进行去污处理。一般选用仿制图章工具或污点修复工具进行去污,使用时注意选择合适的属性值。

第四步,翻新处理。为了使电动车的轮胎、踏板、脚架看起来比较新,可以对这些区域进行加深处理,并调整合适的属性值,注意不要选到目标区域以外的地方。

第五步,调光调色。通过调整曲线,改变整个电动车的明度,可以使图片的对比度增加。色彩可根据实际情况进行微调。

经过上述五个步骤，就可以制作成产品图了。

图 6-21　处理产品图

（二）搜罗素材

对于初学者来说，最好找一些与目标图有类似背景的素材，以图 6-21 左图为例，目标图为一张电动车，因此可选择性地找一些汽车海报背景、自行车海报背景来作为背景素材，然后把图中的汽车或自行车用抠出来的电动车代替（注意：格式为 Photoshop 的素材图才能进行深度替换或修改处理）。这里选择了一张原为汽车海报的素材，如图 6-22 所示。

图 6-22　素材图

查看图层，单击图层前的"眼睛"（　　）图标，隐藏不需要的图层信息，留下有用的部分作为电动车海报的素材，如图 6-23 所示。

图 6-23　背景素材图

(三) 海报合成

素材准备好之后，可以把之前抠出来的电动车图层拖拽进来，与背景素材放在同一个文件里。

使用移动工具单击电动车图层，并放到合适的位置。

用自由变换工具（Ctrl+T）调整电动车的大小或方向，调整大小的时候注意要按住 Shift 键（表示按原比例缩放），否则会使图片变形。

为了使电动车与背景融合，在这里用画笔工具给电动车加了倒影。具体操作方法是选择画笔工具调整属性值，新建一个图层，把电动车的倒影画出来，然后调整该图层的填充图和不透明度使之变淡，就像影子一样，从而实现效果。

可以给电动车或背景加一些相关联的修饰物。例如，一条飞舞的丝巾，在把手边上插一个风车等，创意永无止境。为了适配背景氛围，此处加了一些彩带做修饰，如图 6-24 所示。

图 6-24　海报合成图

(四) 文案点缀

每张海报都需要添加一些文案，作画龙点睛之笔，用来突出产品的特点、用途或卖点。

添加海报文案的时候要注意两点：第一，字不宜多，内容抓重点；第二，选择合适的字体，并置于恰当的位置，与全图色彩搭配和谐。当然，也可以给文字增加一些效果，如投影、发光、描边、渐变、叠加等，如图6-25所示。

图 6-25　文案点缀后的海报

1. 常用的素材网站

千图网：http：//www.58pic.com/

昵图网：http：//www.nipic.com/

素材中国：http：//www.sccnn.com/

90 设计网：http：//90sheji.com/

站酷：http：//www.zcool.com.cn/

花瓣网：http：//huaban.com/

视觉中国：http：//www.vcg.com/

2. Photoshop 快捷键的相关知识拓展

（1）文件

新建 Ctrl+N	打开 Ctrl+O
关闭 Ctrl+W	保存 Ctrl+S
另存为 Ctrl+Shift+S	另存为网页格式 Ctrl+Alt+S
打印设置 Ctrl+Alt+P	页面设置 Ctrl+Shift+P
打印 Ctrl+P	退出 Ctrl+Q

（2）编辑

撤销 Ctrl+Z	向前一步 Ctrl+Shift+Z
向后一步 Ctrl+Alt+Z	退取 Ctrl+Shift+F
剪切 Ctrl+X	复制 Ctrl+C
合并复制 Ctrl+Shift+C	粘贴 Ctrl+V
原位粘贴 Ctrl+Shift+V	自由变换 Ctrl+T
再次变换 Ctrl+Shift+T	色彩设置 Ctrl+Shift+K

（3）图像

调整→色阶 Ctrl+L	调整→自动色阶 Ctrl+Shift+L
调整→自动对比度 Ctrl+Shift+Alt+L	调整→曲线 Ctrl+M
调整→色彩平衡 Ctrl+B	调整→色相/饱和度 Ctrl+U
调整→去色 Ctrl+Shift+U	调整→反相 Ctrl+I
提取 Ctrl+Alt+X	液化 Ctrl+Shift+X

（4）图层

新建图层 Ctrl+Shift+N	新建通过复制的图层 Ctrl+J
与前一图层编组 Ctrl+G	取消编组 Ctrl+Shift+G
合并图层 Ctrl+E	合并可见图层 Ctrl+Shift+E

(5) 选择

全选 Ctrl+A	取消选择 Ctrl+D
重新选择 Ctrl+Shift+D	反选 Ctrl+Shift+I

(6) 滤镜

上次滤镜操作 Ctrl+F

(7) 视图

校验颜色 Ctrl+Y	色域警告 Ctrl+Shift+Y
放大 Ctrl++	缩小 Ctrl+-
满画布显示 Ctrl+0	实际像素 Ctrl+Alt+0
显示附加 Ctrl+H	显示网格 Ctrl+'
显示标尺 Ctrl+R	启用对齐 Ctrl+Shift+;
锁定参考线 Ctrl+Alt+;	

第三节　跨境电商英语

在跨境电商活动中，从业人员会经常和外国人打交道，并且需要经常浏览外语网站，与外国的交流和联系较为密切。一般来说，交易双方的沟通语言以英语为主，所以从业人员必须具有相当丰富的商务英语词汇量，并且要熟练掌握常用的商务英语口语表达以及书面表达，才能自如地运用英语进行工作。本节总结了一些常见的商务英语表达。

一、商务会谈口语

在跨境电商中，需要经常与国外合作伙伴进行电话交流或见面洽谈相关事宜，从业人员必须具备一定的口语表达能力，才能顺利开展电商业务。下面总结了一些跨境电商中常见的商务会谈口语，如表6-2所示。

表6-2 常见的商务会谈口语

英文	中文翻译
I think we can draw up a tentative plan now.	我认为现在可以先草拟一个临时方案。
If you want to make any changes, minor alternations can be made then.	如果贵公司有什么意见的话,我们还可以对计划稍加修改。
Thank you for your cooperation.	谢谢你们的合作。
We've arranged our schedule without any trouble.	我公司已经安排好活动日程。
If you have any questions on the details, feel free to ask.	如果对某些细节有意见的话,请提出来。
Welcome to our company/factory.	欢迎到我们公司/工厂。
I've been looking forward to visiting your factory.	我一直都盼望着参观贵厂。
You'll know our products better after this visit.	参观后您会对我们的产品有更深的了解。
Maybe we could start with the designing department.	也许我们可以先参观一下设计部门。
Then we could look at the production line.	然后我们再去看看生产线。
All products have to go through five checks in the whole process.	在整个生产过程中,所有产品都得通过五道质量检查关。
We believe that the quality is the soul of an enterprise.	我们认为质量是一个企业的灵魂。
We always put quality as the first consideration.	我们总是把质量放在第一位来考虑。
All products have to pass strict inspection before they go out.	所有产品出厂前必须要经过严格检查。
May I ask your general impression?	不知您对我们厂总的印象如何?
No one can match us so far as quality is concerned.	就质量而言,没有任何厂家能和我们相比。
I think maybe we can work together in the future.	我想也许未来我们可以合作。
The purpose of my visiting is to inquire about possibilities of establishing business relations with your company.	我此行的目的正是想探询与贵公司建立贸易关系的可能性。
We would be glad to establish business relations with you.	我们很高兴能与贵公司建立贸易往来。

表6-2（续1）

英文	中文翻译
I'd appreciate your kind consideration in the coming negotiation.	洽谈中请你们多加关照。
I can assure you of our close cooperation.	我保证通力合作。
Would it be possible for me to have a closer look at your samples?	可以让我参观一下你们的产品陈列室吗？
They've met with great favor home and abroad.	这些产品在国内外很受欢迎。
All these articles are best selling lines.	这些产品都是我们的畅销货。
Could I have your latest catalogues or something that tells me about your company?	可以给我一些贵公司最近的商品价格目录表或一些说明资料吗？
We also hope to expand our business with you.	我们也希望与贵公司扩大贸易往来。
I think you probably know China has adopted a flexible policy in our foreign trade.	我想你也许已经了解到中国在对外贸易中采取了灵活的政策。
First of all, I will outline the characteristics of our product.	首先，我将简要说明我们商品的特性。
If you are interested, I will prepare a list of them.	如果您感兴趣的话，我可以准备一份清单。
By the way, before leaving this subject, I would like to add a few comments.	在结束这个问题之前，我想顺便提出几个想法。
I would like to ask you a favor.	我可以提出一个要求吗？
Would you let me know your fax number/telephone number?	可以告诉我您的传真机号码/电话号码吗？
Would it be too much to ask you to respond to my question by tomorrow?	可以请你在明天之前回复吗？
Could you consider accepting our counterproposal?	你能考虑接受我们的反对意见吗？
I would really appreciate your persuading your management.	如果你能说服经营团队，我会很感激。
If you insist, I will comply with your request.	如果你坚持，我们会遵照你的要求。
We must stress that these payment terms are very important to us.	我们必须强调这些付款条件对我们很重要。

表6-2（续2）

英文	中文翻译
Our policy is not to grant exclusivity.	我们的原则是不授予专卖权。
We really need more specific information about your technology.	我们需要与贵公司技术相关的详细信息。
I could not catch your question. Could you repeat it, please?	我没听清楚你们的问题，你能重复一次吗？
The following answer is subject to official confirmation.	以下答案必须经过正式确认才有效。
We need them urgently.	我方急需这些资料。
I will send the information on a piecemeal basis as we acquire it.	我们收齐之后会立即寄给你。
I'd like to introduce you to our company. Is there anything in particular you'd like to know?	我将向你介绍我们的公司，你有什么特别想知道的吗？
I'd like to know some information about the current investment environment in your country?	我想了解一下贵国的投资环境。
I'd like to know something about your foreign trade policy.	我方想了解有关贵国对外贸易的政策。
Our foreign trade policy has always been based on equality and mutual benefit and exchange of needed goods.	我们的对外贸易政策一向是以平等互利、互通有无为基础的。
We have adopted much more flexible methods in our dealings.	我们在具体操作方法上比较灵活。
We have mainly adopted some usual international practices.	我们主要采取了一些国际上的惯例做法。
I'm sure that this product has all the features you want.	我确信这种产品有各种你所要的款式。
I strongly recommend this product.	我强力推荐这种产品。
We've already had a big demand for this product.	这种产品我们已有很大的需求量。

表6-2 （续3）

英文	中文翻译
Our product is competitive in the international market.	我们的产品在国际市场上具有竞争力。
The distinction of our product is ×××.	我们产品的特点是×××。
Our service, so far, has been very well-received by our customers.	到目前为止，顾客对我们的服务质量评价甚高。
Could we see the specifications for the ×××?	我们可以看一下×××产品的详细规格吗?

二、常用询盘/还盘用语

在跨境电商中，常用的询盘/还盘用语如表6-3所示。

表6-3 常用的询盘/还盘用语

英文	中文翻译
A discount of six percent is all that I'm authorized to offer you.	我权限内所能给你的最大折扣是6%。
What sort of guarantee do you offer on your product?	贵方提供什么样的产品保证呢?
One standard: Replacement during the first year if all rules for proper use have been followed.	有一个原则，如果在一年内按照规则正确使用产品而产品出现问题的，就可更换。
We offer a life-time guarantee.	我方提供永久保证。
We have an extended warranty available at extra cost.	如果延长保证期限，需要另外支付费用。
Our guarantee covers maintenance for both parts and labor.	我们的保证中包括更换零件和免费保养。
Tell us about your post-purchase servicing.	告诉我们有关你们售后服务的情况。
We use service centers at major stores. They ship goods back to our national service center for repairs.	我们在大的仓储点设立售后服务中心，客户可以把产品运送到我们的当地服务中心维修。
We have a toll-free number for customers to call.	我们为顾客提供免费服务电话。
We exchange products under almost all circumstances.	无论出现什么情况，我们都可以更换产品。

表6-3 (续1)

Could you give us detailed descriptions of the capabilities of your product?	请把你们产品的性能给我们详细介绍一下好吗?
How long could the buyer expect your product to last?	购买者期望你们产品的使用期是多久呢?
What has been the consumer reacted to your product?	消费者对你们的产品有过什么反应?
Have you not marketed your product yet?	你们的产品尚未推向市场吗?
We're afraid that your products' quality won't satisfy Chinese customers.	恐怕你们的产品质量无法使中国顾客满意。
We think that product quality is high indeed.	我们认为产品的质量的确很好。
We think your X200 meets our requirements.	我们认为贵方的X200型产品符合我们的要求。
I'm afraid that the item isn't what we're looking for.	恐怕这种产品不是我们所要找的。
I think your industrial robots are the best in the field.	我认为你们的工业机器人在领域中是最好的。
In my opinion, the product must be priced under $300.	在我看来,产品价格必须订在300美元以下。
We think your product is too specialized for mass marketing.	我们认为你们的产品对市场而言过于专业化了。
That brings us to the question of price. What do you have in mind?	那使我们想起价格问题,你心目中的价格是多少?
We think $87,000 per unit with a five percent discount for orders over 100.	每台售价8.7万美元,如果订购超过100台可以给予5%的折扣。
Your unit price seems fair enough, but we're hoping for a higher discount rate.	单价似乎合理,但我们希望得到更高的折扣率。
Seven percent would be possible for orders for 500 or more.	订购超过500台可以享受7%的折扣。
What's the best price you're prepared to offer for your product?	你们的产品最优惠的价格是多少呢?
It depends on the quantity ordered.	这要根据所订购的数量而定。

表6-3（续2）

What do you think will be a fair price for your product?	你们的产品定价多少才算合理？
How much do you charge per unit?	你们每件的单价多少呢？
What's your whole sale price on this item?	这种产品你们的批发价是多少呢？
How much of a volume discount are you prepared to offer?	你们准备提供多少批量折扣？
That seems quite soon considering the nature of the product and shipping time.	现在就考虑产品的性能和运输时间有点太早了。
Other buyers are satisfied with it, but we could delay it if you could pay 40 percent up front.	其他买家对这货物很满意，但如果你能先付40%的货款，我们可以延迟其他买家的交运。
Delivery costs will have to be borne by the manufacturer, I'm afraid.	运费恐怕要由制造厂商来承担。
If you can guarantee on-time delivery with a penalty for late delivery, we can accept your sales price.	如果你能保证准时交货并对延迟交货进行处罚，你的销售价我们可以接受。
Who charge responsibility about the shipment?	运费由谁来负担呢？
Who assumes shipment cost?	谁负担运费呢？
That would be the responsibility of the buyer. We are prepared to provide all the document costs.	那是由买方承担，我们仅承担提供所有文件的费用。
We would also want you to cover insurance and the cost of transporting the goods to the port.	我们希望贵方承担保险以及把货物运到港口的费用。
In that case, we might need to reopen the question of prices.	如果是那样，我们也许需要重新讨论价格。
When could you typically expect delivery?	你们通常什么时候可以交货？

以上例子为商务英语交流中常见的句子，不能囊括所有情况。在实际的电子商务活动中，不能生搬硬套，要根据具体问题作具体分析，对上述常用口语加以灵活运用。在日常工作和生活中，也要加强口语练习，提高英语理解能力和表述能力。

三、高质量的外贸邮件

(一) 优质外贸开发信

1. 什么是外贸开发信

外贸开发信（Marketing Letter）就是外贸业务员把自己公司的产品、服务、优势等信息通过邮件、信函发送给潜在的国外客户，表达希望建立合作关系并共同发展的意愿。潜在的国外客户收到邮件、信函后，若有意向，则会与外贸业务员进行进一步的沟通、谈判，最终确立购买合同。

以下是几篇优质开发信模版。

范文1

Dear Mike Smith：

　　This is Sally from ABC Co., ltd. We're pleased to know you and your esteemed company from *Alibaba.com*.

　　We supply boy's pants with high quality and very competitive price for 10 years in China. Hope to find a way to cooperate with you.

　　E-catalogues and prices will be sent if you need.

　　Write me back or call me please, let's talk more in details. (Feel free to call me for any question or free samples.)

　　Thank you.

　　Best Regards.

　　Yours sincerely

　　Sally

范文 2

> Dear Mike Smith：
>
> Are you looking for better supplier?
>
> We supply boy pants to War-Mart with high quality for 5 years and hope to find a way to cooperate with you.
>
> After some research of your company, we find the following products might be of your interest.
>
> Type1：×××
>
> Type2：×××
>
> Type3：×××
>
> Please feel free to call me for any question or free samples. Thank you.
>
> More surprises at *www.pandagarmentsandaccessories.com*.
>
> Best Regards.
>
> Yours sincerely
>
> Sally

2. 如何写外贸开发信

根据收件人的阅读习惯，可以从以下方面着手写开发信。

(1) 邮件不能写得太长

客户的时间很宝贵，而且每天可能要收到数百封邮件，如果邮件写得很长，客户就没什么兴趣看了。很多外国人的时间观念很强，每天都有几段固定的时间用来处理邮件，很多长篇大论的邮件，只要不是熟人发的，一般会被直接删除，或者设置为垃圾邮件。

另外，随着手机越来越智能化和便捷，越来越多的客户会选择用手机来接收邮件，由于手机界面的局限性，一封冗长的邮件更不方便客户迅速看完，导致被删除的概率增大。

(2) 标题

①主题明确

如果主题不明确，客户根本没兴趣去打开邮件，也无法让客户知道其实这封邮件是与其需要采购的产品相关的。

②用词精简

邮件的标题字数有限，如果标题用词不精简，那么可能显示出来的文字还不能让客户明白邮件的主题。另外，客户每天收到很多邮件，需要看到邮件标题能马上明白，而不是让客户去概括归纳。

③吸引眼球

吸引眼球可以说是主题里最重要的一个因素，客户作为采购员，每天都可能收到许多推销邮件，如何在众多邮件中脱颖而出是一个优秀业务员必须要掌握的知识。

（3）称呼

在写邮件时，往往都不知道对方的名字，一般可以按下面方式书写。

TO：Purchasing Manager/Product Manager 或者 TO：Whom It May Concern。

①知道对方名字

Dear Jone；Hi，Jone；Good Day Jone。

②不知道对方名字

Dear Purchasing Manager/Product Manager；Dear Manager；Dear Director；Dear Friend；Dear Your Teams；Hi，Sir。

（4）正文

撰写正文时，需要注意以下几点。

①开门见山

不要长篇大论地介绍自己及公司，只需简短说明，以表示对客户的尊重。可以写公司有突出的优势，但是最好一笔带过。例如，公司与 Wal-Mart 合作了 5 年，可以这样写："We supply boy's pants to Wal-Mart with high quality and competitive price for 5 years. Hope to cooperate with you！"

②段落清晰、语言简单

国外的客户往往喜欢用最简单的词汇来表达，所以外贸函电的精髓就是"简单，简单，再简单"，能用一个词表达的绝对不用两个词或短语，能用一句话写清楚的，就不写两句，能用短句的就不用长句。

③有礼有节，表达合作愿望

对客户有礼貌，有开头称呼、问候，有落款祝好，并且在字里行间表达对客户的尊重和诚恳合作的意愿。

④换位思考

写完开发信后，可以站在收件人（客户）的角度来审读，如果不满意，那么需要重新修改后再行发送。

撰写外贸开发信的主体内容时，要把握"四不四少"原则：不长篇大论地介绍公司或工厂，不炫耀英文水平，不插入超链接或图片，不说毫无意义的话，少说从哪里得到的客户联系方式，少用第一人称，少用书面语，少用中国式英语。

（5）签名

写开发信的时候，客户的邮箱是第一次接收你的邮件，为使邮件顺利到达客户邮箱，签名建议使用纯文本。可列举下列信息：姓名，公司，电话，传真，电子邮件，网页。

为了提高效率，业务员往往群发开发信，但是群发时称呼只能统一，如 Dear Sir/Madam，而不是具体的人名，并且收件人可能达到几十个，这对于客户来说比较容易引起反感，或者将邮件认定为垃圾邮件。建议对客户进行整理和总结，建立"潜在客户信息表"，再分别给每个客户发送开发信。

（6）避免被当作垃圾邮件

根据国际电子邮件协会的判定规则，未经收件人允许，在一段时间内发送频率过高、内容重复度过高、对方未订阅但发件人发送附件、邮件中含有 SPAM[①] 高频词（如 Free、Discount、Opportunity、Cheap、Loan、Profit、Stock 等）的，都会被判定为垃圾邮件。

应如何避免被当作垃圾邮件呢？

①第一次给陌生邮件地址发邮件最好不要有图片和附件，等客户回复后再行发送。

②开发信中不要有链接。因为链接很容易被拦截，邮件系统会认为有潜在威胁。如果要发送公司的网址，最好取消链接效果（把前面的 http 去掉），这样客户还可以看到网站。

③使用常规的字体。有特色的字体更能吸引注意力，但如果因此被判定为垃圾邮件，就得不偿失了。

④朴实、正式的标题。建议用朴实、正式的标题，避免标题和内容不一致，引起客户的反感。虽然较为另类的标题更能吸引人，但是这加大了被拦截的可能性。

⑤尽量避免群发，有针对性地发邮件。从垃圾邮件的判定规则中不难看出，群发的邮件拦截率很高。一天群发上千封邮件，不如发几十到一百封的有针对性的邮件。

⑥邮件的排版要合理，不凌乱。

---

① SPAM：垃圾邮件。

⑦ SPAM（Simultaneously Posted Advertisement Messages）高频词要避免，如 Free, Discount, Opportunity, Rate, Profit, Save, Merchant, Stock, Act Now, All New, Call Now, Subscribe Now, Million, Dollars, Opportunity, Win, Winner, Please Read, Don't Delete, Special Promotion, Cheap, Deal, Debt, Income, Insurance, Loan, Money, Mortgage, Price, Compare, Check, Cash, Bonus, Credit, Loans, Buy Direct, Get Paid, Order Now, Specializing, Specialized, Offer, Satisfaction Guaranteed, You've Been Selected, 等等。

(二) 询盘的回复

1. 询盘回复的注意点

对于客户的询盘，在回复时要注意以下几点。

（1）要第一时间回复客户（以客户所在地时间为标准，24 小时内）。

（2）针对客户提出的问题做出准确回答，体现公司专业的形象和实力。

（3）表示合作的诚意。

（4）在回复询盘前应看清询盘内容，避免不必要的错误和遗漏。理解买家的意图，有针对性地进行回复。同时，要掌握一些买家的信息［如通过买家的网站、买家所在国家（地区）的市场、买家感兴趣的产品来了解买家］。

2. 询盘客户类型分析

根据客户发出询盘的动机，可以把客户分为以下几类。

（1）寻找厂家型

该类客户目标非常明确。例如，列出产品品名、型号；提出要货数量或询问最少订购量、交货条款等；发送的信息较为全面，如有公司名称、地址、电话、传真、联系人等；询问专业，问题详尽。有些客户还会要求提供产品报价、图片、特征或功能，以及外包装尺寸、毛重和海运费等，还有些客户会询问是否有认证。通过此类询盘，可以了解客户对哪款产品感兴趣。

具体示例如下。

Subject：Inquiry about BAND SAW MACHINE WY-0428

Hi, I'm very interested in your WY-0428 band saw machine.

How much for this item? What's the minimun order?

How much of the freight to Thailand? What's the type of Payment term?

Do you have ISO9000 certificate?

By the way, the diamether of the pipe we need cut down to 300mm. Thanks a lot.

该类客户是重点客户,要高度关注这类询盘,及时、准确、全面、专业的答复和有竞争力的报盘是达成交易的关键。在回复中,需要写明产品的价格、特点、图片、运费、交货时间等内容。客户需求明确时,要在24小时内回复客户邮件(回复时间最好是客户当地的上班时间)。如果有必要,也可以打电话给客户,让他产生一个好印象。除了图片放在附件中,其余内容最好放在正文中。

在买卖的过程中,作为销售方应因势利导,让客户觉得对方是站在他的位置上为他着想,加深客户的信任,为后续工作奠定良好的基础。

(2) 准备入市型

这种类型的询盘客户,也许在其所在的国家(地区)已经有经营经验,但对卖家的产品还不够了解;也许其客户已经向其询盘,进口卖家所提供的产品,可以获得较好的利润。

总而言之,客户已经准备合作,但还有许多具体问题需要解决。在这类客户的询盘中,信息一般比较全面,如有公司名称、地址、电话、传真、联系人等。但根据所提问题的专业化程度,可以判断其为潜在客户,需要加以培育。耐心、专业的回答和适当的跟踪回访,有利于培养其对销售方的信任,不断增强客户和销售方合作的信心。

具体示例如下。

Subject: Inquiry about Barbies Collection Girl's Wear

Dear Amy,

We are the importers and manufacturer of various children's wear in India.

I am looking for the Barbies Collection to be supplied in India on a regular basis.

Looking for skirts and long pants. Kindly reply on an urgent basis.

Contact Name: Mr. Naresh Shukla

Company: ×××

Country/Territory: India

Business E-mail: naresh. shukla@×××. com

Telephone: 91-11-×××× ××××

Fax: 91-11-×××× ××××

Web: www.×××. com

回复如下。

Dear Mr. Naresh,

So glad receiving your enquiry for our Barbies' collection from *Alibaba.com*. Thanks a lot.

We are a leading manufacturer in children's wear in China and our products have been exported to customers all over the world. The Barbies Collection is the most popular style in our factory, selling fast.

However, detailed price list for the skirts and long pants will be sent to you based on your specific further product description such as color, specification, special design requirement, etc. Please check the following styles photo which should be suitable for your Indian market and tell us more requirements on the exact skirts and long pants.

Please do not hesitate to contact us if any question and we are waiting for your reply.

Best regards,

Amy

对于潜在客户,应该分以下3种情况分别处理。

情况1:客户对产品比较感兴趣,也需要这种产品,只是对价格还有不同的意见。

针对这类客户,最好收集同类产品的价格情况,让客户了解产品的成本,以获得其对产品价格的认可。为了达成协议,可在原报价的基础上适当下调。

情况2:客户对产品很感兴趣并想购买,但由于暂时的资金问题无法购买。

针对这类客户,应与其共同制定出一个时间表,协助其把购买产品的费用做进一步的预算。

情况3:客户对产品没有深入的了解,态度模糊。

针对这类客户,要尽量把自己的产品介绍得浅显易懂,要把产品能够给客户带来的好处量化,激起客户的购买欲望。客户往往最关心产品会给其公司带来什么样的实惠。

(3)收集信息型

这类客户的询盘十分专业,他们有可能是技术人员,现在正在开发或仿造与正在询盘的产品相同或相似的产品,他们需要了解市场、了解产品,获得更多的信息。这类客户有可能成为被询盘方在其所在国家(地区)的竞争对手。还有一种可能,就是客户已经有供应商了,但是需要寻找替补,或者希望了解行情来判断原供应商价格等是否合理。

(4)索要样品型

这类客户的目标是索要免费样品。经过交流会发现其对产品价格、质量等并不关心,只关心能否赠送样品。一旦坚持让其支付样品费和邮费,对方就会丧失兴趣。当然,也有确实要购买样品,但是由于付款手续烦琐或手续费太高所以不愿去购买的客户。

(5) 同行打探型

这类客户作为竞争对手,是有备而来的,对方非常了解行业动向,会利用互联网的特点,装扮成外国客户来刺探价格、交易条款等信息,从而为其制定更有竞争的策略提供参考。

(6) 骗子客户

下面是一个典型的骗子客户的邮件案例。

Dear Friend,

I am Moshod Mobutu Sese Seko, son of the late President Mobutu Sese Seko of Congo Democratic Republic former. Republic of Zaire was war in my country and so my family members escaped to Morroco while I am presently at a refugee camp in Ireland monitoring events. Because of the present crises, my environment is not conductive for investment and more over, most of my father's properties and account have been frozen by the present government of Joseph Kabila.

Now, I want to set up a business overseas and I have about $50 Million united state dollars set aside for this project, I decided to contact you to help me in setting up a business, but would not want my name or family name to be used.

I am prepared to give you 20% of the total sum if you can assist me in claiming this fund from a security volt in Europe!! Where my father (Mobutu Sese Seko) deposited this fund before he died.

Please, do contact me immediately for us to discuss. As soon as I hear from you, and confirm your assistance every documents regarding to the claiming of this fund will be handed over to you as the family's foreign partner.

Best regards,

Moshod Seko

骗子客户在询盘时,对产品性能、材质等方面的咨询只是停留在表面。在洽谈生意过程中,对方会反复强调自己的订单很大,并强烈要求供应商到自己公司来谈,甚至直接威胁:不来就没法谈!对方往往是利用钓鱼网站骗取会员的账号和密码。不难看出,真正的客户一定是对自己的产品有需求的人，那么其首先关注的肯定是产品有关的问题，然后才是其他问题。而骗子客户没有那么多耐心，更没有时间讨论产品的相关问题。所以识别网络上客户的真假，有效方法就是观察和总结客户的需求点。当然，克制贪心、冷静处理、细心观察是总结出客户需求点的基础。

第四节　跨境电商商务礼仪

荀子曰："人无礼则不生，事无礼则不成"。于个人而言，礼仪是一个人文化修养和思想道德的外在表现；于社会而言，礼仪是一个国家总体道德水平和社会文明发展程度的集中体现，是人类文明和社会进步的重要标志。从古至今，人们之间的交往都要遵循或大或小的相处之道。现代社会的文化多元性要求人们要更加注重礼仪，学会运用礼仪。

在跨境电商中，在遵循基本的商务礼仪之余，还要了解世界上其他国家（地区）的消费习惯和风土人情，这有利于在商务活动中了解对方国家（地区）的习惯和禁忌，促使双方建立愉快互利的长期合作关系。

一、商务礼仪

作为礼仪的一方面，商务礼仪是人们在长期的商务活动中形成的一种约定俗成的行为方式和行为准则，以互相尊重、互相理解为前提，用来约束交易双方的语言和行为，可以称得上是商务活动中的一门交往艺术。商务礼仪是现代社会商务人才的必备能力，只有了解并遵循商务礼仪，才能在竞争日趋激烈的社会中，成为企业需要的综合型人才。因此，学习商务礼仪的重要性不言而喻。下面介绍在跨境电商活动中，需要注意哪些商务礼仪。

（一）商务礼仪的基本内容

1. 仪表仪态

仪表是一个人的外在形象，仪态是一个人的行为和风度。从一个人的衣着是否整洁美观、妆容是否得体，可以看出其精神面貌是否积极向上；从一个人的一举一动、面部表情、走路和站立的姿势等仪态，可以感受到其个人品质和内在修养。

2. 言谈举止

言谈举止体现在一个人和他人面对面、电话或邮件交流时的语言习惯和方式，以及在商务活动中的行为习惯和方式。言谈举止是人们日常交往的基本途径，谈话的内容和水平取决于谈话者的思想道德水平和内在修养。平时要不断地提高自身基本技能和素质，才能在商务活动中做到言语生动、举止有度、谈吐不凡。

例如，与他人初次见面，握手时应注视对方并微笑致意；交换名片时，以文字正向对方，一边自我介绍，一边双手递过名片；接受他人递来的名片时，应该双手接过，并表示感谢。与他人面对面交谈时，要注意察言观色，认真倾听对方讲话，不要无故打断他人讲话；电话交谈时要礼貌地介绍自己，语言简洁明确，声音洪亮清晰，同时要注意做好电话记录；给他人发邮件时，要注意使用书面用语和礼貌用语，措辞得当。

3. 会客礼仪

会客礼仪是指两个及两个以上的公司或企业人员在商务会谈或访问中要遵循的语言和行为举止的礼仪。若公司和其他企业有商务会谈，则应该在会谈开始前到达，并到门口迎接来访人员。如果是初次见面，一般由礼宾人员或我方迎接人员中职位最高者向来访者介绍，其间要面带微笑，以示友好；如果不是初次见面，可直接行握手礼等见面礼节。

如果来访者需要参观公司相关部门，一般需要职位相当的人陪同，并根据实际情况安排翻译、解说等工作人员。

4. 餐桌礼仪

餐桌礼仪是商务礼仪的重要内容之一，文明的餐桌礼仪能够体现一个人良好的修养。在和客人共同进餐时，要举止文明，用餐优雅。切忌边吃东西边聊天，以及进餐时声音过大。

（二）商务礼仪的基本原则

1. 仪表仪态规范

在商务活动中，要做到仪表仪态规范，即衣着整洁美观、仪态端庄大方、待人礼貌亲切。这是对自己的尊重，更是对他人的尊重。着装在个人形象的塑造上起着非常重要的作用，而个人形象又与企业形象密不可分，所以要注重不同的商务场合对于着装的不同要求。同时，也不能忽视优雅得体的仪态，以及待人处事的态度和风度。

(1) 女士着装

发型大方，化淡妆，衣着得体，裙子长度合适，鞋子整洁，面带微笑。切忌浓妆艳抹或不化妆，裙子不应过长或过短。衣服颜色要搭配得当，不能过于花哨。穿裙子时最好穿与肤色相近的丝袜且丝袜不能破洞。

(2) 男士着装

发型清爽大方，面部整洁干净，西装平整，鞋子光亮，面带微笑。男士应在大部分商务场合穿西装和皮鞋，颜色以深色系为主，并且全身衣服颜色不宜超过三种。一般来说，腰带、鞋子和公文包的颜色应该一致。切忌在正式场合穿颜色过于鲜艳的衬衫或袜子。

2. 相互尊重和理解

由于历史和文化的差异，东西方在人生观、价值观等方面都有很大的不同，不能以本国（地区）的风俗习惯去强行要求对方。在跨境电商中，可以通过网络或书籍等途径了解对方国家（地区）的风俗习惯和禁忌，在合作之前做好充分准备。在交流沟通的过程中，要尊重和理解对方的文化和信仰，尊重文化多样化，让对方感受到己方的企业文化，促进双方的长期合作。

3. 待人真诚友好

真诚是双方合作的基础。跨境电商从业人员必须时刻以友好真诚的态度对待他人，给他人留下好的印象，以提高企业的形象。跨境电商的大部分环节都是在线上完成，不可能时刻观测产品和服务的优劣，不能欺骗或隐瞒合作方，只有具有良好信誉的企业才能获得长足发展。

（三）商务礼仪的基本要求

1. 注重个人和企业形象

在跨境电商活动中，要时刻注意维护个人和企业的形象，良好的个人形象是企业形象的缩影，而良好的企业形象是企业的无形资产。在愈发激烈的市场竞争中，一个具有良好形象和信誉的企业，更容易获得信任和支持。

2. 遵守国内法律法规

我国发布了一系列关于电子商务的法律法规，比如《中华人民共和国电子商务法》《关于跨境电子商务零售出口税收政策的通知》《关于推进对外贸易创新发展的实施意见》等。电商企业在商务活动中必须遵守相关法律法规,一切行为都要合乎国家法律,不能做出扰乱国家秩序的行为。

3. 遵循国际准则和规范

跨境电商是指分属于不同国家(地区)的交易主体,通过电子商务手段将传统进出口贸易中的展示、洽谈和成交环节电子化,并通过跨境物流及异地仓储送达商品、完成交易的一种国际商业活动。跨境电商会涉及在多个国家(地区)进行交易,必须遵循国际准则和规范,不能扰乱国际贸易秩序。

二、消费习惯

消费习惯是指消费主体在长期消费实践中形成的对一定事物具有稳定性偏好的心理表现。简单来说,消费习惯就是消费者对某种商品、品牌或消费行为方式的偏好。其本质是个人的一种稳定性消费行为,是人们在长期生活中慢慢积累而成的,反过来又潜移默化地影响着人们的购买行为。

东西方国家有着不同的消费习惯,下面简要介绍几个国家不同的消费习惯和特点。

(一)美国

1. 消费心理

与产品的价格和包装相比,美国人更重视产品质量,产品质量的优劣是能否进入美国市场的关键。在美国市场上,高、中、低档货物的差价很大,如一件中高档的西服零售价在 40~50 美元,而低档的则不到 5 美元。商品质量稍有缺陷,就只能放在商店的角落,进行减价处理。另外,包装也是一个重要因素,产品不但要质量好,还要包装精美,给人以较好的视觉体验。

美国是一个注重效率的国家,在他们看来,浪费时间就等于浪费生命。美国人希望下单后可以尽快收到让自己满意的产品。所以在设置运费模板的时候最好同时设置四大快递等高效率的物流方式,如果不能这样做,可以在产品描述中进行解释说明,让买家有心理准备或选择其他卖家,这样即使没有促成这一笔交易,也会给其留下好的印象。

美国的版图比较大,横跨多个时区,不同时区买家的上网采购时间不同。为了提高商品的关注率,卖家应该选择一个买家上网采购时间比较集中的时间段来发布产品。

2. 圣诞营销

每个季节都有一个商品换季的销售高潮,如果错过了这个销售季节,就要对商品进行降价处理。美国的大商场和超级市场的销售季节是：1~5月为春季，主要以销售园艺工具和户外用品为主；7~9月为初秋升学季，主要以销售学生用品为主；11~12月为圣诞时期，恰逢退税季节，人们都借机添置生活用品、购买圣诞礼物，此时美国的市场是最火爆的，各种商品很快就会销售一空，所以卖家要利用好圣诞时期进行节日营销。

（二）加拿大

1. 消费人群

加拿大人均生活水平较高，对商品品种的要求多、需求范围广，从普通的纺织品、服装、轻工商品、日用商品、家电产品到大型的机电产品等都有需求。

加拿大是美国跨境电商的重要市场之一，60%的加拿大人从美国网购，其中38%的加拿大人生活在安大略省，这里相对较低的物流费和相对较低的汇率，使加拿大居民的网购热情持续上涨。加拿大信用卡的渗透率也非常高，81%的在线支付通过信用卡，然后是PayPal。加拿大地广人稀，物流对于偏远地区来说是一个挑战。

2. 消费特点

加拿大地处寒带，冬季较长，因此对冬季商品需求量较大。冬季服装，如羽绒服、滑雪服，以及与冰雪运动有关的器械，如冰鞋、滑雪板等在加拿大都有很好的销路。在夏季，加拿大人喜欢露营、登山、游泳、骑自行车、垂钓、养花，因此，帐篷、运动鞋、游艇、帆船、气垫船、山地车、渔具、园艺工具等在加拿大市场都有很好的销路。

加拿大人热爱运动，54%的人经常参加体育活动，体育器材和设备需求量大。最受加拿大人青睐的五项体育活动分别为高尔夫球、冰球、棒球、游泳和篮球。

加拿大人对"返校购物"极为热情，服装销量很高。在父母为孩子购买的商品中，时尚服装最受欢迎，消费额占预算总额的比例最高，53%的父母会把大部分钱用于购买服装。与此形成鲜明对比的是，科技产品不受父母欢迎，只有6%的父母会把大部分钱用于给孩子购买计算机或其他电子产品。

宠物用品行业市场发展潜力巨大。里贾纳、萨斯卡通、本拿比、温莎、基奇纳、里士满、加蒂诺、伦敦、万锦和埃德蒙顿是宠物用品销量排名前十的城市。宠物玩具和零食销量前四的城市分别是萨斯卡通、里贾纳、温莎、本拿比。加拿大人给狗买的用品数量比给猫买的更多，而且不限于猫和狗，给兔子、鸟、鼬和仓鼠购买食品、玩具和服装的人也不在少数。

(三) 意大利

1. 消费人群

意大利网购人群年龄集中在 18~44 岁，55.4%为男性，44.6%为女性。每天购物最多的时间段为 21 点~23 点。在购买的产品中，47%为虚拟产品或服务（付费音像资源、旅游服务等），53%为实物产品。

意大利人说话时手势较多，表情富于变化，情绪起伏较大。意大利人比德国人少了一些刻板，比英国人多了一些热情，但在谈判合同、做出决策时不会感情用事，一般不愿仓促表态，比较慎重。同时，意大利人比较重视产品的价格，并喜欢采用代理的方式。

意大利人追求时髦，衣冠楚楚，潇洒自如。其办公地点一般都设施讲究，比较现代化，并且意大利人也十分注重生活的舒适性。与意大利人谈判时，着装时尚潇洒会给其留下好的印象。

意大利人与外商做交易的热情不高，他们更愿意与国内企业打交道。意大利人信赖国内企业，认为国内企业生产的产品一般质量较高，而且国内企业与他们存在共同性。所以，与意大利人做生意要有耐心，使其相信自身的产品比意大利国内生产的产品更为物美价廉。还有一点需要注意的是，在意大利从事商务活动，必须充分考虑其政治因素，了解对方的政治背景，以防政局变动而蒙受经济损失。

2. 消费特点

意大利骑行行业跨境电商潜力巨大，敦煌网的数据显示，自行车重点产品线主要为自行车零件、骑行服、自行车配件等。其中，销售额占比最大的是自行车零件产品，如车架、车轮、车把等，约为 46%，其次是骑行服，占比为 34%，而自行车配件的销售额占比为 10%，除美国、日本外，当属加拿大和意大利骑行市场潜力大。

3D 打印机在意大利市场占比持续增加。根据有关数据，美国在 3D 打印机市场居首位，占全球 3D 打印机市场的 22%，意大利占 12%，德国占 8%，墨西哥占 6%，法国占 4%，西班牙占 3%，其他国家都在 3%左右，比较平均，所以从市场规模来看，意大利的 3D 打印机市场前景广阔。

意大利在世界童装消费市场中排名第六位，目前，世界童装工厂主要设立在中国、印度、巴基斯坦、马来西亚、土耳其和墨西哥等，这些厂家一部分由本国投资并运营，一部分是厂商接受其他品牌的贴牌进行生产。

意大利玩具行业发展迅速，在世界最大的玩具进口国家（地区）中已跻身前十。在手机行业，来自意大利、西班牙、法国、荷兰等小语种国家的流量增长迅猛，这点也值得卖家关注。

（四）巴西

1. 消费人群

巴西是世界人口大国之一，2023 年 GDP 排名世界第九。巴西的电商发展迅速，消费人群以女性为主，主要集中在高收入社会阶层，其英语普遍较好。

2. 消费特点

巴西买家的消费趋向主要为服装配饰、化妆品、手机、电器、家具和运动产品等。其中，服装以休闲大气的欧美风为主，配色夸张，追求潮流，巴西买家喜欢有色彩冲击并且颜色搭配较好的产品。

巴西买家更倾向于朋友之间的互相推荐，也喜欢在 Facebook 等社交网站上分享好的商品，在购物时会参考其他买家的评论，因此高质量的产品会获得更高的回头率和市场。

巴西买家在消费方面还有一个特点是非常注重售后服务和产品的耐用性。一般而言，商品最好附带说明书。

巴西买家更喜欢包邮的产品。

巴西的无线市场发展较快，手机购物的人群占比大，网购习惯较成熟。SNS 是巴西网民花费时间最长的网络应用，并且增速迅猛。另外，巴西用户的付款方式主要是信用卡支付，并且喜欢分期付款。

3. 特色营销

巴西买家喜欢购买有折扣的产品，喜欢参与促销活动，所以可以运用节日营销和社交网络营销来吸引巴西买家。

节日营销。受宗教文化的影响，巴西人很注重各种节日，比如万圣节、圣诞节等西方传统节日。在这些节日中，各种商品的促销活动是很受欢迎的。要利用好不同节日的寓意来做好有特色的营销活动。

社交网络营销。巴西人很喜欢社交网络，人均社交好友在 306 人，平均每个人在社交网络上花费的时间是每月 10 小时，使用社交网络的总人数已达全球第四名。其中，使用最多的社交网络是 Facebook、YouTube，卖家可以利用这些社交网络进行适当有效的产品营销。

（五）俄罗斯

俄罗斯各季节温差较大，营销的季节性很强。俄罗斯的冬天很冷，人在室外非常注重保暖，帽子、围巾、手套是必备品，女性还热衷于购买动物皮毛的外套。所以在冬季热销的商品有帽子、手套、围巾、皮草长大衣、皮草短大衣等。

俄罗斯人在户外和在家时穿的衣服不一样。在家一定会换家居服，洗完澡会披浴袍，睡觉时会穿上薄一点、舒服一点的睡衣。所以热销的家居产品有家居鞋、家居衣和睡衣等。

俄罗斯人热爱运动。运动是俄罗斯人生活的重要组成部分，因此其经常购买专门的运动服、运动鞋及配件。

俄罗斯人爱度假。俄罗斯人（特别是年轻人和孩子）有度假的习惯，一般喜欢去海滩，所以会购买很多海滩上用的东西，如泳装和沙滩鞋等。

俄罗斯女性很喜欢追赶潮流，时刻关注新款的服装、鞋、包。一些当季热门和热卖的、新奇的、创意流行的商品比较受追捧。俄罗斯的成年女性不喜欢太过可爱的穿衣风格，她们更喜欢欧洲的性感风。俄罗斯男人比较高大，而且也有很多肥胖者，所以对加大码的衣服有特殊偏好。俄罗斯女性一般都会化妆，所以对美容类产品的需求大，她们更喜欢购买名牌化妆品。很多政府及公司的员工都会穿西装（正装），很多节日和正式场合也要穿西装，有些男士会配袖扣。

节日送礼很频繁。每年新年、妇女节、男人节、情人节，俄罗斯人都要送礼，这时候提供创意类的礼物非常对他们的胃口。同时，俄罗斯人对初生的婴儿十分重视，有朋友生孩子时也有送礼物的习惯。

俄罗斯人对价格很敏感。俄罗斯人在做购买决策时重点考虑价格，但也有一部分人更偏重大品牌的优质产品。俄罗斯客户询盘最大的特色就是"俄式英语"，很多人第一次看很吃力，因此建议使用合适的语言处理软件或直接使用俄语与对方交流，会提升客户兴趣度。俄罗斯客户很喜欢用 Skype 在线谈生意，也会用 SMS。

三、风土人情

风土人情是指一个国家（地区）特有的自然环境、风俗、礼节和习惯。例如，中国的春节、中秋节、元宵节等传统节日,以及西方的圣诞节、复活节等传统节日。

不同的地理位置孕育出不一样的风土人情,下面介绍一些国家的风土人情。

(一)美国

美国人在商务洽谈中,语言明确,开门见山,与其合作时不需要拐弯抹角,直击主题即可。

美国人穿衣以舒适为原则,不会明确规定在什么场合应该穿什么衣服,与美国人合作时,可以穿得舒适自在一点,但是不能邋遢,衣服必须整洁。

美国上班时间是8小时工作制,一般是上午9点到下午5点(相当于国内的晚上9点到凌晨5点)。美国人下班后都不喜欢加班,所以最好在其工作时间内联系他们。可以通过世界时间表网站查询美国的时间表。

一般来说,美国买家喜欢追求时尚,爱好高科技,喜欢社交网络,所以在平时的沟通中也可以多使用一些"潮"的词汇或社交工具,尤其是对于商业相关性较大的词汇和话题,可能会更吸引美国买家。

(二)加拿大

在加拿大,商务沟通时送的礼品不可太贵重,否则会被误认为是贿赂。切忌送带有本公司广告标志的物品,他们会误认为不是通过送物品表达友谊,而是在做广告。

邀请加拿大人赴宴,不要请他们吃虾酱、鱼露、腐乳和臭豆腐等有怪味、腥味的食物,忌食动物内脏和脚爪。不要在自己的餐盘里剩食物,加拿大人认为这是一种不礼貌的行为。

加拿大人崇尚办事立竿见影。与加拿大人谈判时,不要绕圈子、讲套话。谈判时应注意如下方面:切忌把加拿大与美国进行比较,尤其是拿美国的优越方面与之相比。切忌询问加拿大客户的政治倾向、工资待遇、年龄等,他们认为这些都属于私事。

(三)英国

英国人待人彬彬有礼,讲话十分客气,"谢谢"和"请"字不离口,所以对英国买家讲话和发邮件也要客气,不论其工作和职位如何,都要以礼相待,请英国人办事时说话要委婉,不要用带有命令的口吻,否则,可能会遭到冷遇。英国人讲究绅士风度,善于与人交往,讲究交际礼仪。这不仅是英国人对自己的要求,也是其对卖家修养与风度的考量标准。

英国人注意服装,讲究穿戴,只要一出家门,就得衣冠楚楚。英国人较为守旧,一般都热衷于矜持庄重。一般家庭喜爱前几代人传下来的旧家具、旧摆设、旧钟表。

英国的等级观念非常严重,所以要求对方的身份能够配得上自己,但不是派出的人员身份越高越好,而是要和对方身份对等,否则谈判也很难顺利进行。受到英国人款待时一定要致谢,事后致函表示谢意,更能引起注意,赠送小礼品能增进友谊。

不要随便闯入英国人的家,但若受到对方的邀请,则应欣然前往。这无疑可理解为对方在发出商务合作可能顺利实现的信号。但在访问时,最好不要涉及商务,不要忘记给女士带上一束鲜花或巧克力。给英国女士送鲜花时,鲜花数量宜为单数,不要为双数和13,不要送英国人认为象征死亡的菊花和百合花。

与英国买家沟通时,不要涉及政治和历史,称谓英国领导人时一定要讲全称。此外,英国女王被视为其国家的象征,不要以英国皇室的隐私作为谈资。

与英国买家沟通时,不能一直自说自话,因为英国买家是不会打断正在进行的谈话的。交流时一定要有耐心,英国买家一般态度强硬,所以一次谈不成,可以安排多次谈判,千万不能急躁。

(四)巴西

巴西人性格豪爽开放,喜欢直来直去,讲话不会拐弯抹角。在人际交往中往往会表现得幽默风趣、活泼好动,会直接表露情感,并且待人慷慨大方、热情好客。巴西原住民很少,基本是移民后代,文化多元且丰富,容易接受外来事物,热爱运动、艺术和美食。

在巴西,按惯例来说,商业会见时只喝咖啡。

虽然巴西的办公时间通常是早上9点到晚上6点,但是决策者一般上班较晚,下班也较晚,所以给巴西管理人员打电话的最佳时间段是上午10点到12点(国内晚上21点到23点),以及下午3点到5点(国内凌晨2点到4点)。

在巴西,棕色和紫色代表悲伤,黄色表示绝望。除此之外,深咖啡色也被认为会招来不幸。所以在和巴西人做交易时,需要特别注意产品的颜色。

【结语】

本章分为五个小节,介绍了跨境电商从业人员的素质要求。第一节介绍了跨境电商公司的岗位设置及跨境电商从业人员需要具备的职业素养；第二节介绍了如何运用Photoshop进行简单的图片处理；第三节介绍了跨境电商中常用的商务英语词汇和表达；第四节介绍了在跨境电商活动中应该注意的商务礼仪，以及要了解的国外的风土人情和消费习惯。这些都是跨境电商从业人员需要掌握的基本技能，要注意把理论知识合理运用到实际工作中，针对具体问题作具体分析。

【课后习题】

一、单项选择题

1. 如果希望从任何一张打开的图像上取样后复制到现有图像上，要求两张图像的色彩模式必须相同，可以用以下哪种工具实现这个效果？（   ）

  A. 规则选框工具　　　　　　　　B. 套索工具
  C. 魔棒工具　　　　　　　　　　D. 仿制图章工具

2. （   ）的使用方法与画笔类似，在屏幕上按下鼠标任意拖动，松开鼠标（或按回车键）后即可建立一个与拖动轨迹相符的选区。

  A. 规则选框工具　　　　　　　　B. 套索工具
  C. 魔棒工具　　　　　　　　　　D. 仿制图章工具

3. 在用 Photoshop 软件处理图片时，可以用（   ）来擦除图片中不需要的部分。

  A. 橡皮擦工具　　　　　　　　　B. 套索工具
  C. 魔棒工具　　　　　　　　　　D. 仿制图章工具

4. 以下哪一条不是商务礼仪的基本原则？（   ）

  A. 仪表仪态规范　　　　　　　　B. 相互尊重和理解
  C. 待人真诚友好　　　　　　　　D. 利益最大化

5. 以下哪一项不是询盘回复的注意点？（   ）

  A. 第一时间回复客户　　　　　　B. 做出准确的回答
  C. 表示合作的诚意　　　　　　　D. 出价越高越好

二、多项选择题

1. 写外贸开发信的时候，（   ）是我们应该注意的。

  A. 标题主题明确　　　　　　　　B. 尽量写得长一些，内容详尽充分
  C. 避免被当作垃圾邮件　　　　　D. 吸引眼球

2. （   ）可以使外贸开发信避免被当作垃圾邮件。

A. 避免开发信中有链接

B. SPAM 高频词要避免

C. 避免群发

D. 第一次给陌生邮件地址发邮件最好不要有图片和附件，等客户回复后再行发送

3. 根据客户发出询盘的动机分析，可以把客户分为（　　）。

A. 寻找厂家型　　　　　　　　B. 准备入市型

C. 收集信息型　　　　　　　　D. 索要样品型

E. 骗子客户

4. 商务礼仪涉及（　　）。

A. 仪表仪态　　　　　　　　　B. 餐桌礼仪

C. 言谈举止　　　　　　　　　D. 会客礼仪

三、判断题

1. Photoshop 是一款非常专业的即时通信软件。（　　）

2. Ctrl+0 快捷键的功能是按屏幕大小缩放，显示原图。（　　）

3. 套索工具的使用方法与画笔有点类似，在屏幕上按下鼠标任意拖动，松开鼠标（或按回车键）后即可建立一个与拖动轨迹相符的选区。（　　）

4. 邮件中含有 SPAM 高频词，如 Free，Discount，Opportunity，Cheap，Loan，Profit，Stock 等，很容易被判定为垃圾邮件。（　　）

5. 商务礼仪是人们在长期的商务活动中形成的一种约定俗成的行为方式和行为准则，以互相尊重、互相理解为前提，用来约束交易双方的语言和行为。（　　）

第七章

跨境电商网络营销推广

本章重点

本章学习重点是掌握如何利用搜索引擎分析海外市场、获取行业及产品数据，认识国外主要的社交平台，并且了解如何利用社交平台寻找潜在买家。

学习目标

本章旨在让读者了解如何利用搜索引擎分析海外市场，熟悉利用搜索引擎分析特定行业市场及竞争对手情况的方法，从而帮助营销人员迅速决定是否进入某市场，并且迅速利用搜索引擎和国外社交平台找到潜在的海外买家。完成本篇学习，学习者应获得以下成果：

(1) 了解利用搜索引擎进行海外市场及竞争对手分析的方法；
(2) 掌握利用搜索引擎寻找国外买家的方法；
(3) 了解国外主要的社交平台；
(4) 掌握利用社交平台寻找潜在买家的方法。

第一节　搜索引擎

一、搜索引擎概述

（一）搜索引擎的定义

搜索引擎（Search Engines）是对互联网上的信息资源进行搜集整理，然后提供查询的系统，它包括信息搜集、信息整理和用户查询3个部分。

搜索引擎是一个提供信息检索服务的网站，它通过某些程序把互联网上的所有信息归类以帮助人们搜寻到所需要的信息。

早期的搜索引擎是把互联网中的资源服务器的地址收集起来，根据其提供的资源的类型不同而分成不同的目录，再一层层地进行分类。用户按分类一层层进入，最后就能找到自己想要的信息。这其实是最原始的方式，只适用于互联网信息不多的时候。随着互联网信息呈几何级数式增长，出现了真正意义上的搜索引擎，这些搜索引擎知道网站上的每一页，从而可以搜索互联网上的所有超级链接，把代表超级链接的所有词汇放入一个数据库。这就是现在搜索引擎的原型。

从应用逻辑的角度看，搜索引擎完成了人和信息之间的链接。随着算力和人工智能的发展，搜索引擎越来越理解用户的搜索需求并给用户呈现对应的搜索结果。当用户在搜索框里键入关键词进行搜索的时候，搜索引擎根据用户的历史搜索行为以及键入的关键词开始进行运算，根据算法把与此用户的最匹配的相关搜索结果按权重给出不同排名并呈现出来。

（二）搜索引擎营销

1. 搜索引擎营销的定义

搜索引擎营销（Search Engine Marketing，SEM）是一种营销方法，它根据用户使用搜索引擎的习惯，采用付费或技术手段，使网页在关键词搜索结果中排名靠前，引导用户点击，从而达到品牌展示和促进销售的目的。

搜索引擎营销的基本思想是让用户发现信息，并通过搜索引擎搜索点击进入网站/

网页进一步了解他们所需要的信息。简单来说，搜索引擎营销的目标就是以最小的投入在搜索引擎中获得最大的访问量并产生商业价值，主要方法包括搜索引擎优化（SEO）、点击付费广告（PPC）、展示广告、再营销广告、购物广告等。

搜索引擎的意义是能够让信息更快地流动起来。搜索引擎以关键词搜索算法作为基础，可以把信息更好地组织和呈现给目标用户。用户可以通过搜索引擎主动搜索信息，这样对于信息更有掌控感。搜索引擎改变了人们探索这个世界以及信息流动的方式，形成了一个巨大的流量入口，因此得以开展以搜索逻辑为基础的商业模式并从中获利。

2. 搜索引擎营销的价值

无论在国内还是国外，搜索引擎营销都是一种重要的营销方式，其在营销方面的具体价值和意义有以下几个方面。

（1）搜索引擎是消费者获取知识的一个重要入口，被搜索引擎发现收录并排名靠前，是信息曝光的最重要途径之一。如果一个网站独立于搜索引擎之外，大概率成为一个死站，就像把商店开在无人问津的角落，必然无法开展商业行为。

（2）搜索用户是带着目的进行搜索的，而且搜索引擎有海量的用户和对应的先进算法，从而可以精准地把广告主希望推广的信息推送给目标客户，形成有效曝光，进而促进目标客户对广告主相关信息的认知，最后找到和成交自己的目标客户。

（3）搜索引擎营销一般都会让用户选择和控制自己的广告投放，并且按有效曝光（效果）进行付费，广告主可以自主控制广告预算以及投放节奏。

综合来讲，与传统的电视、路牌，以及广播等广告形式相比，搜索引擎推广是基于互联网技术的一种更先进的推广方式，也符合用户搜索习惯，还能够影响客户认知。同时，搜索引擎的费用可控，效果可衡量，拥有比传统广告更高的效率。

二、利用搜索引擎分析市场

对于大部分出口型企业而言，Google 不是一个陌生的名词。在多数人的记忆中，Google 就是搜索关键词的竞价广告，要付出大量成本才能得到相应的推广效果。

事实上，Google 还有很多免费的工具供用户选择和使用，便于用户了解产品及行业情况，指导其找到最精准的推广方式。下面介绍两个 Google 工具的使用。

（一）Google 全球商机洞察

Google 全球商机洞察的主界面，如图 7-1 所示。

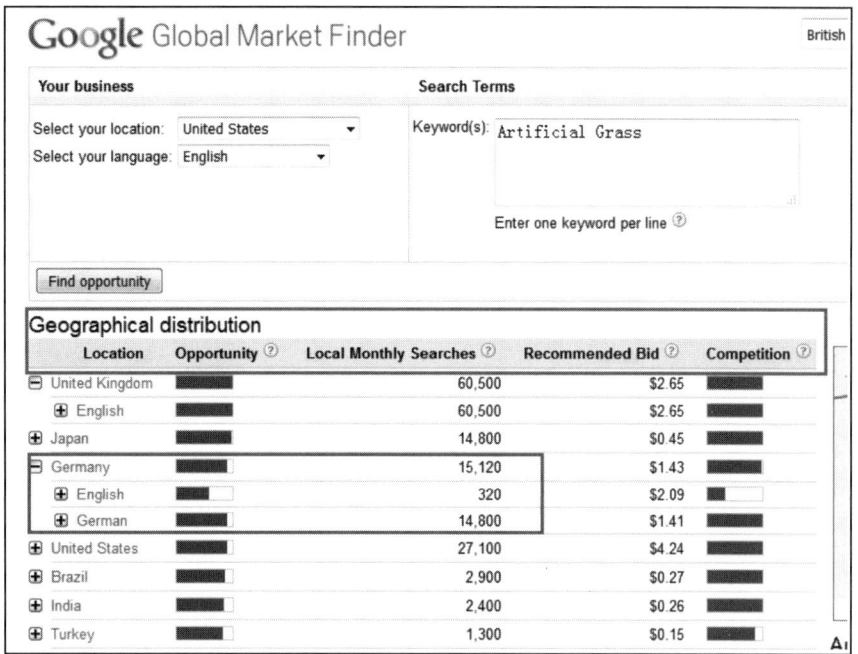

图 7-1　Google 全球商机洞察的主界面

点开 Google 全球商机洞察的链接，在中间框输入产品关键字，在右侧过滤器中可以选择想测试的国家（地区）范围，在初次使用时不用改动。

下一步，可以看到如图 7-2 所示的界面，左侧框内是一系列详细数据，可以判断产品在下列国家（地区）的商机情况。点开国家前面的"+"按钮，会给出提示：产品在每个国家（地区）有几种语言可供搜索；每种语言的本土表达是什么；搜索热点词。

Geographical distribution				
Location	Opportunity	Local Monthly Searches	Recommended Bid	Competition
United Kingdom		60,500	$2.65	
English		60,500	$2.65	
artificial grass		60,500	$2.65	
Hide additional keyword suggestions from Keyword Planner				
fake grass		8,100	$2.35	
artificial turf		2,400	$2.56	
grass turf		1,300	$1.14	
putting green		720	$0.67	
artificial grass cost		1,600	$2.28	
artificial grass installation		1,900	$3.15	
artificial lawn		1,300	$2.96	
indoor putting green		320	$0.55	
plastic grass		720	$2.02	
best artificial grass		720	$2.46	
synthetic grass		590	$2.05	
grass carpet		480	$1.59	
artificial grass for dogs		590	$2.29	
fake turf		390	$1.91	
fake grass carpet		260	$1.21	
fake lawn		320	$2.00	
artificial turf cost		320	$2.40	
artificial grass carpet		260	$2.54	

图 7-2 Google 全球商机洞察的子界面

在这里，可以得到以下信息：

（1）产品在哪些国家（地区）热度最高；

（2）产品在每个国家（地区）的竞争程度；

（3）产品在每个国家（地区）的本地化语言表达；

（4）每个国家（地区）关于本产品的热搜词。

通过 Google 全球商机洞察，可以找到有产品需求的国家（地区）。

（二）Google 趋势

Google 趋势主要用来具体分析某个产品在特定国家（地区）的需求情况。

先看这个数据图，如图 7-3 所示，中间位置的波浪图形，是选择"2004 年至今"（"至今"的具体时间随搜索时间的不同而变动，此处仅作参考）选项后，关键词"假发（wig）"每月的搜索量。可以看出，每年的峰值总是在 10 月出现。

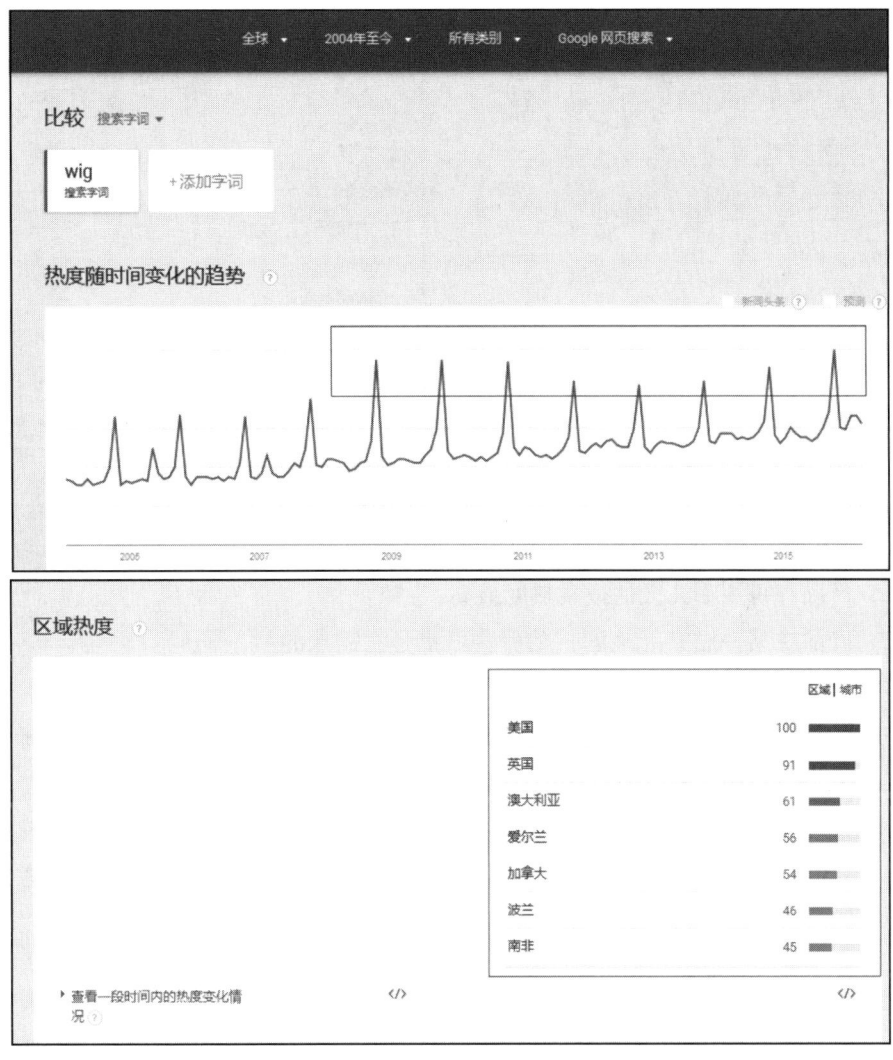

图 7-3　Google 趋势主界面 1

要想查看一段时间的热点变化情况，只需输入想要看的时间段，如"2004 年至今"，即可得到热门搜索结果。

可以将图 7-3 中地理位置模块里面的"全球"改为"某国家"，"2004 年至今"改为"过去 90 天"，再将图 7-4 中主题界面的"热门"改为"上升"。那么，波浪图将变成每天的数据。

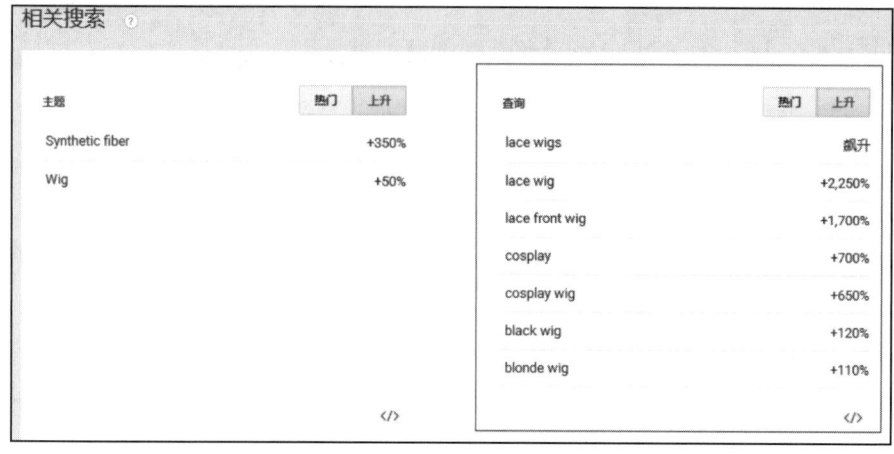

图 7-4　Google 趋势主界面 2

通过以上操作，可以判断：

（1）产品在每周哪几天的搜索热度最高；

（2）产品在某一国家（地区）的哪些城市是有需求的；

（3）产品的哪些型号或需求是最接近目标的，是客户的搜索热点。

通过 Google 趋势可以很直观地判断出来，在全球市场，产品需求的地区在哪里，而且可以详细分析产品在当地的需求趋势，以及当地对进口情况的关注度等。

Google 的这些工具，只是从宏观搜索量变化的维度来看待市场，它与实际的消费需求之间有一定的相关性，但并无严格的因果关系。所以这些工具的数据可以参考，同时要结合其他数据综合分析，才更具备参考意义。

三、利用搜索引擎分析竞争对手

在决定进入外贸行业之前，首先要做的就是研究行业趋势。对一个行业进行仔细分析，发现这个行业有着良好的发展趋势后，下一步需要做的就是研究潜在的竞争对手了，所谓知己知彼，百战不殆。

如果跳过了分析行业及研究潜在的竞争对手这两个环节，就容易贸然进入一个行业。没有一个良好的规划就开始搭建网站和进行推广，最后只能带来两个结果：一是自己想做的关键词排名总是做不上去；二是自己认为不错的关键词，排名做到了第一也没有什么流量，也不会带来询盘或订单。

确定竞争对手其实很简单，在搜索引擎中搜索产品的核心关键词，在前两页出现的网站就是主要竞争对手。当然，还需要从以下几个方面进一步去了解竞争对手的网站。

(一) 了解网站的基本数据

想深入了解一个竞争对手的网站，就要对这个网站进行深入地分析。可以以该网站的基本数据为切入点进行研究。

在开始进行研究之前需要安装必备的分析工具。下载火狐浏览器（Firefox），在菜单中找到"可用附加组件"，搜索SEO关键词，会看到火狐浏览器罗列出了下载热度最高的附加组件，选择"SEO Site Tools，Site Analysis"或"WebRank SEO Toolbar"进行安装，如图7-5所示。

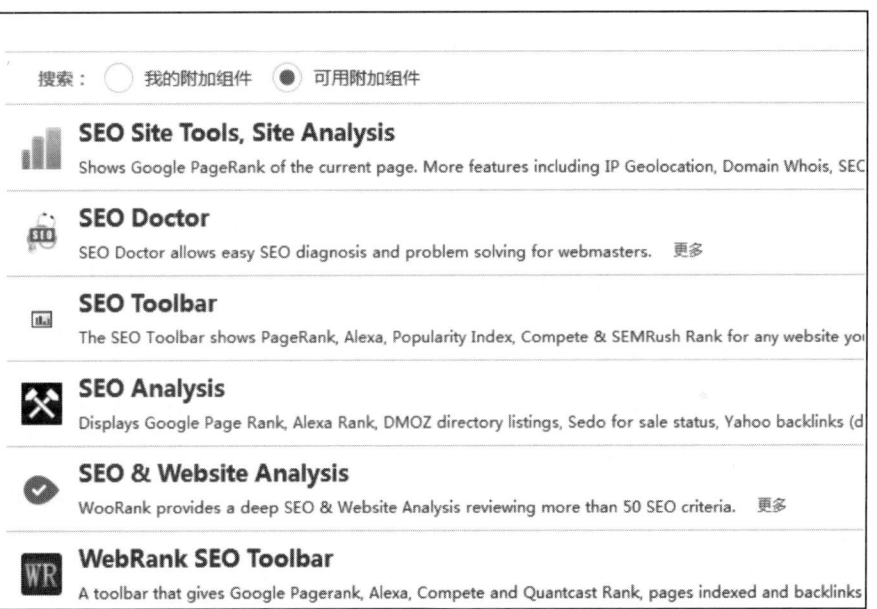

图7-5　Firefox 浏览器添加 SEO 插件界面

安装好工具条之后，使用火狐浏览器打开Google网站，在搜索框中输入关键词"Wedding Dresses（结婚礼服）"，显示自然搜索结果的排名，如图7-6所示。

图 7-6　Google 搜索关键词界面

使用上一部分提到的工具分析 "Wedding Dresses" 这个关键词的全球搜索量及竞争程度，可知这是一个热度很高的关键词，全球每月搜索量非常高并且竞争十分激烈。可想而知，对于这样一个热度如此高的关键词，能排在自然搜索结果前三位的网站一定是非常优秀的网站。网站结构、内容及外部链接（后面会有详细讲解）建设方面都有值得学习之处。

具体分析一下，排在第一位的网站的 DA[①] 和 PA[②] 分别为 64 和 47，如图 7-6 所示，对于做垂直类产品的网站来说这是一个非常不错的得分。其次是排在自然搜索结果第二位、第三位的两个网站，这两个指标的得分与排在第一的网站相差不多。那么是什么原因决定了这三个网站的排名顺序呢？

再来看一下 Alexa 排名，这 3 个网站的 Alexa 排名分别为 7036、65461、85509。Alexa 排名是指网站的世界排名，主要分为综合排名和分类排名，Alexa 提供了包括综合

---

① DA：全称为 Domain Authority，是指页面所在域名的权重，满分为 100。
② PA：全称为 Page Authority，是指基于链接计算的页面排名潜力权重分数，满分为 100。

排名、访量排名、页面访问量排名等多个评价指标信息，它也是当前较为权威的网站访问量评价指标。Alexa 每 3 个月公布一次新的网站综合排名。此排名的依据是链接数（Users Reach）和页面浏览数（Page Views）在 3 个月内累积的几何平均值。

根据这 3 个网站的 Alexa 排名大概可以看出一些端倪了。那么，是什么决定了网站的 Alexa 排名呢？做哪方面的改进可以提升网站的 Alexa 排名呢？对用户有价值的网站内容、合理的网站内链结构都是决定网站 Alexa 排名的很重要的因素，除此之外还有另外一个重要决定因素，那就是外部链接。

（二）外部链接

可以看到，排名第一的网站页面总共有 2193476 个 Links 和 3732 个 RDs。Links 是指链接总数和 RDs 指 Root Domains，是指链接到这个页面 URL 的域名总数。排在第二位及第三位的网站的这两个指标远远低于排在第一的网站。外部链接就像是对一个网页的投票，得到的投票越多，在 Google 看来这个页面就越受欢迎。所以在判断一个网页的外部链接策略的时候需要看这个页面获得的 RDs 才更加准确。

那么，RDs 的数量是不是越多越好呢？答案当然是否定的。

当多研究一些关键词时，会发现排名与外部链接数量之间并不是绝对的对应关系。对于有一些关键词来说，一些外部链接很少的网页也可以获得很高的排名。下面介绍一个好的外部链接应该具备哪些条件。

1. 单向链接

最好的外部链接是对方网站主动给予的单向链接，而无须链接回去。这表明不是友情交换链接，是对方网站对该网站内容的认同并给予一个投票，在 Google 看来这样的单向外部链接才是有价值的外部链接。

2. 经过编辑的外部链接

外部链接其实分为很多种，最有价值的是将链接嵌入软文。也就是说对方网站在一篇专业文章中很自然地提到了这个网站，并且给予了一个反向链接，这表明对方网站认为该网站上有浏览者需要的最权威、最有用的信息。这种链接才是真正意义上的投票。

3. 内容相关性

一个与目标网站内容相关的外部链接才是好的外部链接。例如，一个财经评论的网站给做婚纱的网站一个单向外部链接，这在 Google 看来是主题完全不匹配的。即使这个财经网站拥有再高的网站权重，也不能给婚纱网站的页面带来排名的提升。

4. 域名权重及排名

发出单向链接的网站的域名注册时间，以及该网站的域名权重都是重要的决定因素。总的来说，一个网站的域名注册时间越久，域名权重越高，对于获得该网站反向链接的网页来说帮助越大。

5. 导出链接数目

一个网页页面上存在的导出链接数量越多，每一个链接所能分得的权重就越少。所以，如果一个网站页面上没有内容，全部都是各种导出链接，那么即使这个网站拥有再高的权重，也对网页的排名提升效果不大。只有实质性内容的新闻或博客网页上得到的导出链接对排名才有促进效果。

6. 来自"好邻居"的链接

在寻找外部链接的时候要关注正规网站，不要寻找非法网站的外部链接。搜索引擎对于这类网站的惩罚是非常严厉的，如果在这种类型的网站上加了外部链接，也有可能被搜索引擎一起惩罚。

7. 来自"gov，edu"等域名的外部链接

"gov，edu"这类域名是不可以随便注册的，这些域名大多与政府机构、大学或科研机构有关系，域名本身很难获得，而且这种类型的网站上存在垃圾内容的可能性比其他后缀的域名要小很多，所以来自这些域名后缀的外部链接也是非常有价值的。

除以上从内外部角度来看数据的维度和方法外，目前还有一些非常有用的流量分析工具可以监测相关网站的流量来源。可以透视竞争对手的网站的流量来源，供自己参考，以及制定相关的网络营销的广告和内容的策略。常用的有 SIMILARWEB 和 SEMRUSH 这两款工具，有收费版和免费版，一般性的分析用免费版即可，对于一些提供营销服务的公司，或者运营平台的公司，数据分析量大且需要比较深入，可以用收费版的。

四、利用搜索引擎寻找买家

除了参加世界各地的展会，以及购买阿里巴巴、中国制造网等第三方平台的会员等方法外，外贸从业人员还应该掌握一个强大又经济的工具——用搜索引擎来搜索客户。以下从几方面详细介绍如何用搜索引擎寻找到全世界的买家。

（一）关键词法

搜索与产品相关的关键词，会显示成千上万的网页，这些网页都与要搜索的产品有着千丝万缕的关系。将这些搜索结果进行深度挖掘，可以找到很多潜在的买家，或者非常有价值的行业论坛。例如，当在 Google 中搜索"solar energy products"的时候，可以看到搜索引擎推荐了几个关键词，这些被推荐的关键词并不是随机出现的，而是 Google 通过算法计算出的与输入的关键词最相关而且搜索热度较高的长尾关键词，如图 7-7 所示。

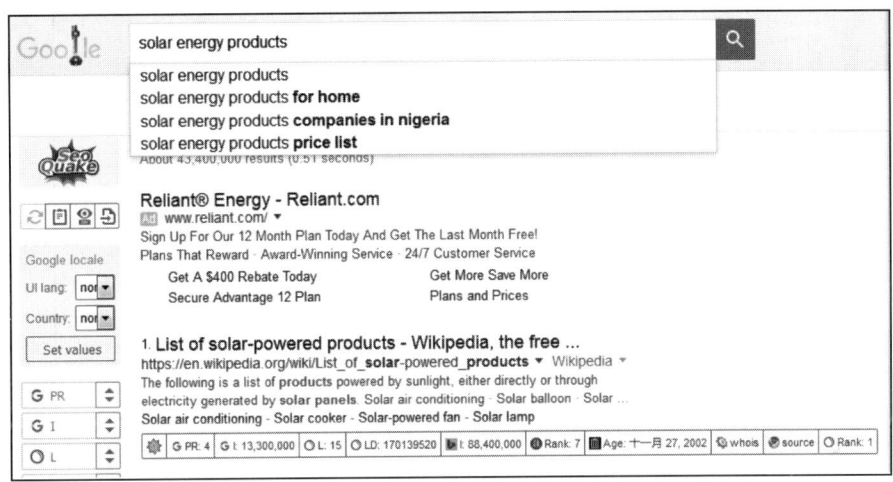

图 7-7　Google 搜索关键词出现的相关关键词推荐界面

当选中关键词之后，会出现相关的搜索结果，可以看到有付费的广告也有自然搜索结果，如图 7-8 所示。一般来说除去像"Wiki""YouTube"类型网站，剩下的能够排在自然搜索结果第一页的都是权重较高的企业网站或行业论坛。这些企业网站本身可能是潜在客户，也有可能就是产品在相应国家（地区）的大型代理商，需要进口商品到本国（地区）销售，那么要果断把此类网站的联系方式，如邮箱地址、电话等保存下来；如果是一些行业论坛那就更要重点关注，因为很多潜在买家会在论坛中发布一些求购信息。

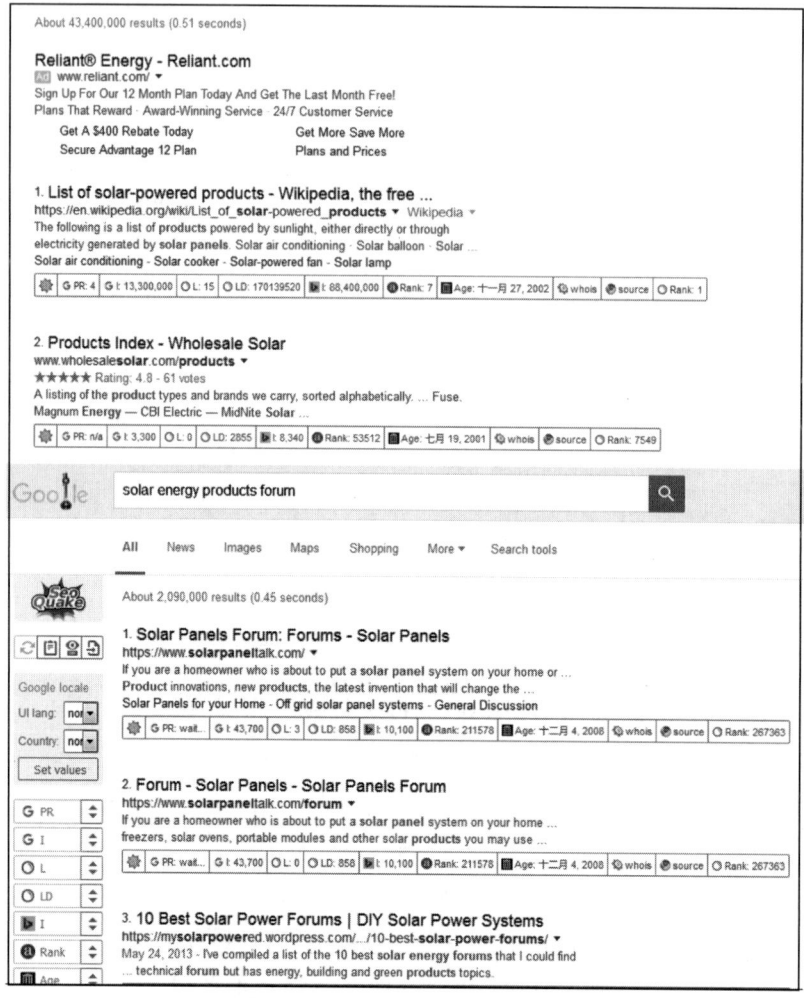

图 7-8　Google 搜索关键词界面

（二）纵向法

除利用搜索引擎寻找可能的直接买家外，还可以利用纵向思维去寻找客户。比如销售的产品是"PPR Pipes"（家用上下水输水管），就要思考在国外什么样的人群可能是潜在买家。如果新房需要装修，那么肯定需要这类产品，房子的主人一般会到什么地方购买呢？第一种情况是在装修公司的推荐下直接从装修公司购买，第二种情况则是到类似于建材大卖场的地方购买。那么这两类人群正是要寻找的潜在买家。

通过纵向法卖家又可以拓展一大批潜在客户，当然潜在客户信息的获得还是要基于卖家能够熟练使用搜索引擎。

（三）横向法

除专业性很强的产品外，大多数客户的采购类别是会延伸的。例如，搜索到一个客户的求购信息是办公桌，可以类推这个客户可能也会需要采购办公椅。有的客户的求购信息提到了金属相框，那么这个客户很有可能也会对木质相框感兴趣。以此类推，潜在客户范围会不断扩大。

使用横向法寻找客户切记不要急躁，因为客户目前求购的产品并非卖家希望推荐的产品，需要耐心与客户沟通，让其对产品品牌有好的印象，也许当时客户对产品并没有需求，但是假以时日，当客户需要采购类似产品的时候可以第一时间想到这个品牌，这就够了。

第二节　社交网络营销

一、社交网络的形成

（一）了解社交网络

社交网络即社交网络服务（Social Network Service，SNS）。社交网络服务的含义包括硬件、软件、服务及应用，由于四字构成的词组更符合中国人的构词习惯，人们习惯上用社交网络来代指"SNS"。

（二）社交网络形成的基础

社交网络主要根据人脉理论，通过朋友介绍来认识新的朋友，并且这个关系网可以无限地拓展下去。社交网络营销是一种非常时尚且高效的营销方式。

二、社交网络的作用

社交网络基于真实存在的人，因此比起传统的广告渠道，社交网络可以更精准地找到客户，提高成交率，并且因为社交网络具有很强的互动性，可以使广告得到很快的反馈。社交网络营销有助于推广品牌，让潜在客户对品牌有很强的认知度。在某些情况下，即便不能够快速带来询盘，社交网络也可以与其他营销渠道结合带来很好的推广效果。很多时候，潜在客户会在社交平台反复看到品牌甚至进行过互动，但是当时这个潜在客户并未有采购需求，当该客户某一天有采购需求的时候可能会直接在搜索引擎中搜索品牌，从而直接带来询盘甚至订单。在这整个过程中，虽然SEO是询盘的直接渠道，但是不能够否认SNS在推广品牌方面有着不可替代的作用。

三、主要社交网络介绍

（一）Facebook

1. Facebook 简介

Facebook 是美国的一个社交网络服务网站，于2004年2月4日上线。主要创始人为美国人马克·扎克伯格。Facebook 是世界排名领先的照片分享站点。截至2023年4月，Facebook 拥有约29.89亿用户。

Facebook 是一种综合社交网络，创造性地将人与人之间的线下关系搬到线上，通过Facebook 可以维持与原有的朋友、客户之间的关系，也可以建立新的人际关系，通常用户在 Facebook 中上传的照片或头像都是真实的，通过这种真实的互动，客户与卖家之间建立了可信任的良性交流，从而更容易基于信任而建立业务关系。Facebook 具有信息传播快、信息量大、客户精准、广告效果可量化等显著特点，是目前国内企业出海开展国际贸易的主要渠道之一。

2. Facebook 寻找客户的操作流程

（1）主动寻找客户

第一步，用邮箱、手机号注册Facebook 账号，手机号具有唯一性，不可随意更换。尽量完善在 Facebook 的注册信息，这样更容易获得客户信任。

第二步，登录 Facebook 账户。

第三步，输入产品关键词，打开链接。查看用户"详细资料""联系方式"等信息。若判断该客户为潜在客户则可加为好友，并且该用户的相关信息中可能还有其他的潜在客户。若搜索到的是一个企业的公共主页，则可以在该公共主页中找到该公司的相关联系方式，并且在该公共主页已关注的其他主页中找到其他潜在客户，如图7-9所示。

图7-9 Facebook公共主页界面

点击"About"会看到该公共主页公司的详细介绍，如图7-10所示。

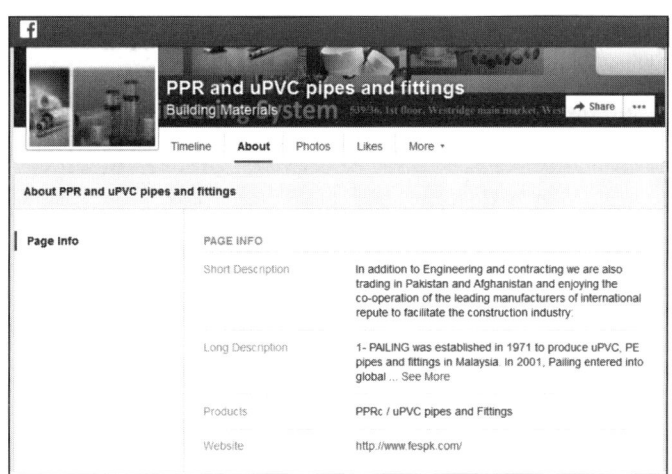

图7-10 Facebook公司主页界面详细介绍

(2) 设置主页吸引客户

除主动寻找客户外，利用Facebook也可以完善自己公司的公共主页，等待客户主动联系。需要注意的是专业的名称要与现在的品牌和业务地区相关，Facebook专业地址要与品牌或者公司网站、网址一致。例如，阿里巴巴国际站在美国地区的Facebook公司主页如图7-11所示。

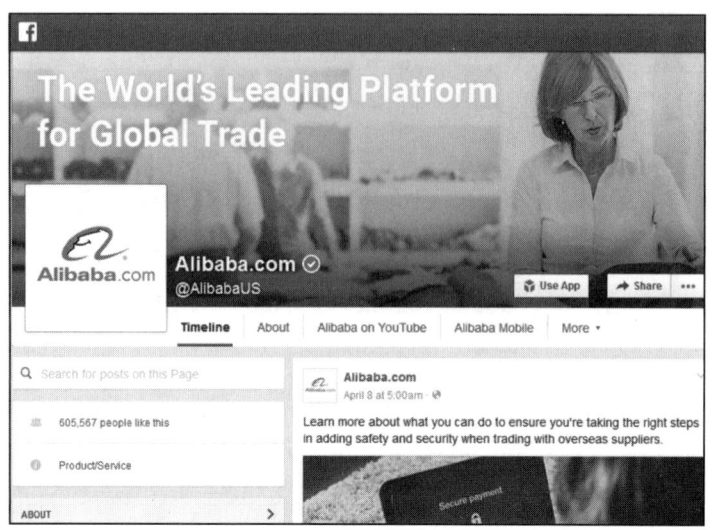

图 7-11 阿里巴巴国际站在美国地区的 Facebook 公司主页界面

主页的设置需要与公司网站大体保持风格一致,可以设置主页的名称和网址、联系方式并创建 Facebook 短网址。如果已经在其他社交平台有过推广,还可以在 Facebook 中添加其他应用,如 Twitter、Pinterest、Google 等。

当 Facebook 主页完成建立之后,还要持续地发布对用户有帮助或其感兴趣的内容,内容要有独创性、有吸引力并且图片要抓人眼球,才能吸引访问者成为粉丝。主页上的粉丝浏览发布的高质量内容,还可以进行分享,让更多的好友知道品牌并形成广泛传播,进而得到更多用户的认同。所以主页上发布的内容信息是至关重要的。在建立品牌主页之初如果不知道要发布哪些内容,可以研究竞争对手或同行的主页,关注其每天发布的文字、图片和视频,可以仔细研究他们发布的每一篇帖子的评论数量、被点赞的数量,借此来分析这篇帖子的内容是不是被用户所喜欢,是否形成了广泛的传播。如果这篇帖子是一篇高质量的具有被广泛传播潜力的帖子,那么可以看到这篇内容的浏览者主动分享该帖子到自己的朋友圈,这就产生了传播效应,这种品牌效应的传播都是不需要额外付出成本的。

在编辑内容的过程中,切记图片是非常重要的。Facebook 是一个非常看重图片的社交平台。如果拥有丰富的产品图片,可以将这些高质量的产品图片制作成相册,并且附上网站链接,从中精选出一张图片作为 Facebook 分享相册的封面图片,吸引更多的浏览者点击图片相册进而访问网站。

Facebook 主页没有好友的概念，只有粉丝。那么如果一个浏览者没有成为主页的粉丝，就无法看到更新的内容。如果认为某个浏览者可能是潜在客户，并且希望其持续看到内容上的更新，可以在个人 Facebook 主页上添加该浏览者为好友，然后把每天在 Facebook 主页中更新的内容分享到个人页面的时间线上，这样个人页面上所有的好友都可以看到这些更新的内容，当浏览者点击这些内容进入粉丝主页的时候，就有可能成为主页的粉丝。Facebook 会对分享的像素超过要求的图片进行压缩，所以上传的图片尽量设置为正方形，保证图片不会变形，不会影响用户体验。如果需要分享的链接过长，可以使用 Facebook 提供的短网址服务，将网址缩短，这样更容易吸引访问者点击链接。有些访问者会直接在 Facebook 搜索框中搜索他们需要的信息，可以在分享的内容中加上关键词"tag"，这样可以增加用户搜索到帖子的概率。切记，标签是一个词，中间不能有空格，可以在标签中添加数字但是不能添加"＄"或"％"等特殊符号。

（二）LinkedIn

1. LinkedIn 简介

LinkedIn（领英）创建于 2002 年，致力于向全球职场人士提供沟通平台。作为全球最大的职业社交网站之一，LinkedIn 会员人数在世界范围内已超过 4 亿（截至 2024 年 7 月）。

LinkedIn 有三大不同的用户产品，也体现了三种核心价值。

一是职业身份。职业身份呈现为个人档案。LinkedIn 平台可以便捷地制作、管理、分享在线职业档案，全面展现职场中的自己。完善的个人档案是成功求职、开展职业社交的敲门砖。

二是知识洞察。通过 LinkedIn 可以关注行业信息、汲取人物观点、学习专业知识、提升职业技能、分享商业洞察。在飞速变化的互联网时代，把握市场脉动，获取知识见解，是保持职业竞争力的基础。

三是商业机会。在 LinkedIn 中可以寻找同学、同事、合作伙伴，以及搜索职位、公司信息，有助于建立并拓展人脉网络，掌握行业资讯，挖掘无限机遇。

2. LinkedIn 寻找客户的操作流程

（1）注册 LinkedIn 账号。

（2）登录 LinkedIn。

（3）搜索产品关键词，选择群组"Group"，如果群主是"View"模式的就点击查看。如果群组是"join"模式的就点击加入,等待审核通过后查看。

(4) 在"View"模式下,可以在个人页面中看到"contact info",通常点击"company website"会跳转到该用户的公司网址,这时可以找到该公司邮箱地址并发邮件进行联系,也可以直接打电话过去。

(5) 查看该用户近期发布过的消息是否与自身产品相关,也可以根据用户的姓名或所在公司去阿里巴巴买家栏目查看其是否发布过求购信息,如果符合以上两点,说明该用户有意向采购,并且是潜在客户。

(6) 获得客户的姓名、邮箱地址之后,再给客户写开发信就不会被轻易删除了,因为通过此前这一系列的沟通,彼此之间已经建立了基本的信任,这是成功吸引客户的第一步。

除 Facebook 和 LinkedIn 外,还有一些基于社交逻辑广泛应用的社交属性的网站或 App。例如,Instagram(简称 INS)是图片和短视频社交工具;YouTube 是一个 UGC 视频网站,同时也是一个视频社交平台;在海外蓬勃发展的 TikTok,也是社交属性很强的短视频平台。另外,还有一些区域性的社交平台值得关注,在开发区域性市场和客户时,它们的作用比通用平台更好。比如俄罗斯市场常用的 VK 平台,其地位相当于美国的 Facebook。另外,在东亚还流行 Never、line、Telegram 等社交软件,都有千万级以上的用户群体。

【结语】

本章内容以跨境电商的在线推广方法为核心,分成了两节内容。众所周知,如何更高效地寻找到客户是跨境电商中一个非常重要的问题。所以本章着重从搜索引擎与社交平台两个大的方面分析这些推广方法的本质,以及如何利用这些工具找到国外的潜在买家。通过本章的学习,读者应当掌握利用搜索引擎、社交媒体的原理及进行推广的方法。

【课后习题】

一、单选题

1. 搜索引擎营销不包括以下哪种方法?(   )

A. 病毒式营销　　　　　　　　　　B. 搜索引擎优化

C. 点击付费广告　　　　　　　　　D. 购物广告

2. 使用 Google 全球商机洞察不能获得哪种信息？（　　）

　　A. 产品在每个国家的竞争程度　　　　B. 产品在每个国家的本地化语言表达

　　C. 某产品在哪些国家热度最高　　　　D. 产品在每个国家的销售额

3. 使用 Google 趋势不能获得哪种信息？（　　）

　　A. 在全球市场，某产品需求地区在哪里　B. 某产品在某地的竞争程度

　　C. 某地对于某产品的需求趋势　　　　D. 某地对国内的进口情况的关注度

4. 下列选项中对于某做婚纱的网站来说，属于好的外部链接的是（　　）

　　A. 内容很少，有很多各种导出链接的网页　B. 域名注册五年的婚恋网站

　　C. 某违法网站　　　　　　　　　　　D. 某较为权威的财经评论网站

5. 在 Facebook 上进行社交媒体营销时，下列哪项不利于用户体验或品牌推广？（　　）

　　A. 尽量上传正方形的图片

　　B. 利用 Facebook 提供的短网址服务缩短分享链接

　　C. 在分享的内容中加上关键词"tag"

　　D. 为了加更多关键词，一个"tag"里写两个用空格分开的词

二、多选题

1. 决定网站 Alexa 很重要的因素包括以下哪项？（　　）

　　A. 对用户有价值的网站内容　　　　　B. 合理的网站内链结构

　　C. 网站名称　　　　　　　　　　　　D. 外部链接

2. 作为一家生产"PPR Pipes"（家用上下水输水管）公司的销售经理，下列选项中哪些信息可能帮助我们寻找到潜在买家？（　　）

　　A. Google 搜索 PPR Pipes 后关键词排名靠前的企业网站的联系方式

　　B. PPR Pipes 的行业论坛内发布的求购信息

　　C. 装修公司发布的广告

　　D. 家庭维修公司发布的广告

3. 与传统的广告渠道相比，社交网络营销具有怎样的特点？（　　）

　　A. 客户更加精准　　　　　　　　　　B. 服务更好

　　C. 范围更大　　　　　　　　　　　　D. 成本相对较低

4. Facebook 作为一个综合社交网络，具有哪些显著特点？（　　）

　　A. 信息传播快　　　　　　　　　　　B. 客户数量大

C. 客户精准   D. 广告效果可量化

5. LinkedIn 有哪些不同的用户产品体现其核心价值？（   ）

A. 职业身份   B. 知识洞察

C. 商业机会   D. UGC

三、判断题

1. 搜索引擎营销的基本思想是让用户发现信息，并通过搜索引擎搜索点击进入网站/网页进一步了解其所需要的信息。（   ）

2. 利用搜索引擎分析竞争对手：确定竞争对手其实很简单，在搜索引擎中搜索产品的核心关键词，排在前两页的网站就是主要竞争对手。（   ）

3. 如果一家生产办公座椅公司的销售经理在搜寻目标客户时，看到一个客户的求购信息是办公桌，由于销售的产品与客户需求不符，因此可以忽略这个客户。（   ）

4. 一家公司在注册 Facebook 账号并建立好公共主页后，就可以通过每天发布产品信息广告吸引到客户。（   ）

5. 通过像 Facebook、LinkedIn 等社交网络，不仅能够帮助商家推广品牌，还能帮助商家寻找到潜在客户。（   ）

第八章

跨境电商品牌营销

本章重点

本章学习重点是了解并熟悉品牌营销中品牌的定位、识别、推广及其战略、维护与更新、危机管理等知识。

学习目标

本章旨在让读者了解跨境电商品牌营销的具体内容、步骤及策略。完成本章学习,学习者应获得以下成果:
(1) 了解并掌握品牌与品牌营销的含义;
(2) 了解并掌握品牌的定位与识别的方式;
(3) 了解并掌握品牌的传播与推广的方式;
(4) 了解并掌握品牌的利用与发展的方式;
(5) 了解并掌握品牌的维护与危机处理的方式。

第一节　品牌在跨境电商中的挑战与机遇

随着互联网技术的快速发展和全球化进程的加速，跨境电商已经成为连接不同国家（地区）商业活动的重要桥梁。品牌通过跨境电商不仅能够触达全球消费者，还能够更快速地响应市场变化，实现销售量和品牌价值的增长。然而，复杂的跨境电商环境也给品牌营销带来了新的挑战和机遇。

在传统的电商环境下，品牌通过控制产品分销、设置价格策略和进行广告投放等方式来建立和维护形象。然而，在跨境电商环境下，这些策略需要进行相应的调整和优化。品牌不仅要考虑不同国家（地区）的文化差异，还要应对复杂多变的国际法律法规，以及物流和供应链管理等问题。

此外，跨境电商平台的崛起也为品牌营销提供了新的渠道和工具。通过这些平台，品牌可以更直接地与全球消费者建立联系，进行个性化的产品推荐和营销活动。同时，大数据和人工智能技术的应用也使得品牌能够更准确地分析消费者行为，从而优化营销策略，提高营销效果。

因此，了解和掌握跨境电商环境下的品牌营销策略，对于任何希望在全球市场上取得成功的品牌来说都至关重要。

一、品牌的定义、构成要素与特征

"品牌"这一概念的英文"brand"原本是指在牛马身上的烙印，用于证明牲畜的所有权。这种做法不仅带有标记和识别的功能，也蕴含着一种归属和认同的意义。直至1865年，"brand"这个词才开始脱离原始的烙印意义，演变成代表品牌的含义。在20世纪50年代，现代品牌的概念由大卫·奥格威正式提出，从此，品牌的研究和应用逐渐成为学者和企业关注的重点。

（一）品牌的定义

品牌不仅是一个名称、术语、标记、符号或图案的简单组合，更是一种精神象征和价值理念的体现。它通过独特的识别标志，帮助消费者辨识企业提供的产品或服务，并将其与竞争对手的产品或服务区分开来。品牌所体现的不仅仅是产品、服务或主体的属性和利益，更包括了其文化个性、消费者类型，以及其核心价值和品质保证。

(二) 品牌的构成要素

品牌由多个要素构成，其中包括但不限于品牌形象、品牌文化、品牌价值观和品牌个性。这些要素共同作用，塑造品牌独特的市场地位和消费者印象。

1. 品牌形象

品牌形象是消费者对品牌的直观感知，包括视觉元素（如标志、色彩等）、声音和味道等，是建立品牌识别度的基础。

2. 品牌文化

品牌文化反映了品牌的精神内核和价值信仰，是连接品牌和消费者的纽带，有助于建立深厚的品牌忠诚度。

3. 品牌价值观

品牌价值观代表了品牌所倡导的核心价值和原则，是品牌行为和决策的基石，影响着消费者对品牌的认同和信任。

4. 品牌个性

赋予品牌人性化特征，帮助消费者更好地理解和记住品牌，与目标消费者建立情感联系。

(三) 品牌的特征

1. 独特性

品牌的独特性是通过其独有的设计、符号、文化和价值观来实现的，它使品牌在市场中脱颖而出，表现出与其他竞争对手的不同。独特性使消费者能够迅速识别品牌，并与品牌建立独特的情感联系。

2. 一致性

品牌的一致性体现在其在不同时间、地点和场合下保持相同的形象、传递相同的信息。这种一致性有助于强化消费者对品牌的记忆，提高品牌的可信度和可靠性。

3. 信誉

品牌的信誉是基于消费者对其产品或服务质量的长期认知和评价建立的。高品质的产品和优质的服务能够提升品牌的信誉，反之，则会降低品牌的信誉。良好的品牌信誉有助于吸引和保留消费者，提高市场竞争力。

4. 忠诚度

品牌忠诚度反映了消费者对品牌的忠实程度，是消费者重复购买和推荐品牌的意愿的体现。高的品牌忠诚度能够为企业带来稳定的收入，并降低新竞争者进入市场的威胁。

5. 意识

品牌意识是指消费者对品牌的认知程度，是消费者在作出购买决策时能够想到并考虑该品牌的概率。品牌宣传和营销活动能够提高品牌意识，吸引更多的潜在消费者。

6. 情感价值

品牌的情感价值是指消费者对品牌所抱有的情感和情感联系。这种情感价值通常是基于消费者的个人经验、品牌故事或品牌所代表的价值观建立的。强烈的情感价值能够增强消费者对品牌的忠诚度和满意度。

7. 创新性

品牌的创新性是指品牌在产品开发、市场营销和管理等方面的创新能力。创新性使品牌能够适应市场变化，满足消费者不断变化的需求，从而保持竞争优势。

品牌的这些特征共同构成了品牌的整体形象和市场地位，对消费者的购买决策和品牌的长期发展具有重要影响。在跨境电商环境下，品牌需要更加注重这些特征的培养和维护，以适应不同国家（地区）的消费者需求和文化特征，实现品牌在全球市场的成功。

二、品牌在跨境电商中面临的挑战

在跨境电商环境中，品牌面临着多方面的挑战，这些挑战涉及文化差异、法律法规差异、物流和供应链管理、市场竞争与品牌安全等多个方面。

（一）文化差异

跨境电商能够帮助品牌触及全球消费者，但同时也要面临不同文化背景下消费者行为和需求的差异。品牌需要深入了解目标市场的文化特点，调整产品设计、营销策略和客户服务，以满足不同文化背景消费者的期望和需求。例如，颜色、符号和语言在不同文化中可能具有不同的含义，品牌在进行广告宣传和产品包装设计时需要谨慎处理这些问题，以避免误解和负面影响。

（二）法律法规差异

不同国家（地区）的法律法规对于产品标准、知识产权保护、数据隐私等方面都有着不同的要求。品牌在进入新市场时需要详细了解和遵守当地的法律法规，避免法律风险。此外，品牌还需要关注国际贸易政策的变化，如关税、进口限制等，以及其对成本和定价策略的影响。

（三）物流和供应链管理

跨境电商物流包括跨境运输、清关、仓储和配送等环节，与本土电商相比更为复杂。品牌需要建立高效可靠的物流和供应链体系，确保产品能够快速、安全地送达消费者。此外，品牌还需要关注物流成本对产品定价的影响，以及如何提升物流服务质量以给消费者带来更好的体验。

（四）市场竞争与品牌定位

跨境电商市场竞争激烈，品牌不仅要与国际品牌竞争，还要面临来自当地品牌的竞争压力。如何在繁杂的市场环境中突出品牌特色，建立独特的品牌定位，是品牌需要认真思考的问题。品牌需要进行市场调研，了解消费者需求和竞争对手情况，制定差异化的产品和营销策略。

（五）消费者信任与品牌忠诚度

在跨境电商环境下，建立消费者信任是一大挑战。由于地理距离和文化差异，消费者可能对境外品牌存在顾虑。品牌需要通过提供高质量的产品和服务、透明的信息披露、优质的客户服务等方式来建立和巩固消费者信任。此外，品牌还需要采取策略提升消费者忠诚度，如通过会员计划、定期促销活动等方式。

总而言之，这些挑战涉及品牌运营的各方面，品牌需要制定综合性的策略，从而在复杂多变的跨境电商环境中获得竞争优势。

三、品牌在跨境电商中的机遇

在跨境电商环境中，品牌不仅面临挑战，同时也拥有众多的机遇。这些机遇可以帮助品牌拓展市场，增强影响力，并最终实现销售和利润的增长。

（一）市场拓展与增长机遇

跨境电商打破了地理边界的限制，使得品牌能够轻松进入全球市场。通过在不同国家（地区）的跨境电商平台上销售产品，品牌可以接触更多的潜在消费者，实现销售和市场份额的增长。对于一些较为独特或者较高质量的产品，跨境电商甚至可以帮助品牌开拓全新的市场细分领域。

（二）品牌形象的国际化

通过跨境电商，品牌有机会将自己的故事和价值观传播到全球，塑造国际化的品牌形象。通过跨文化的营销策略和个性化的消费者体验，品牌可以在全球范围内建立稳固的品牌认知和良好的品牌形象。

（三）数据驱动的精准营销

跨境电商平台提供了大量的消费者数据和分析工具，品牌可以利用这些数据更加精准地了解消费者需求和行为，制定更为有效的营销策略。例如，通过对购买数据的分析，品牌可以识别出最有价值的消费者群体，然后通过定制化的推广活动和优惠策略来提升这些消费者群体的购买转化率。

（四）创新的营销渠道与方法

跨境电商环境中涌现了许多新的营销渠道和方法，如社交媒体营销、直播带货、KOL/KOC 营销等。这些新兴的营销手段为品牌提供了更多与消费者互动和传播品牌信息的机会。品牌可以利用这些创新的营销手段来提升曝光度，吸引消费者关注，并驱动销售。

（五）提升消费者体验与忠诚度

跨境电商平台提供了一系列工具和服务，帮助品牌提升消费者的购物体验，如一站式清关服务、本土化支付解决方案、本土化客户服务等。通过提供流畅便捷的购物体验，品牌可以提升消费者满意度和消费者对品牌的忠诚度。同时，通过建立会员计划、提供个性化推荐等方式，品牌还可以进一步增加消费者的黏性，提高消费者的重复购买率。

总而言之，跨境电商为品牌提供了丰富的市场机遇和新的增长动力。通过充分利用这些机遇，品牌可以实现国际市场的拓展，增强品牌竞争力，并在全球范围内建立稳固的市场地位。

第二节　品牌营销的定义、管理内容与意义

品牌营销在现代商业活动中扮演着至关重要的角色，尤其是在跨境电商的竞争环境中，通过有效的品牌营销策略，企业能够在全球市场中建立自己的独特地位，吸引并保持忠实客户。

一、品牌营销的定义

品牌营销是一个多层面、多维度的概念。关于品牌营销定义的主要观点有以下七个。

（一）战略角度

从战略角度看，品牌营销被认为是一种通过创建独特的品牌形象和个性，以区分公司及其产品或服务于竞争对手的长期策略。这通常涉及对品牌定位、品牌资产和品牌价值的综合管理。

（二）顾客导向角度

品牌营销主要是关注顾客需求和期望的过程，目的是通过建立强烈的品牌认知和忠诚度，增强顾客对品牌的信任和喜爱，从而促使其购买。

（三）内容营销角度

在数字化时代，品牌营销越来越多地与内容营销相结合。因此，通过创造和分发有价值、相关和一致的内容来吸引和留住明确的顾客，并最终可以带来经济利益。

（四）整合营销传播角度

从该角度看，品牌营销是一个整合各种营销传播工具和渠道来建立和维护品牌形象

的过程，包括广告、公关、销售促进、直接营销和社交媒体等。

(五) 情感联接角度

品牌营销的目标是建立品牌与消费者之间的情感联接。通过讲述品牌故事、展示品牌价值和个性，让消费者感到与品牌有更深层次的联系。

(六) 价值创造角度

从该角度看，品牌营销是一个价值创造的过程，旨在通过提供独特、高质量的产品和服务，以及良好的品牌形象和声誉，为顾客和企业本身创造价值。

(七) 全球角度

在跨境电商的背景下，品牌营销也被视为一种全球战略，通过在不同国家（地区）和文化中建立一致且有吸引力的品牌形象，吸引全球消费者。

以上这些角度虽然侧重点不同，但是都强调了品牌营销在建立品牌形象、吸引和保持顾客、提升市场竞争力方面的重要作用。

笔者认为，品牌营销是一种综合运用多种市场营销策略和工具，通过对品牌定位、品牌形象和品牌价值的深刻理解和有效管理，以及对不同文化和市场环境的敏锐洞察，在全球范围内塑造并传播企业及其产品或服务的独特形象和价值主张，建立和维护与目标顾客群体的强烈认知和情感联接，最终促进品牌忠诚度的提升和销售业绩的增长。

在跨境电商环境下，品牌营销面临着更加复杂和多变的挑战，不仅需要在不同国家（地区）之间实现品牌信息和价值观的一致性和连贯性，还需要克服语言、文化和消费习惯差异等方面的困难，真正做到"全球思维，本土执行"。这要求企业在品牌营销的过程中，不仅要注重品牌形象的全球统一和标准化，还要充分利用本土化策略，结合当地市场的特点和消费者的需求，提供更加贴合当地市场的产品和服务，以及更加具有针对性和创意性的营销活动。

总之，跨境电商环境下的品牌营销需要企业具备全球视野和本地执行能力，通过对品牌核心价值的准确传达和对目标市场的深刻理解，实现品牌形象的全球统一和本地差异化，最终在全球范围内赢得消费者的认可、信任和忠诚，实现业绩的持续增长。

二、跨境电商企业开展品牌营销的意义

品牌营销是跨境电商企业在全球化市场中建立市场地位、吸引并保持客户的核心策

略。品牌营销不仅有助于企业塑造积极的品牌形象，提升企业国际知名度和声誉，还能帮助企业快速适应多元文化和市场需求。通过强化顾客忠诚度、稳定产品价格、提升营销效率，并通过产品和服务创新降低市场风险，跨境电商企业能够有效地抵御竞争者的挑战，保持市场竞争力。

（一）构建和维护品牌形象，提升品牌知名度和声誉

对于跨境电商企业来说，品牌营销是构建和维护品牌形象、提升品牌知名度和声誉的关键手段。第一，通过有策略的品牌营销活动，企业能够清晰地传达其品牌理念和价值观，帮助消费者更好地理解和认识品牌，从而树立积极的品牌形象。第二，品牌营销通过各种渠道（如社交媒体、内容营销、线上线下活动等）进行广泛传播，增加品牌曝光率，从而提升品牌知名度。第三，品牌营销还有助于塑造和强化品牌的独特卖点和竞争优势，使品牌在激烈的市场竞争中脱颖而出。第四，通过提供一贯的高质量产品和优质服务，以及建立良好的客户关系，品牌营销有助于企业赢得消费者的信任和认可，进一步巩固和提升品牌的市场声誉。

（二）适应不同市场和文化

品牌营销对跨境电商企业更好地适应不同市场和文化发挥了重要作用。首先，品牌营销要求企业对目标市场的文化、消费习惯和价值观有深刻的了解和洞察，这样才能制订出适合当地消费者的营销策略，使品牌信息更加贴近目标市场，提升品牌在当地市场的接受度和影响力。其次，通过本土化的品牌营销活动，企业能够展现对当地文化的尊重和理解，建立积极的品牌形象，增强消费者对品牌的好感和信任。例如，通过使用当地语言、参与当地节庆活动、与当地知名人士合作等方式，品牌能够更加贴近当地消费者，强化其在目标市场中的存在感。再次，有效的品牌营销还能帮助企业在多元文化环境中寻找到共鸣点，通过强调品牌所代表的普遍价值和情感共鸣，跨越文化差异，与不同文化背景的消费者建立起联系。最后，随着跨境电商市场的竞争日益激烈，能够灵活适应不同市场和文化的品牌更容易赢得消费者的青睐，从而在全球范围内建立起稳固的市场地位。

（三）增强顾客忠诚度

品牌营销对跨境电商企业来说尤为关键，因为它有助于建立起在不同文化和市场中

广泛认可的品牌形象,进而增强顾客忠诚度。通过塑造独特且一致的品牌形象,跨境电商可以在全球范围内树立品牌认知;通过文化适应性的内容和营销策略,与不同国家(地区)的消费者建立情感连接。这种连接不仅体现在品牌故事和价值观上,更通过优质的产品和卓越的服务来巩固,让消费者对品牌产生信任,从而提高他们的忠诚度。此外,跨境电商通过提供本地化的客户服务和售后支持,能更好地满足不同市场消费者的需求,增加他们对品牌的满意度和忠诚度。同时,设立奖励和忠诚计划也是提高消费者忠诚度的有效手段,尤其是在面临来自本地和国际竞争者的压力时,这些计划能够增强消费者的品牌依恋,促使他们持续购买和推荐该品牌。

(四)稳定产品价格

品牌营销在跨境电商企业中至关重要,尤其体现在稳定产品价格上。通过建立强大的品牌影响力,跨境电商能够减少价格波动,维持价格稳定。在跨境电商环境下,消费者对品牌的信任可以转化为对产品价格的接受度,即使在不同国家(地区),有了坚实的品牌形象,企业也能更容易在全球范围内实现价格的统一,减轻市场波动带来的影响。通过持续的品牌建设,企业能在消费者心中树立正面形象,增强其品牌忠诚度,从而在市场竞争中减少因低价竞争带来的市场份额损失,维持价格稳定。此外,跨境电商通过品牌营销进行市场细分,提供差异化的产品和服务,以满足不同地区消费者的需求,从而通过提升产品附加值来稳定甚至提升产品价格。总之,品牌营销对跨境电商来说是维护产品价格稳定、增强市场竞争力的重要策略,有助于企业在全球市场中占据有利地位。

(五)提高营销效率

品牌营销对提升跨境电商企业营销效率的作用不可忽视。通过构建强有力的品牌形象,跨境电商能够迅速吸引目标国家(地区)消费者的注意,提高广告和促销活动的转化率,确保营销投入的高效利用。品牌故事和价值观的有效传播,加深了消费者对品牌的情感认同,利用口碑效应间接扩大品牌影响力,减少了传统广告投入。此外,准确的市场定位和对目标消费者需求的深入了解,使得跨境电商能够有针对性地进行产品推广,避免资源浪费,提升营销活动的针对性和效果。强劲的品牌影响力还提升了企业与合作伙伴谈判时的地位,从而降低营销成本。品牌营销的另一大优势是促进了客户关系管理体系的建立,跨境电商通过对消费者行为数据的精准分析,能够快速响应市场变化，调整营销策略，提高营销活动的响应速度和效率。总之，品牌营销不仅提升了跨境电商企业在目标市场的知名度和影响力，还在提高广告转化效率、减少营销成本和优化客户管理等多方面发挥了作用，显著提升了企业的营销效率。

（六）促进产品和服务创新，降低新产品上市风险

品牌营销对跨境电商企业在产品和服务创新及降低新产品上市风险方面起着关键作用。通过建立强大的品牌形象，企业能够获得消费者的信任，使其更愿意尝试和接受新产品，从而降低市场推广的难度和风险。忠诚于品牌的顾客群体可以为产品开发提供宝贵的反馈意见，增加创新成功率。同时，品牌资产的积累有助于新产品快速打开市场，节约推广时间和成本。此外，品牌营销还能够在消费者心中建立情感连接，转化为对新产品的支持，进一步降低上市风险。对跨境电商企业而言，品牌营销不仅提升了市场竞争力，还有助于灵活应对多元文化市场的挑战，确保产品创新和市场推广的效率和成功率。

（七）抵御竞争者的攻击，增强市场竞争力

品牌营销对跨境电商企业来说尤为重要，它直接影响企业在全球市场中的竞争力。通过建立独特的品牌形象和价值观，跨境电商企业能够在消费者心中占据一席之地，难以被竞争者模仿。这种品牌认知的积累，不仅巩固了现有市场份额，还吸引了新顾客，增强了市场竞争力。品牌忠诚度的建立，为企业创造了稳定的回购和推荐群体，即使在激烈竞争的环境下，也能保证企业的市场地位。此外，强大的品牌影响力还赋予了企业更好的议价能力，降低了成本，提升了利润率。品牌营销还能帮助企业更加灵活地适应各市场的文化和需求差异，推出更为贴合当地消费者需求的产品和服务，提升在全球市场的竞争优势。总体来说，品牌营销不仅有助于构建和维护跨境电商企业的品牌形象，还是提升市场竞争力和抵抗竞争压力的关键策略。

三、跨境电商企业品牌营销管理的主要内容

品牌营销是一个多维度、动态发展的过程，涉及从品牌创立到管理，再到更新和危机处理的全周期。对于跨境电商企业而言，品牌营销不仅是一种推广产品和服务的手段，更是一种跨越文化和地域界限，与全球消费者建立信任和联系的策略。跨境电商企业应重点做好品牌的定位与识别、品牌的传播与推广、品牌的利用与发展，以及品牌的

更新与危机管理等方面的工作。

首先，对于跨境电商企业而言，品牌的定位与识别尤为重要。企业需要在不同文化背景下建立独特且被普遍认可的品牌形象，这不仅要考虑视觉元素和品牌故事的创造，还要考虑文化差异和本地化的需要，确保品牌信息的准确传达和消费者的认同感。

其次，品牌的传播与推广在跨境电商中更加复杂多样。企业不仅要利用数字营销和社交媒体等工具进行全球推广，还要适应不同国家（地区）的市场规则和消费习惯，实施差异化的营销策略，提高品牌在各市场的知名度和影响力。

再次，品牌的利用与发展是实现持续竞争优势的关键。通过对品牌资产的精细管理和创新应用，企业可以开辟新的市场空间，提升产品和服务的附加值，增强在不同市场的竞争力和盈利能力。

最后，品牌的更新与危机管理在跨境经营中尤为重要。由于跨境电商企业面临着多元文化和复杂的市场环境，品牌需要不断更新以适应这些变化，同时建立有效的危机应对机制，以防范和减轻潜在风险对品牌形象的影响，确保企业的长期稳定发展。

第三节　跨境电商品牌的定位与识别

一、跨境电商品牌的定位

（一）跨境电商品牌定位的定义与内涵

跨境电商品牌定位是指在全球市场中为品牌设定一个清晰、独特且吸引人的市场地位，以区别于竞争对手，并在目标消费者心中建立品牌的形象和认知。这一概念在国际营销和品牌管理中至关重要，因为它涉及如何在不同文化、法律和市场环境中有效地传达品牌的核心价值和个性。

跨境电商品牌定位的关键内涵包括以下内容。

1. 文化适应性

跨境电商品牌定位必须考虑不同国家（地区）的文化差异，需要对品牌信息进行本地化调整，以确保它在不同文化中都能产生共鸣。

2. 差异化

在全球市场中，品牌需要有明确的差异化策略，以便在众多竞争者中脱颖而出。差异化策略的制定可以基于产品特性、服务质量、价格、设计、用户体验等方面。

3. 一致性与连贯性

跨境品牌定位要求在全球范围内保持品牌信息和形象的一致性。同时，品牌的每个触点都应该传达相同的核心信息，以建立品牌的连贯性。

4. 竞争对手分析

对全球竞争对手的品牌定位进行分析，以便找到市场空缺和潜在的竞争优势。理解竞争对手的策略有助于企业设定自己独特的定位。

5. 目标市场选择

明确品牌的目标市场，包括地理位置、人口统计特征、消费者行为等，并基于目标市场的特性来制定品牌定位策略。

6. 价值主张

明确品牌提供的独特价值和承诺，这是品牌定位的核心。价值主张应当简洁、有力，易于理解和记忆。

7. 品牌个性

确定品牌的性格和声音，这将影响品牌的视觉元素、营销信息和整体传播策略。品牌个性应与目标市场的文化价值和期望相契合。

8. 可持续性

跨境品牌定位应作长期考虑，确保品牌策略的可持续性，要求包括对环境、社会责任和经济可持续性的承诺。

（二）跨境电商品牌定位的意义

跨境电商品牌定位不仅是品牌战略的核心，也是企业全球化战略的关键组成部分。它关乎品牌如何在不同市场中建立起正确的形象，如何与消费者建立持久的关系，以及如何在全球范围内实现可持续的增长和发展，其意义突出表现在以下方面。

1. 有助于提升品牌识别度

品牌定位有助于创建一个独特的品牌形象，使消费者能够在众多品牌中迅速识别并记住该品牌。这涉及品牌的视觉标识、口号、品牌故事等元素的一致性和独特性，以及品牌个性的塑造，这些都是帮助消费者在作出购买决策时快速识别品牌的关键因素。

2. 有助于增强跨文化适应性

在不同国家（地区）营销时，品牌定位必须考虑文化差异。一个有效的品牌定位能够确保品牌信息在不同文化中的适应性和相关性，通过与当地文化的结合，增强品牌在当地的吸引力和接受度。

3. 有助于开展差异化竞争

明确的品牌定位可以帮助企业在全球市场中脱颖而出，通过强调其独特的卖点和价值主张，与竞争对手区分开来，形成竞争壁垒。

4. 有效促进精准市场定位

品牌定位有助于企业识别目标市场和消费者群体，从而更有效地设计产品和营销策略，确保资源的有效利用，并提高市场渗透率。

5. 有助于增强顾客忠诚度

通过与消费者在情感和价值观方面建立深层次的联系，品牌定位可以培养消费者的忠诚度，促进品牌的口碑传播，提高重复购买率。

6. 有助于支持企业的价格策略

强有力的品牌定位可以为产品或服务赋予更高的价值感知，使企业能够实施更有效的价格策略，包括价格溢价等，从而提高利润率。

7. 有助于更好地指导产品开发

清晰的品牌定位可以作为新产品开发的指南，确保新产品与品牌的核心价值和市场定位保持一致，加速产品的市场接受过程。

8. 有助于降低企业的市场风险

在全球市场扩张过程中，品牌定位可以作为风险管理的工具，通过提前识别潜在的文化和市场风险，减少市场推广的失败概率，确保品牌形象的稳定性和连贯性。

（三）跨境电商品牌定位的步骤

跨境电商企业的品牌定位工作是一个系统的过程，涉及市场研究、目标客户识别、竞争分析、品牌定位策略制订、品牌定位策略的实施、品牌监控和策略调整、品牌忠诚及建立与宣传品牌的长期发展规划多个步骤，该项工作是一个循环迭代的过程，需要不断根据市场反馈和变化来调整和优化。

1. 市场研究

市场研究是跨境电商品牌定位的基础，它要求企业全面分析全球市场趋势，识别不同区域内的电商成熟度、消费者行为及购买力。同时，深入了解目标市场的文化和法律环境对品牌策略的影响至关重要，这有助于确保品牌信息的文化适应性和合规性。此外，掌握电商技术发展情况，可帮助品牌更有效地接触和吸引全球消费者。这样的市场研究使跨境电商能够在全球市场中稳健扩张，实现长期增长。

2. 目标客户识别

在跨境电商中，精准识别目标客户群体是成功的关键。这一过程要求企业不仅要将市场进行简单的地理或人口统计划分，还要深入挖掘每个细分市场的独特文化脉络、消费者的生活方式及购买习惯的微妙差异。通过这种深度细分，企业能够构建立体的目标客户画像，这些画像不仅包含基本的人口统计信息，如年龄、性别、收入水平，更重要的是涵盖了消费者的心理特征、价值观、生活态度及购买动机。这样的画像使得企业能够设计出更为个性化的营销策略，精准地触达每一位潜在客户，引发共鸣，激发购买欲望。在这个基础上，企业不仅能够更有效地分配营销资源，实现更高的转化率，同时也能够通过不断的互动和反馈，进一步优化产品和服务，真正做到以客户为中心。

3. 竞争分析

在跨境电商的激烈战场上，深入的竞争分析不但揭示了直接对手的战略和表现，而且还揭示了那些潜在的威胁者，他们通过提供替代品或服务来抢占市场份额。这种分析不仅停留在表面的产品比较，更深入到服务质量、客户体验、技术创新等多个层面。通过这一过程，企业能够精准地定位自己的独特卖点，同时也能够发现竞争对手的薄弱环节。这种对优势和弱点的认知，成为制订策略的关键，帮助企业在多变的市场环境中找到立足点，不但能生存下来，而且能够持续增长。通过对竞争环境的深刻理解，企业能够预测市场动向，优化自身的产品和服务，确保在全球市场中保持领先。

4. 品牌定位策略制订

在全球市场中，跨境电商品牌定位策略的关键在于塑造一个跨文化共鸣的价值主张和个性化的品牌声音。这个价值主张需要跨越地理界限，触动不同文化背景的消费者。品牌个性的塑造要在保持全球一致性的同时，适应各地文化特色，让消费者感受到品牌的熟悉和亲切。引人入胜的品牌故事则是联接全球消费者情感的桥梁，它应体现普遍价值观，以促成广泛共鸣。实施时，企业须细致规划，选择合适的营销渠道，制订本地化策略，并确保强大的运营支持，以在不同市场中巩固品牌地位，建立消费者信任。

5. 品牌定位策略的实施

在跨境电商领域，品牌定位策略的实施要求企业在全球市场上维持一致性的同时，对地方市场展现出适应性。营销策略需要跨文化传播品牌核心价值，并尊重本地消费者偏好，如通过社交媒体的本地化内容吸引不同地区的用户。在产品策略方面，企业可能需要调整产品特性以适应地方市场，如改变食品配方或服装材料。在渠道策略方面，选择合适的线上和线下销售渠道至关重要，线上可以通过电商平台提升品牌可见性，线下则通过体验店或展览增强实体感知。这样的综合策略能够帮助品牌深入每个目标市场，吸引全球消费者。

6. 品牌监控和策略调整

跨境电商的品牌监控和策略调整是一个动态过程，它要求企业实时跟踪关键指标，如网站访问量、客户转化和社交媒体参与度。这些数据有助于企业评估市场活动的成效，了解品牌在不同市场的表现。同时，企业需要积极收集消费者和合作伙伴的反馈意见，这些宝贵的信息能够揭示品牌传播的有效性和产品服务的本地化需求。基于这些反馈意见，企业应迅速调整品牌策略，如更新营销信息或调整产品特性，以确保品牌在全球市场中的吸引力和竞争力。持续的优化确保企业能够与市场变化保持一致，保持品牌的长期生命力。

7. 品牌忠诚度建立与宣传

在激烈的跨境电商市场中，培养品牌忠诚度和利用客户口碑宣传是关键。企业必须基于优质产品和服务，通过个性化沟通和专属优惠等客户关系管理策略，增强顾客满意度和忠诚度。顾客的评价在社交网络上的传播价值巨大，因为潜在买家常常依赖现有顾客的评价作为购买依据。同时，企业应利用社交媒体鼓励顾客分享体验，这样不仅提升品牌可见度，还通过社交媒体增强信任。在不同的文化背景下，这些策略需适应本地化需求，以确保沟通策略与顾客价值观一致。这样的策略帮助企业在全球市场中稳固品牌地位，通过正面反馈吸引新顾客，建立起坚实的品牌忠诚度和积极形象。

8. 品牌的长期发展规划

跨境电商企业的长期成功依赖不断的创新和市场扩展。创新不仅限于新产品的推出，还包括服务方式的改进、购物体验的优化，乃至商业模式的更新，以适应全球市场的多元需求和快速变化。企业必须深入理解全球市场，识别潜在的新市场或细分市场，并考虑地理和产品线的扩展，以覆盖更广泛的消费者群体。例如，一个在亚洲成功的品牌可能需要调整其产品特性或营销策略，以适应南美洲市场的需求。长期发展规划要求企业领导者具备前瞻性和对市场动态的敏感度，确保品牌在全球市场中的竞争力和相关性，实现持续增长。这是一个动态的过程，需要企业不断地评估和调整策略，以适应全球市场的变化。

（四）跨境电商品牌定位的策略

跨境电商企业可根据自身业务特点与特定市场形势，并借鉴以下策略开展品牌定位。

1. 全球统一与地方适应相结合的策略

这一策略意味着企业在全球市场中推广一个统一的品牌形象，同时对不同地区的市场进行适当的本地化调整。这样既保持了品牌的全球一致性，又能满足本地市场的特定需求。例如，Amazon 在全球范围内提供相似的购物体验，但它会根据不同国家（地区）的消费者习惯、法律法规和物流系统进行本地化调整，如在印度推出了"Amazon Easy"店铺，帮助不熟悉在线购物的顾客下单。

2. 文化敏感性策略

这一策略强调企业在进入新市场时对当地文化的理解和尊重。企业通过调整营销信息、产品选择和用户体验来适应不同的文化背景。例如，eBay 在进入中国市场时未能充分适应当地文化，最终不敌阿里巴巴的淘宝网。淘宝网提供了更符合中国消费者习惯的在线购物平台，如在线砍价和即时通信功能。

3. 差异化定位策略

差异化定位策略是指企业通过提供独特的产品或服务来区分自己与竞争对手。例如，Shein 是中国的一个跨境快时尚品牌，它通过快速变换的时尚新品和极具竞争力的价格，在全球年轻消费者中建立了鲜明的品牌形象。

4. 创新导向的定位策略

采用这一策略的企业通常强调其产品、服务或业务模式的创新性。例如，中国电商平台拼多多通过"拼团购物"模式创新了在线购物体验，该模式鼓励用户通过社交网络分享和组团购买商品以获得更低的价格。

5. 可持续性和社会责任定位策略

这种策略强调企业在环境保护和社会责任方面的承诺。例如，跨境电商平台 ThredUp 专注于二手服装的销售，提倡可持续时尚，减少服装浪费，并通过这一品牌理念吸引了全球环保意识较强的消费者。

6. 客户体验定位策略

这种策略侧重于为消费者提供卓越的购物体验，以此作为品牌与竞争对手区分的关键点。例如，YesStyle 提供广泛的亚洲时尚和美妆产品，并通过用户友好的界面、多语言客服和快速全球配送服务，提供了优质的客户体验，成功吸引了对亚洲时尚感兴趣的消费者。

二、跨境电商品牌的识别

（一）跨境电商品牌识别的定义与内涵

跨境电商品牌识别是指在全球市场中，一个跨境电商企业通过一系列标识性元素如名称、标志（Logo）、设计、口号等来建立并展示其独特品牌形象的过程。这些元素共同构成了品牌的视觉和沟通风格，帮助消费者在不同国家（地区）识别和记忆该品牌。

品牌识别的内涵包括以下几方面。

1. 品牌视觉元素

品牌视觉元素包括品牌的名称、标志、色彩方案、字体和包装设计等，这些都是品牌形象的直观表现，帮助消费者在视觉上迅速识别品牌。

2. 品牌沟通风格

品牌沟通风格是指品牌在广告、公关、社交媒体、内容营销等方面的语言和声音。这种风格应当在各地保持一致，以便在不同文化和语言环境中传达相同的品牌信息。

3. 品牌价值和文化

品牌识别不仅包括外在的标志，还包括品牌所代表的价值观、企业文化和品牌故事。这些内在价值有助于与目标市场中的消费者建立情感联系。

4. 品牌个性

品牌就像一个人一样，有其独特的个性特征，如年轻活力、奢华高端或是亲民可靠等。品牌个性的塑造有助于在消费者心中建立品牌形象。

5. 品牌一致性

在不同的市场和文化中保持品牌元素的一致性，是跨境电商品牌识别的关键。这种一致性有助于构建全球品牌的统一形象。

6. 品牌适应性

虽然品牌需要保持一致性，但也需要对不同市场的文化差异进行适应。这可能意味着对品牌的某些视觉或沟通元素进行本地化调整，以更好地与当地市场的消费者进行沟通。

（二）跨境电商品牌识别的意义

跨境电商品牌识别不仅是企业国际化战略的重要组成部分，也是企业在全球市场中取得成功的关键因素，其意义有以下几点。

1. 形成市场差异化

品牌识别有助于企业在全球市场中突出其独特性，与竞争对手区分开来。乐歌这个来自中国的人体工学品牌，通过快速响应全球对健康的关注趋势和提供高性价比产品，如智能升降桌、电动升降学习桌、电动床、智能升降台、健身运动椅等，打造创新家居生活与办公方式，为全球用户提供健康、舒适、安全、高效的整体智能解决方案，在全球消费者中建立了鲜明的品牌形象。

2. 增强文化适应性

品牌识别需要考虑不同文化背景下的适应性，以便更好地与当地消费者沟通。例如，Spotify 在进入印度市场时，推出了多种本地化的音乐播放列表，以及与当地艺术家合作的独家内容，以此来强化其在当地市场的品牌识别。

3. 建立市场信任

在不同国家（地区）建立品牌识别有助于建立消费者信任。Amazon 通过提供一致的用户体验和可靠的客户服务，在全球范围内树立了一个值得信赖的在线购物平台的形象。

4. 更好地遵守法律和规范

品牌识别还包括对当地法律和商业规范的遵守，这有助于企业在全球市场中的合法运营。例如，eBay 在不同国家（地区）的运营中遵循当地的电商法规和税务规定，以确保其全球业务的合规性。

5. 提升品牌忠诚度

强烈的品牌识别能够促进品牌忠诚度的建立。企业通过快速时尚的商业模式和一致的品牌形象，能够吸引更多的顾客群体。

6. 更好地进行品牌延展

良好的品牌识别可以为企业未来的品牌延展和新市场的开拓奠定基础。例如，小米通过其"高性能、低价格"的品牌定位成功进入印度市场，并迅速扩展到智能家居和生态链产品。

7. 获得竞争优势

在全球市场中，有力的品牌识别是企业获得竞争优势的关键。例如，Netflix 在全球流媒体服务市场中，通过其原创内容和个性化推荐系统建立了强大的品牌识别。

8. 更好地开展市场沟通

品牌识别有助于企业与全球消费者进行有效沟通。例如，Nike 通过其全球性的营销活动和代言人策略，与全球消费者建立了强烈的品牌联系。

（三）跨境电商品牌识别的步骤

跨境电商企业开展品牌识别工作的步骤通常涉及以下几个关键阶段，并且在整个品牌识别过程中，必须确保所有步骤和策略都与其业务目标和长期愿景保持一致，同时还要灵活应对不同市场的特定需求和挑战。

1. 市场调研与分析

跨境电商企业首先需要进行全面的市场调研，这包括了解不同国家（地区）的市场环境、消费者行为、竞争对手情况及法律法规限制。这一步骤对于识别潜在的市场机会和挑战至关重要。例如，阿里巴巴在拓展东南亚市场时，通过其子公司 Lazada 进行了深入的市场调研，了解当地消费者的购物习惯和偏好，以及当地电商的法律法规。

2. 文化适应性评估

由于跨境电商涉及多元文化，企业必须评估其品牌元素（如名称、标志、口号等）在不同文化中的适应性和接受度。这可能需要对品牌元素进行调整，以确保它们在不同市场中都能产生积极的共鸣。例如，来自德国的 Zalando 在进入英国市场时，对其品牌标识进行了微调，以适应英国消费者对时尚的不同理解，并确保其营销活动更加本地化。

3. 品牌定位策略制订

根据市场调研和文化适应性评估的结果，企业需要先制订品牌定位策略。这包括确定品牌的核心价值、目标客户群、差异化因素，以及如何在消费者心中建立独特的品牌形象。例如，来自日本的 Fast Retailing 在全球市场的定位是提供高质量、功能性和价格合理的服装，它通过在不同国家（地区）推广其"LifeWear"概念来强化这一定位。

4. 品牌视觉与语言建立

创建一套统一的品牌视觉标识系统（VIS），包括标志、色彩、字体等，并确保这些元素在不同文化和语言环境中的一致性和适应性。同时，确定品牌语言和沟通风格，以便在全球范围内传达一致的品牌信息。例如，Amazon 在全球范围内使用统一的品牌标志和色彩，同时在不同国家（地区）的网站上使用当地语言，并调整内容来匹配当地文化。

5. 多渠道品牌传播

利用多种渠道和方法传播品牌信息，包括线上（如社交媒体、电商平台、官方网站）和线下（如参加国际展会、本地市场活动）的方式，确保品牌信息能够有效地触达目标消费者。例如，Shein 通过社交媒体营销和与国际时尚博主的合作，在全球范围内宣传其品牌，同时通过在不同国家（地区）举办时尚秀和活动来增加品牌曝光。

6. 监测、评估与调整

实施品牌监测机制，定期评估品牌识别的效果，包括品牌知名度、品牌形象、消费者反馈等指标。根据评估结果，及时调整品牌策略和传播方法，以应对市场变化和消费者需求的演进。例如，eBay 通过其全球市场平台收集大量数据，监控销售趋势和消费者反馈，以评估其品牌在不同市场的表现，并据此调整市场策略。

7. 持续的品牌管理与创新

品牌识别是一个持续的过程，跨境电商企业需要不断地管理和创新其品牌，以保持品牌的活力和相关性。这可能包括更新品牌元素、引入新的营销活动或拓展新的市场领域。例如，英国的 ASOS 不断更新其产品线，引入新的设计师品牌，以保持其对年轻消费者的吸引力，并通过其网站和应用程序提供新颖的购物体验，如虚拟试衣间等。

(四) 跨境电商品牌识别的策略

跨境电商企业在全球市场中的品牌识别策略是其成功的关键，企业可综合采用以下不同的策略。

1. 本地化与文化适应性

跨境电商企业在不同国家（地区）运营时，必须考虑本地文化的差异。例如，阿里巴巴集团的 AliExpress 平台在进入俄罗斯市场时，不仅提供了俄语界面，还针对当地节日和购物习惯推出特定的营销活动。这种文化适应性策略有助于品牌在目标市场中建立认同感和亲近感，从而增强品牌识别。

2. 差异化市场定位

在全球市场中，品牌需要明确自己的市场定位，以区别于竞争对手。例如，小米在海外市场的定位是"高性能，低价格"，这一策略使其在价格敏感的市场中迅速获得了消费者的认可。通过这种差异化定位，小米成功地与其他品牌区分开来，建立了明确的品牌识别。

3. 跨文化品牌传播

品牌传播必须跨越文化界限，与全球消费者建立联系。例如，Netflix 在全球推广时，不仅提供多语言服务，还制作了一系列反映不同文化背景的原创内容。这种跨文化的品牌传播策略使 Netflix 能够在不同国家（地区）的消费者中建立起明确的品牌识别。

4. 全球一致性与地方特色结合

跨境电商需要在全球品牌一致性和地方特色之间找到平衡。Amazon 在全球范围内提供统一的购物体验，同时在不同国家（地区）的网站上推出具有本地特色的商品。这种结合全球一致性与地方特色的策略有助于在保持品牌全球形象的同时，满足本地市场的特定需求。

5. 利用数字营销和社交媒体

数字营销和社交媒体是跨境电商建立品牌识别的重要工具。例如，Shein 通过 Instagram 和 TikTok 等社交媒体平台，与全球时尚博主合作，推广其品牌形象。这种策略使得 Shein 能够在年轻消费者中迅速提升品牌识别度。

6. 建立品牌忠诚度

品牌忠诚度的建立对于跨境电商来说至关重要。企业通过快速时尚的商业模式，保证了产品的快速更新,满足了全球消费者对新鲜感的需求。同时,通过在线上和线下店铺提供一致的购物体验,能够在全球范围内培养一大批忠实客户,这些都是企业品牌识别策略的一部分。

第四节 跨境电商品牌的传播与推广

一、跨境电商品牌的传播

(一)跨境电商品牌传播的定义与内涵

跨境电商品牌传播是指在不同国家(地区)之间,通过各种营销和沟通手段,传递和推广一个电商品牌的过程。这个过程不仅包括品牌的视觉元素、标语和信息的传播,还包括品牌价值、文化和故事的国际化传递。在跨境电商环境中,品牌传播的目的是在全球范围内建立和维护品牌形象,吸引和留住客户,最终推动销售和品牌忠诚度的提升。

跨境电商品牌传播的关键内涵包括以下内容。

1. 文化适应性

品牌传播需要考虑不同国家(地区)的文化差异,确保品牌信息在不同文化背景下都能够被正确理解和接受。

2. 语言和沟通

品牌信息的语言应该适应目标市场,不仅包括文字翻译的准确性,还包括沟通风格和语境的适应性。

3. 法律法规遵守

在不同国家(地区)进行品牌传播时,必须遵守当地的法律法规,包括广告法、消费者保护法等。

4. 多渠道策略

有效的品牌传播需要利用多种渠道,包括社交媒体、电子邮件营销、内容营销、搜索引擎优化(SEO)和付费广告等。

5. 品牌一致性

虽然需要进行本地化调整,但品牌的核心价值和形象应保持一致,以便在全球范围内建立统一的品牌认知。

6. 互动和参与

品牌传播不仅是单向的信息输出,还包括与消费者的互动,比如通过社交媒体互动、客户评价和反馈等方式。

7. 数据驱动的优化

品牌传播应基于数据分析,对不同市场的反应进行监测,根据数据反馈调整传播策略。

8. 情感联系

品牌传播要努力在消费者心中建立情感联系,这可以通过讲述品牌故事、展示品牌参与社会责任项目等方式实现。

(二)跨境电商品牌传播的意义

跨境电商品牌传播的意义在于建立一个全球统一而又能够适应本地市场的品牌形象,这不仅有助于品牌在全球市场中的定位,还能够促进企业的长期发展和成功,其意义体现在以下几方面。

1. 增强品牌认知度

在不同国家(地区)传播品牌,可以增加品牌的全球曝光率,帮助消费者认识和记住品牌。例如,阿里巴巴通过参加国际贸易展览会,以及在多个国家(地区)的线上营销活动,提高了其品牌的全球认知度。

2. 建立品牌信任

通过在不同文化中进行一致的品牌传播,可以建立消费者的信任。例如,Amazon在全球范围内提供一致的客户服务体验,无论是在美国、欧洲还是亚洲,都能让消费者感受到相同的品牌信任。

3. 适应文化差异

品牌传播需要考虑目标市场的文化特性,以便更好地与当地消费者沟通。例如,麦当劳在不同国家(地区)推出适合当地口味的菜单,以适应当地的饮食习惯、宗教信仰等。

4. 促进销售增长

有效的品牌传播可以直接促进销售。小米通过社交媒体营销和与当地社区的互动，成功进入印度市场，并迅速占据了显著的市场份额。

5. 提升品牌忠诚度

品牌传播可以提升消费者的忠诚度。宝洁公司（P&G）的"感谢妈妈"系列广告在全球范围内传播，强化了其品牌形象，并与消费者建立了情感联系。

6. 应对市场竞争

在全球市场中，品牌传播有助于企业在激烈的竞争中脱颖而出。例如，华为在面对国际市场的竞争时，通过强调其在通信技术方面的创新，提升品牌形象和市场竞争力。

7. 支持新市场进入

品牌传播是企业进入新市场的重要手段。Spotify在进入新市场时，通过本地化的音乐推荐和营销活动，快速吸引了当地用户。

8. 维护品牌一致性

在全球市场中维护品牌一致性，有助于保持品牌的长期价值。苹果公司无论在哪个国家（地区），都保持其产品设计和广告的一致性，确保了品牌形象的全球统一。

（三）跨境电商品牌传播的步骤

为确保品牌传播活动的有效性，同时在全球市场中建立和维护一个强大的品牌形象，跨境电商企业在开展品牌传播时，其工作步骤通常涉及深入的市场研究、策略制订、内容创造、渠道选择、执行、监测和调整。

1. 深入的市场研究

跨境电商企业在进行品牌传播前，需要对目标市场进行全面地研究。这一过程中，企业会深入分析目标市场的文化背景、消费者行为、竞争对手情况，以及市场趋势。例如，一个专注于欧洲市场的中国电商平台可能会研究当地的购物习惯、支付方式偏好，以及流行的社交媒体等。这些信息将帮助企业有效地与目标市场的消费者沟通，并确定传播信息的最佳方式和时间。

2. 策略制定

企业将基于市场研究结果制订具体的品牌传播策略。这个策略将明确品牌传播的核心信息、目标受众、传播渠道及预期目标。策略的制订需要考虑品牌的全球一致性与本地市场的特殊需求之间的平衡。例如，品牌可能会决定在所有市场中传达相同的核心价值观，但在不同市场采用不同的营销口号和推广活动。

3. 内容创造

企业需要创造吸引目标受众的内容。这些内容不仅要传达品牌的核心信息，还要具有文化相关性，能够引起目标市场消费者的共鸣。内容创造可能包括设计广告、撰写博客文章、制作视频等，这些内容需要在视觉和语言上进行本地化，以确保其在不同文化中的吸引力。

4. 渠道选择

跨境电商企业需要在全球范围内选择最有效的传播渠道，这可能包括在线广告、社交媒体、电子邮件营销、合作伙伴关系等。渠道的选择需要基于目标市场的媒体消费习惯，以及各渠道的到达率和转化率。

5. 执行

执行是品牌传播的关键步骤。在这一阶段，企业将按照既定的计划推出营销活动。在执行过程中，企业需要确保所有传播活动的时效性和一致性，同时快速响应市场反馈，进行必要的调整。

6. 监测和调整

企业需要监测品牌传播活动的效果，并根据反馈进行调整。监测可以通过跟踪关键绩效指标（KPIs）来进行，如品牌知名度、网站流量、社交媒体互动等。根据这些数据，企业可以评估哪些策略有效，哪些需要改进，并据此调整未来的品牌传播计划。

（四）跨境电商品牌传播的策略

跨境电商企业的品牌传播策略是多元化的，每一种策略都需要企业根据自身资源和目标市场的特点进行调整和优化。通过这些策略的有效实施，跨境电商企业可以在全球市场中建立强大的品牌影响力。跨境电商企业在品牌传播中常用的策略包括以下内容。

1. 数字营销与社交媒体策略

跨境电商企业通过数字营销和社交媒体平台来传播品牌，这包括使用 SEO、SEM、内容营销，以及在 Facebook、Instagram、Twitter 等平台上的广告和互动。例如，阿里巴巴集团利用 LinkedIn 进行 B2B 营销，通过发布行业洞察和公司动态来吸引全球商业客户。同时，通过微博、微信在中国本土市场进行深入的品牌传播。

2. 本地化策略

跨境电商企业需要将其品牌信息和营销活动本地化，以适应不同市场的文化和语言。例如，Amazon 在进入印度市场时，推出了印地语和其他多种地方语言的界面，并调整其营销策略以适应当地文化。

3. 跨文化营销策略

在全球市场中，企业需要发展跨文化的营销策略，这要求对不同文化的消费者行为有深入的理解。例如，eBay 在不同国家（地区）的网站上提供了不同的购物体验，以适应当地消费者的购物习惯和偏好。

4. 合作伙伴关系策略

通过与当地或国际的知名品牌合作，可以提升品牌信任度和可见度。例如，网易考拉海购利用与国外品牌的直供合作，增强了消费者对其商品品质的信任，并利用这些品牌的影响力来提升自身品牌的认知度。

5. 内容营销策略

创造有价值的内容来吸引和保持消费者的兴趣。例如，Shein 通过时尚博主和影响者营销，发布与时尚趋势相关的内容，以吸引全球年轻消费者。

6. 客户体验策略

提供卓越的客户服务和无缝的购物体验可以增强品牌忠诚度。例如，Zalando 提供免费的快速配送和退货服务，在欧洲多个国家（地区）建立了良好的客户服务声誉。

二、跨境电商品牌的推广

（一）跨境电商品牌推广的定义与内涵

跨境电商品牌推广是指企业在全球范围内通过各种营销手段和策略，提升品牌知名度、建立品牌形象，并促进产品或服务销售的活动。这一过程不仅涉及传统的营销手段，还包括社交媒体营销、内容营销、搜索引擎优化（SEO）、影响者合作等现代营销手段。跨境电商品牌推广的内涵是全面的，它要求企业在全球化和本地化之间找到平衡点，通过创新和多元化的营销策略在不同市场中提升品牌的知名度和影响力。

跨境电商品牌推广的内涵包括以下内容。

1. 全球视野与本地适应

品牌推广需要结合全球化的视野和本地市场的具体情况。这意味着在保持品牌核心价值和全球统一形象的同时，还需要对不同地区的文化、法律、市场习惯等因素进行适应和调整。

2. 数字营销的运用

在跨境电商中，数字营销是品牌推广的关键手段。这包括利用社交媒体、搜索引擎、电子邮件营销等数字渠道来提高品牌的在线可见性和参与度。

3. 内容营销的重要性

高质量的内容营销可以帮助品牌在目标市场中建立权威和信任。这包括创建有价值的博客文章、视频、图像和其他形式的内容，以吸引和教育目标受众。

4. 多语言和多文化营销

为了有效地推广品牌，内容和营销信息需要被翻译和本地化，以确保它们对目标市场的受众来说是相关和吸引人的。

5. 合规性和道德标准

在不同国家（地区）进行品牌推广时，必须遵守当地的法律法规，并且具有良好的商业道德，如商品信息的真实性、透明度。

6. 技术和创新的应用

利用最新的技术和创新手段，如增强现实（AR）、虚拟现实（VR）、大数据分析等，可以提升品牌推广的效果，并创造独特的用户体验。

7. 跨渠道协同

品牌推广策略需要在不同的销售和营销渠道之间实现协同，包括线上商店、社交媒体平台、移动应用程序和传统媒体。

8. 客户参与和互动

与客户建立持久的关系是品牌推广的关键。这涉及通过各种互动方式与客户沟通，如社交媒体互动、客户服务、社区建设等。

9. 影响者和合作伙伴营销

与影响者和其他品牌合作，可以帮助跨境电商企业扩大品牌的影响力和可信度。

(二)跨境电商品牌推广的意义

跨境电商企业的品牌推广不仅是为了销售产品,更是为了在全球市场中建立和维护一个可信赖的、有影响力的品牌形象。这些策略的实施需要企业对目标市场有深入的理解,以及对不同文化背景下消费者行为的敏感洞察。通过有效的品牌推广,企业能够在全球市场中获得竞争优势,实现长期的发展和成功。跨境电商企业的品牌推广意义体现在以下方面。

1. 提升全球知名度

品牌推广能够将企业的名称和形象传达到不同国家(地区),通过多渠道和多语言的营销活动,提高品牌的全球可见度。例如,阿里巴巴集团通过参加国际贸易展览会和在线多语言广告,成功地将其品牌形象推广到全球,使其成为全球知名的电商平台。

2. 建立国际信任

在不同文化和市场中保持一致的品牌信息和用户体验,有助于建立消费者的信任,这是品牌在国际市场获得成功的基础。例如 Amazon 在全球提供相同的服务和产品质量,无论消费者在哪个国家(地区),都能获得相似的满意体验,从而在全球范围内建立了强大的信任基础。

3. 适应文化差异

在品牌推广时考虑目标市场的文化特性,有助于提高品牌信息的接受度,避免文化冲突。例如,麦当劳在不同国家(地区)推出符合当地饮食习惯的菜单,以此来尊重当地文化并吸引消费者。

4. 促进销售增长

有效的品牌推广能够激发消费者的购买欲望,直接促进销售的增长。例如,小米通过在线社交媒体营销和线下快闪店活动,在印度等海外市场迅速提升了品牌知名度并大幅增加了销量。

5. 差异化竞争

通过品牌推广传达独特的价值主张,可以使企业在竞争激烈的市场中脱颖而出。例如,Spotify 在推广其个性化播放列表功能时,强调了其与其他音乐流媒体服务不同的个性化体验,吸引了大量忠实用户。

6. 培养客户忠诚度

通过持续的品牌推广和优质服务，可以增强消费者的品牌忠诚度，降低客户流失率。例如，Netflix 通过不断更新原创内容和推荐算法，保持用户的持续兴趣，从而在全球范围内增强了客户忠诚度。

7. 实现市场扩展

品牌推广有助于企业探索和进入新的国际市场，扩大市场份额。

8. 增强社会影响力

品牌推广可以用来传达企业的社会责任，提升品牌在消费者心目中的正面形象，从而增强其社会影响力。例如，宝洁公司通过其"感谢妈妈"系列广告，不仅提升了品牌形象，还强化了其对社会价值的承诺，这种正面的社会责任感对于提升品牌整体价值具有重要作用。

(三) 跨境电商品牌推广的步骤

跨境电商企业开展品牌推广的工作是一个系统的过程，它要求企业不仅要有全局视野，还需要对细节有深入的把握，其工作步骤大致如下。

1. 全面的市场调研

企业需要进行全面的市场调研，这包括了解目标市场的文化、法律法规、消费者行为和竞争对手情况。例如，一个欲在东南亚进行品牌推广的中国电商平台，首先需要研究当地的互联网使用习惯、支付方式及电商法律法规。然后，企业要根据调研结果制定品牌推广策略，这可能涉及品牌信息的本地化，以及选择合适的营销渠道和方法。比如，使用当地流行的社交媒体平台，而不是仅限于国内熟悉的平台。

2. 设计营销活动

企业需要设计具有吸引力的营销活动，这些活动应该能够引起目标市场消费者的兴趣和情感共鸣。例如，对于海外的年轻消费者，可能需要通过与流行文化结合的创意广告来吸引他们。同时，企业还需要确保所有的营销内容都具有高质量和专业性，以体现品牌的形象。

3. 效果监控与调整

在推广活动启动后，企业要密切监控其效果，并根据反馈进行调整。这包括分析广告的点击率、销售数据和消费者的在线反馈。如果某一市场的反应不如预期，那么企业可能需要调整其推广策略或活动内容。例如，如果在巴西市场的反馈显示消费者对某一广告内容不感兴趣，企业可能需要重新设计广告，以更好地与当地文化和消费者的兴趣相契合。

4. 客户关系管理

企业需要建立一套完善的客户关系管理系统，以维护与消费者的长期联系。这包括通过电子邮件、社交媒体和客户服务等渠道与消费者进行互动，收集他们的反馈和建议，并据此改进产品和服务。通过这样的持续互动，企业不仅能够提升消费者的满意度和忠诚度，还能够在消费者中建立良好的口碑，为品牌推广奠定坚实的基础。

(四) 跨境电商品牌推广的策略

跨境电商企业在品牌推广时采取的策略需要考虑多种因素，如目标市场的文化差异、消费者行为、当地市场的竞争状况等。每种策略的实施都需要细致的规划和执行，以确保品牌信息的准确传递和最大化的市场影响力。跨境电商企业品牌推广可综合采用如下策略。

1. 本地化营销策略

跨境电商在进入新市场时，必须将品牌信息和营销活动本地化，以确保与当地文化和消费者需求相符。例如，Amazon 在进入印度市场时，不仅提供了印地语和其他地方语言的服务，还针对当地节日推出特别促销活动，以及调整物流服务以适应当地的基础设施条件。

2. 跨平台数字营销

利用多个数字平台进行品牌推广可以帮助企业触及更广泛的受众。例如，中国的阿里巴巴集团通过其全球零售平台 AliExpress，在 Facebook、Instagram 等社交媒体上进行广告投放，同时也在 YouTube 上发布产品视频，以此来吸引和转化国际消费者。

3. 利用影响者营销

与具有国际影响力的关键意见领袖（KOL）合作，可以迅速提升品牌在目标市场的知名度。例如，Shein 这个快时尚品牌通过与国际时尚博主和 Instagram 影响者合作，迅速在年轻消费者中建立起了品牌形象。

4. 多语言客户服务

提供多语言的客户服务是跨境电商成功的关键，它有助于提升用户体验和满意度。

例如，eBay 提供了多种语言的客户支持，确保全球用户在使用过程中能够得到有效的帮助和支持。

5. 参与国际展会和活动

通过参与国际展会和行业活动，企业可以直接与潜在客户和合作伙伴接触，建立品牌形象。例如，中国的电子产品制造商小米公司参加了巴塞罗那的世界移动通信大会（MWC），通过展示其最新的智能手机和技术创新来提升品牌知名度。

6. 建立全球品牌大使计划

通过全球品牌大使来传递品牌价值和故事，可以在不同文化和市场中建立一致的品牌形象。例如，华为聘请了多位国际名人，作为其品牌大使，以增强其在全球市场的品牌形象和吸引力。

第五节　跨境电商品牌的利用与发展

一、跨境电商品牌的利用

（一）跨境电商品牌利用的定义与内涵

跨境电商品牌利用是指企业如何有效地使用其品牌资产，在全球市场中实现商业价值最大化。这涉及品牌的多方面运用，包括品牌形象、品牌信任、品牌忠诚度及品牌故事等，以促进企业的国际化发展。跨境电商品牌利用的内涵是多维度的，它要求企业不仅要在全球市场中建立强大的品牌形象，还要通过各种策略和手段来深化品牌的市场影响力，从而实现品牌资产的最大化利用。

跨境电商品牌利用的关键内涵包括以下内容。

1. 品牌形象的全球统一性与本地适应性

跨境电商需要确保其品牌形象在全球市场中的一致性，同时又能够适应不同地区的文化和市场特点。例如，全球知名品牌苹果在世界各地的商店设计和广告宣传中保持一致的品牌形象，同时在产品推广和广告宣传中融入当地文化元素。

2. 品牌信任的建立与维护

在不同国家（地区）建立品牌信任对于跨境电商企业至关重要。企业需要在质量控制、客户服务、用户体验等方面持续投入，确保消费者在任何国家（地区）都能获得相同标准的服务和产品体验。

3. 品牌忠诚度的培养

品牌忠诚度是企业在全球市场中获得持续成功的关键，这通常通过提供优质的产品和服务、建立奖励机制，以及与消费者建立情感联系等方式实现。例如，Amazon 的 Prime 会员服务就是通过提供快速配送、视频流服务等多种优惠来增强用户的品牌忠诚度。

4. 品牌故事的传播

一个引人入胜的品牌故事可以跨越文化和语言的障碍，与全球消费者建立情感联系。跨境电商企业可以通过讲述故事来强化品牌价值和差异化，如宜家通过其独特的品牌故事和企业文化，成功地在全球市场中树立了家居生活的品牌形象。

5. 品牌资产的战略运用

品牌资产如商标、专利、设计等都是跨境电商可以用来增强市场竞争力的工具。通过有效管理和运用这些资产，企业可以保护其市场份额，防止仿冒，同时也可以通过授权或合作方式开辟新的收入来源。

6. 品牌的数字化运用

在数字化时代，跨境电商品牌需要通过电子商务平台、社交媒体、移动应用等数字渠道来加强与消费者的互动。通过数据分析和个性化营销，品牌可以更精准地定位消费者，提升品牌在消费者心中的地位。

（二）跨境电商品牌利用的意义

跨境电商品牌利用的意义体现在以下方面。

1. 提升国际市场竞争力

一个强大的品牌可以作为差异化的工具，帮助企业在全球市场中脱颖而出。品牌的独特价值主张、知名度和忠诚度都是企业能够在激烈的市场竞争中保持优势的关键因素。例如，华为通过强调其在通信技术领域的创新和领导地位，成功地在全球市场占据了一席之地，赢得了广泛的认可。

2. 增强消费者信任

跨境购物时，消费者面临更多不确定性，品牌信任成为他们作出决策的重要依据。

通过一贯的品质保证和优质服务，品牌可以建立起消费者的信任。例如，Amazon 通过其全球统一的客户服务标准和用户体验，建立了强大的品牌信任，消费者即使在不同国家（地区）购物也能获得相似的满意体验。

3. 实现品牌价值最大化

通过跨境电商平台，品牌可以接触到更广泛的消费者群体，这有助于提升品牌的市场份额和收入潜力。例如，阿迪达斯通过电子商务平台和全球营销活动，有效地将其品牌价值转化为销售额，实现了品牌价值的最大化。

4. 促进品牌全球化

品牌全球化不仅是物理上的市场扩张，更是品牌价值、文化和理念的全球传播。例如，宜家通过在不同国家（地区）采用具有本地化特色的产品和营销策略，同时保持品牌核心价值的一致性，实现了品牌的全球化。

5. 提高品牌影响力和知名度

品牌影响力是企业在消费者心目中占据的地位，高的品牌知名度可以带来更多的市场机会。例如，小米通过社交媒体营销和口碑传播，迅速提升了其在海外市场的品牌知名度和影响力。

6. 适应市场多样性

跨境电商需要面对不同的文化、法律和消费习惯，品牌的灵活运用可以帮助企业更好地适应这些差异。如传音手机针对非洲市场的差异，实现了更适合当地运营商的"N 卡 N 待"模式、重低音设计，以及符合当地人种的美颜模式，呈现出更立体的五官轮廓、更适合深肤色的拍照模式、更符合当地人审美的眼睛对比度。

7. 优化品牌资产管理

商标、专利等是企业的重要资产，有效管理和利用这些资产对于保护企业的市场地位至关重要。例如，苹果公司通过积极的专利申请和维权行动，保护了其技术和设计的独创性，优化了品牌资产的管理。

8. 增强消费者参与和忠诚度

通过与消费者的互动和参与，品牌可以更好地理解消费者需求，从而提升消费者忠诚度。例如，耐克通过其应用程序和社区活动，鼓励消费者参与品牌体验，从而增强了消费者的忠诚度和品牌的社区感。

（三）跨境电商品牌利用的步骤

跨境电商企业开展品牌利用的工作步骤是一个系统的过程，它涉及从市场研究到品牌策略实施的多个环节，具体内容如下。

1. 市场研究

企业需要进行深入的市场研究。这一步骤是品牌利用的基础，企业需要通过市场研究来了解不同国家（地区）的消费者行为、市场趋势、竞争对手分析，以及潜在的法律和文化障碍。这些信息将帮助企业制定出适应当地市场的品牌利用策略。

2. 明确品牌定位

企业需要明确自身的品牌定位。这意味着企业必须清晰地定义自己的品牌价值主张，以及如何将这些价值传达给国际消费者。品牌定位不仅要考虑企业的内在优势，如技术创新、产品质量或客户服务，还要考虑如何将这些优势与目标市场的需求和期望相结合。例如，如果一个品牌在本土市场以高端品质著称，那么在海外市场也应保持这一定位，并通过营销活动强调其产品的高品质和独特设计。

3. 制定策略

企业需要制定具体的品牌利用策略，包括选择合适的营销渠道、推广方式和沟通策略。对于跨境电商来说，这可能意味着利用社交媒体、搜索引擎优化（SEO）、内容营销或联盟营销等多种在线渠道来推广品牌。同时，企业还需要考虑如何通过本地化策略来调整这些营销活动，以确保它们在不同文化背景下的有效性。

4. 关注品牌的一致性和适应性

在品牌利用过程中还需要关注品牌的一致性和适应性。跨境电商企业在不同市场中推广时，需要确保品牌信息的一致性，同时又要有足够的灵活性来适应各市场的特定需求。这可能涉及对品牌标识、广告语言甚至产品包装的调整，以确保它们在全球市场上既能被识别又能引起共鸣。

5. 效果监测与评估

企业需要对品牌利用效果进行监测和评估。这包括跟踪品牌知名度、市场份额、消费者反馈和销售数据等关键指标。基于这些数据，企业可以调整其品牌利用策略，以应对市场和消费者需求的变化。通过持续的监测和优化，企业可以确保其品牌在全球市场上保持活力和竞争力。

(四）跨境电商品牌利用的策略

跨境电商企业品牌利用策略的有效实施，需要企业深入理解目标市场的文化特性和消费者行为，以及不断地测试和优化，确保品牌信息的有效传递和消费者参与的最大化。通常，企业可综合采用如下策略。

1. 社交媒体营销

在跨境电商中，社交媒体是联接全球消费者的桥梁。例如，Shein 通过 Instagram 和 TikTok 的流行趋势，利用影响者和时尚博主来推广其快时尚品牌，通过视觉和社交互动吸引年轻消费者。这种策略不仅提高了品牌的全球知名度，还增强了消费者的互动性和参与度。

2. 搜索引擎优化（SEO）

SEO 帮助品牌提高在搜索引擎中的可见性。例如，iHerb 利用针对不同国家（地区）和语言的 SEO 策略，确保其自然保健产品在全球搜索中排名位居前列，从而吸引更多的有意购买的流量。

3. 内容营销

通过提供有价值的内容来吸引和保持消费者的注意力。例如，阿里巴巴的博客和论坛提供了关于全球贸易和电子商务的文章，这些内容不仅提供了信息，还提升了品牌作为行业领导者的形象。

4. 联盟营销

通过与其他企业或个人合作，共同推广品牌。例如，Amazon 的联盟营销程序允许博客和网站所有者通过推荐产品来赚取佣金，这样的合作关系扩大了品牌的触及范围。

5. 本地化策略

调整营销活动以适应不同文化的需求。例如，Netflix 在进入新市场时，不仅提供当地语言的内容，还制作本地化原创节目，以提高品牌在当地市场的吸引力和相关性。

6. 多渠道营销

结合线上和线下的多种渠道来推广品牌。例如，企业可以通过线上商城和实体店的无缝结合，提供一致的购物体验，从而增强品牌的全球影响力。

二、跨境电商品牌的发展

（一）跨境电商品牌发展的定义与内涵

跨境电商品牌发展是企业在全球市场中建立和增强品牌形象、价值和市场份额的综合过程。这一概念不仅包括品牌的识别和定位，还涉及构建品牌忠诚度，通过跨文化、跨市场的策略实现品牌的国际化扩张和市场深化。跨境电商品牌发展是一个系统的过程，要求企业在全球化和本地化之间找到平衡，通过数字化手段和创新技术提升品牌的国际竞争力和市场影响力。

跨境电商企业品牌发展的内涵包括以下内容。

1. 全球视野与本地适应

跨境电商企业的品牌发展要求企业具备全球化的商业策略和对本地市场的深刻理解，以确保品牌信息和价值主张在不同文化和市场中的相关性和吸引力。例如，Amazon 在全球市场中提供统一的购物体验，同时在各国家（地区）提供本地化的产品和服务。

2. 数字化运营

在数字化时代，跨境电商企业的品牌发展依赖网络市场的渗透力和在线用户体验的优化。例如，阿里巴巴利用其强大的电商平台和数据分析能力，为用户提供个性化的购物体验。

3. 供应链整合

品牌发展不仅关注市场营销，还包括供应链管理和物流的整合，以确保产品的全球可用性和交付效率。

4. 法规遵从与风险管理

跨境电商企业在不同国家（地区）运营时，必须遵守当地法律法规，并在品牌发展过程中应对跨境交易的风险。例如，shopify 提供工具帮助商家遵守全球各地的税务和数据保护规定。

5. 技术创新

品牌发展需要通过技术创新提升用户体验，包括移动商务、人工智能、大数据分析等技术的应用。例如，小米通过其智能硬件和互联网服务，提供了与众不同的用户体验。

6. 持续互动与客户关系

建立长期的客户关系，通过社交媒体、客户服务和个性化营销来维护客户忠诚度和参与度。例如，Netflix 通过不断更新的内容和个性化推荐，维持了用户的持续兴趣。

7. 品牌故事和价值传播

品牌发展要通过品牌故事讲述和价值传播，在消费者心中建立独特的品牌形象和情感联系。例如，宝洁公司的公益广告、微短片等不仅提升了品牌形象，还使消费者认为其具有正面的社会责任感。

（二）跨境电商品牌发展的意义

跨境电商品牌发展的意义在于它能够帮助企业在全球市场中建立差异化的竞争优势，提升销售或市场份额，提升品牌价值，并促进长期的业务增长。此外，它还关乎品牌的长期战略定位、消费者关系建立，以及对市场变化的适应能力等。跨境电商品牌发展的意义主要体现在以下方面。

1. 提升全球市场竞争力

通过品牌发展建立一个强大的品牌，企业可以在消费者心目中留下良好的印象，有助于企业在全球市场中脱颖而出并在激烈的市场竞争中保持优势。例如，华为通过强调其在通信设备领域的技术创新，成功地在全球市场上与其他品牌区分开来，提升了其竞争力。

2. 提升品牌价值

品牌发展能够提升企业的品牌资产价值。一个有价值的品牌能够吸引更多的消费者，提高产品的市场接受度，从而增加企业的收入和利润。例如，苹果公司通过持续的创新和强有力的品牌营销，建立了高价值的品牌形象，使其产品能够以高于市场平均水平的价格销售。

3. 促进业务增长

通过有效的品牌发展策略，企业能够拓展新市场，从而推动业务的持续增长。例如，Amazon 通过不断拓展其品牌到新的产品类别和服务，如云计算服务 AWS，实现了业务的多元化和增长。

4. 建立消费者信任

消费者信任是品牌成功的基础，通过提供一致的品质和服务，品牌可以获得消费者的信任。例如,宝洁公司通过其多个品牌(如吉列和潘婷),建立了消费者的信任,这些品牌被视为其各自领域的可靠选择。

5. 适应市场变化

市场不断变化,一个灵活的品牌发展策略可以帮助企业快速适应新的市场趋势和消费者需求。

6. 提升品牌影响力

品牌发展有助于提升品牌影响力,吸引更多的合作伙伴,增强企业在行业中的话语权。例如,阿迪达斯通过与知名运动员和名人的合作,提高了其品牌的可见度和影响力,吸引了更多的消费者。

(三)跨境电商品牌发展的步骤

跨境电商企业的品牌发展工作是一个连续的过程,涉及多个环节,每个环节都以前一个环节为基础。品牌发展是一个永无止境的过程,它要求企业不断地学习、适应和创新,以保持其竞争优势。跨境电商企业的品牌发展的工作步骤包括以下内容。

1. 市场调研与全球定位

跨境电商企业的品牌发展以全面的市场调研为基础。企业需要收集关于不同国家(地区)市场的详细信息,包括消费者行为、竞争对手情况、市场趋势等。这些信息将帮助企业在全球市场中找到其品牌的独特定位。例如,一个专注于健康生活产品的电商平台,可能会发现在某些国家(地区)对有机产品的需求更强,因此可以将品牌定位为高端健康生活的代表。这一步骤确保了品牌发展策略的方向性和目标市场的准确性。

2. 品牌策略与文化适应性

确定了全球市场定位后,企业需要制定具体的品牌策略,包括品牌的视觉形象、价值主张和核心信息。在这个过程中,文化适应性是关键,品牌必须确保其策略在不同文化中都能够得到有效传递。例如,品牌可能需要调整其标语和广告内容,以适应不同国家(地区)的语言和文化背景。这一步骤不仅要求企业有创造性地传达其品牌价值,还要求企业对不同市场的文化敏感性和适应性。

3. 品牌一致性与地方灵活性的平衡

在全球范围内维护品牌一致性的同时,企业还需要在各地方市场展现一定的灵活性。这意味着企业需要建立一套全球统一的品牌管理体系,同时在各地方市场中进行适度的本地化调整。例如，全球快餐连锁品牌可能会在不同国家（地区）推出符合当地口味的特色菜单，同时保持其标志性产品的一致性。这一步骤要求企业在全球品牌战略和本地市场需求之间找到平衡点。

4. 技术创新与用户体验优化

随着电子商务和数字技术的发展，技术创新成为品牌发展的重要驱动力。跨境电商企业需要利用最新的技术来提升用户体验和运营效率。例如，利用人工智能和机器学习技术提供个性化产品推荐，或者通过增强现实技术提供虚拟试穿体验。这一步骤要求企业不断探索新技术的应用，以提高用户的在线购物体验。

5. 可持续发展与社会责任

品牌的可持续发展和社会责任也是品牌发展不可忽视的方面。跨境电商企业需要在其品牌战略中融入环保和社会责任的元素。例如，采用可回收材料进行包装，或者支持当地的社会发展项目。这一步骤不仅有助于提升品牌形象，也符合现代消费者对企业社会责任的期待。

6. 客户关系管理与忠诚度建设

建立和维护与客户的长期关系是品牌发展的核心。跨境电商企业应通过 CRM 系统来跟踪客户数据，提供个性化的服务和产品。此外，通过社交媒体和客户服务渠道的持续互动，企业可以增强与客户的联系，提升客户满意度和忠诚度。例如，通过定期的客户满意度调查和反馈机制，企业可以及时了解并解决客户的问题。

7. 合规性与遵守法律法规

在全球市场中运营的企业必须遵守各国家（地区）的法律法规，包括数据保护、税收政策、进出口规定等。跨境电商企业需要确保所有的业务活动都符合法律要求，以避免潜在的法律风险。例如，企业可能需要建立一个专门的合规团队，以监控和管理全球业务的合规性。

8. 品牌故事讲述与价值传播

企业需要通过有效的沟通策略来讲述品牌故事和传播品牌价值，通常通过内容营销、社交媒体互动以及其他形式的广告来实现。一个有力的品牌故事能够在消费者心中留下深刻印象，建立情感联系，这对于提高消费者的品牌忠诚度和推荐意愿至关重要。

9. 效果监测与评估

在实施这些步骤的过程中，跨境电商企业应该持续监测和评估品牌发展活动的效果，包括分析市场反馈、消费者行为数据，以及销售结果，以便及时调整策略。企业还应该保持灵活性，以适应市场和消费者需求的变化。这种灵活性体现在能够迅速响应市场变动，如调整产品线、优化营销活动或改进客户服务。例如，如果某一国家（地区）的消费者对某一产品类别的需求量上升，企业应能够快速增加该类别产品的供应量，并在营销中突出这一变化。同时，企业应该对消费者反馈保持开放的态度，不断地从客户的使用体验中学习，并将这些学习成果应用于产品和服务的改进。

10. 持续创新与迭代

在品牌发展的每个阶段，创新都是必不可少的。跨境电商企业需要不断地探索新的市场机会，研发新产品以及改进服务流程。这种创新不仅是技术层面的，也包括商业模式、营销策略和用户体验的创新。例如，企业可以探索通过增强现实技术来提供沉浸式的购物体验，或者开发基于订阅的购物模式来提高客户黏性。创新应该融入企业文化，鼓励员工提出新想法，并为试验和探索新方法提供资源支持。

（四）跨境电商品牌发展的策略

跨境电商企业的品牌发展策略是多元化的，需要结合企业自身的资源、市场定位及目标消费者的特点来制定，策略的实施需要以清晰的品牌定位、深入的市场洞察力及强大的执行能力为基础。跨境电商企业可组合应用以下常用的品牌发展策略。

1. 数字化营销与社交媒体整合

在数字时代，跨境电商企业的品牌发展离不开强大的数字化营销策略，包括利用SEO、SEM、内容营销、电子邮件营销，以及社交媒体平台来提升品牌知名度和用户参与度。例如，阿里巴巴集团通过在各大社交媒体平台上的活跃互动，以及通过淘宝和天猫等平台的个性化推荐系统，成功地吸引了全球消费者的注意力。

2. 本地化策略

品牌发展需要考虑到文化差异和本地市场的特殊需求。跨境电商企业应当通过本地化的产品和服务来满足不同市场的需求。例如，Amazon在进入印度市场时推出了针对当地市场的特殊支付和物流服务，以适应当地消费者的购物习惯。

3. 用户体验优化

用户体验是品牌忠诚度和用户满意度的关键影响因素。跨境电商企业应通过优化网站设计、提高页面加载速度、简化购物流程等措施来提升用户体验。例如，shopify提供了一套用户友好的电商平台，使得全球的小型商家都能够轻松搭建店铺并提供流畅的购物体验。

4. 创新技术应用

利用最新的技术来提升品牌竞争力是跨境电商企业不可忽视的策略，包括使用人工智能、大数据、区块链等技术来优化供应链、个性化产品推荐，以及提高交易安全性。例如，eBay 利用其庞大的数据分析能力来预测市场趋势，并为用户提供更准确的购物建议。

5. 可持续发展战略

可持续性已成为品牌形象的重要组成部分。跨境电商企业应通过推广环保产品、实施绿色物流等措施来展示其对可持续发展的承诺。例如，Etsy 作为一个主营手工艺品和复古商品的电商平台，强调其对支持小型生产者和环境可持续性的承诺。

6. 跨文化沟通与品牌故事

品牌故事能够帮助企业与消费者建立情感联接。跨境电商企业应通过有效的跨文化沟通来传递其品牌故事和价值观。例如，Airbnb 通过"属于任何地方的家"的品牌故事，成功地传达了其品牌的核心价值，即为全球旅行者提供本地化且独特的住宿体验。

第六节　跨境电商品牌的更新与危机管理

一、跨境电商品牌的更新

（一）跨境电商品牌更新的定义与内涵

跨境电商品牌更新是指在全球市场环境中，跨境电商企业对其品牌进行的调整和创新，以适应市场变化、消费者需求和技术进步。跨境电商品牌更新是一个持续的过程，需要企业不断评估外部环境和内部运营情况，以确保品牌始终保持活力和竞争力。通过品牌更新，企业能够更好地适应全球市场的变化，满足消费者的期望，并利用技术进步来提升整体的品牌价值。这种更新不仅是简单的标志或口号变更，更是一个全面的、系统的过程，涉及品牌战略、市场定位、产品创新、用户体验和技术应用等多个层面。

跨境电商品牌更新的内涵包括以下内容。

1. 品牌重塑

跨境电商企业通过更新品牌的视觉标识和重塑品牌故事，增强其在全球市场的吸引力和辨识度，同时强调其国际化元素以期与全球消费者建立情感联系。

2. 市场定位

企业通过深入分析和理解不同市场和文化背景下消费者的需求，重新定位其品牌和产品，以确保其市场策略的精准性和有效性。

3. 产品创新

跨境电商企业应不断更新其产品线，引入创新产品并提供个性化选项，以适应市场趋势和满足消费者的个性化需求。

4. 技术应用

企业采用最新的电子商务技术进行数字化转型，优化用户体验，并通过跨平台整合给消费者带来良好的购物体验。

5. 营销策略

通过优化数字营销手段和更新内容营销策略，企业提高了品牌在数字空间的可见度和参与度，增强了与消费者的互动。

6. 供应链优化

企业通过技术创新升级物流网络，实现更高效的配送服务，并通过先进的库存管理系统提高库存控制和需求预测的灵活性。

7. 客户关系管理

企业提供个性化和多样化的客户服务，包括多语言支持，同时不断改进用户界面和提升用户体验，以提升顾客满意度和忠诚度。

8. 合规与风险控制

跨境电商更新合规策略以适应不同国家（地区）的法律法规，并加强风险管理，以应对市场变化和汇率波动等潜在风险。

（二）跨境电商品牌更新的意义

跨境电商品牌更新的意义体现在以下几方面。

1. 有助于提升品牌的全球竞争力

品牌更新是企业对外部市场变化的一种适应机制，它通过更新品牌形象和价值主张来吸引新客户并保持现有客户的忠诚度。这是因为全球市场的消费者趋势、技术革新以及竞争对手的策略都在不断变化，企业必须更新其品牌以保持相关性。

2. 有助于企业进入新市场并扩大市场份额

品牌更新可以作为企业国际化战略的一部分，帮助企业调整其市场定位，以满足不同国家（地区）消费者的特定需求。这是因为不同市场的消费者可能有不同的文化背景、购买习惯和产品偏好，企业需要通过品牌更新来展示其对这些差异的理解和尊重。例如，苹果公司在中国市场推出特别版 iPhone，不但满足了中国消费者的偏好，而且通过这种品牌更新策略成功地提升了其在中国市场的品牌形象和销量。

3. 有助于增强企业对消费者行为变化的响应能力

随着全球消费者行为的快速变化，品牌更新成为企业及时调整其营销策略和开发产品以满足新兴需求的关键。这种更新是必要的，因为它可以帮助企业快速适应消费者对新技术、新产品特性或新购物渠道的偏好。例如，随着环境保护意识的提升，许多跨境电商如 ASOS 开始推出可持续时尚系列产品，并在其品牌更新中突出这一点，以吸引那些高度关注环境问题的消费者。

4. 有助于企业提升品牌形象和建立差异化竞争优势

品牌更新不仅是改变标志或广告，更是一种深层次的战略调整，可以帮助企业在消费者心目中建立独特的品牌地位。这种差异化是企业在全球市场中脱颖而出的关键。例如，阿迪达斯通过推出其可持续发展系列产品，不仅更新了其品牌形象，还在环保意识日益增强的消费者中建立了独特的市场地位，这使得其在运动服装市场中与竞争对手区分开来。

（三）跨境电商品牌更新的步骤

跨境电商品牌更新是一个综合性的过程，涉及市场和内部审计、制定更新战略、实施具体行动，以及持续评估和调整，以确保品牌在全球市场中保持竞争力和相关性。其具体工作步骤如下。

1. 进行全面的市场和内部审计

在这一阶段，企业需要深入分析全球市场趋势、消费者行为、竞争对手状态，以及自身品牌的当前形象和市场表现。对于跨境电商企业来说，这意味着其要考虑不同国家（地区）的文化差异、法律法规、物流配送能力和本地市场的电商发展水平。例如，一个在亚洲市场表现良好的电商品牌，在拓展欧洲市场时，可能需要重新评估其品牌元素是否与当地文化和消费者期望相符。这个过程可能涉及收集和分析大量的数据，包括客户反馈、销售数据和在线行为分析，以确保品牌更新策略的制定是基于实际的市场和内部数据的。

2. 制定明确的品牌更新战略

该战略基于前一步骤的审计结果，明确品牌更新的目标、关键信息点和实施的时间表。对于跨境电商企业而言，不仅要考虑全球视角，还要细化到各国家（地区）市场的具体情况。战略中应包含对品牌定位、品牌形象、产品线、市场推广方式等方面的更新计划。例如，品牌可能需要在不同的市场推出差异化的营销活动，以适应当地消费者的特殊需求和偏好。同时，品牌更新战略还应该考虑技术的应用，如利用人工智能和大数据来提升个性化营销和客户服务。

3. 将战略转化为具体行动

在这个阶段，跨境电商企业需要协调不同部门的工作，确保品牌更新在全球范围内的统一性和在各地市场的平衡。这可能包括更新网站和移动应用的设计、推出新的产品包装、制订新的广告宣传片，以及在社交媒体上的重新定位。例如，企业可能需要与当地的设计师合作，确保新的品牌形象既能传达全球统一的品牌信息，又能吸引当地市场的消费者。同时，企业还需要确保所有的更新措施都符合当地的法律法规要求，并且能够通过有效的物流和供应链管理及时将新产品和服务送达消费者手中。

4. 品牌更新的评估和调整

评估和调整是确保长期成功的关键。跨境电商企业需要持续监控品牌更新的效果，包括消费者的反馈、销售数据和市场份额的变化。这个过程中，企业可能需要利用客户关系管理系统和市场分析工具来收集相关数据，并定期召开评估会议。例如，如果某个市场的消费者对新的品牌形象反应不佳，企业可能需要调整其在该市场的品牌传播策略。同时，企业还需要准备好应对市场突发事件和新兴趋势，以便能够快速做出调整，保持品牌的活力和市场的竞争力。通过这样的循环过程，跨境电商企业可以确保其品牌更新工作能够适应不断变化的全球市场环境。

(四) 跨境电商品牌更新的策略

跨境电商企业在实施品牌更新策略时需要对市场有深入的理解，并对新兴趋势有敏锐的洞察力，同时也需要企业能够灵活调整其业务模式以适应不断变化的全球市场环境。可综合采用的常用策略如下。

1. 数字化和社交媒体整合策略

在当前的市场环境中，数字化转型是跨境电商品牌更新的首要策略，具体涉及利用最新的电子商务技术、社交媒体平台和数据分析工具来提升品牌的在线可见性和客户参与度。例如，阿里巴巴集团通过其在线平台不断推出创新的数字营销活动，如"双十一"购物节，利用大数据分析消费者行为，为其全球用户提供个性化的购物体验。这种策略不仅提高了品牌的现代感，还有助于企业捕捉到那些寻求在线购物体验的新客户。

2. 本地化和文化适应性策略

对于跨境电商企业而言，品牌更新策略中的本地化是至关重要的，这意味着在不同的市场中调整品牌信息，以符合当地文化和消费者偏好。例如，Amazon 在进入印度市场时，不仅提供了当地语言的界面，还调整了其产品组合以包括更多当地品牌和适应当地购物习惯的服务，如货到付款。

3. 可持续性和社会责任策略

随着全球消费者对环境保护和社会责任日益重视，跨境电商企业可通过将可持续性融入品牌更新中来提升其品牌价值。例如，企业可提出可持续发展理念，并在其全球营销活动中突出这一点，以吸引那些高度关注环境问题的消费者。

4. 创新和差异化产品开发策略

通过不断创新和推出差异化产品，跨境电商企业可以更新其品牌形象，以保持市场竞争力。例如，小米公司通过不断推出具有创新功能的智能手机和家居产品，以及通过其 MIUI 操作系统提供定制服务，成功地在全球市场中树立了其作为高科技创新品牌的形象。

5. 客户体验和服务优化策略

优化客户体验是跨境电商品牌更新的关键策略之一，具体包括改进网站和移动应用的用户界面、提供多语言支持，以及提升客户服务质量等。例如，shopify 提供了一个多语言的平台，允许商家创建多个版本的网站来服务不同国家（地区）的消费者，同时提供全天候的客户支持。

二、跨境电商品牌的危机管理

（一）跨境电商品牌危机管理的定义与内涵

跨境电商品牌的危机管理是指企业在全球市场运营中遇到潜在或实际危机时，采取的一系列策略和行动来减轻负面影响、恢复品牌形象和客户信任的过程。在整个危机管理过程中，跨境电商企业需要考虑全球化的复杂性，如文化差异、语言障碍、不同的法律环境，以及市场反应的多样性等。

跨境电商品牌危机管理的内涵体现在预防、准备、响应和恢复四个关键阶段。

1. 预防阶段

跨境电商企业需要进行全面的风险评估，识别可能影响品牌声誉的因素，如供应链中断、数据泄露、不符合当地法规等。由于跨境电商面临多元文化和不同国家（地区）法律的复杂性，预防措施必须综合考虑不同国家（地区）的法律与文化，确保全球运营的一致性和合规性。

2. 准备阶段

企业需要制订危机应对计划和沟通策略，具体包括建立危机管理团队、制定危机沟通流程、准备媒体声明模板和培训员工如何在危机发生时应对。准备工作还需要考虑不同市场的沟通渠道和策略，以及如何在全球范围内保持信息的一致性和准确性。

3. 响应阶段

跨境电商企业在危机发生时必须迅速、透明和负责任地行动，通常涉及立即发布信息、与客户和利益相关者沟通、采取行动解决问题并减轻影响。由于跨境电商可能面临不同时间区的挑战，因此需要一个全天候的响应机制，以确保在任何市场的任何时间都能及时响应。

4. 恢复阶段

跨境电商企业需要采取措施修复受损的品牌形象和客户关系，具体包括后续的客户沟通、补救措施、改进产品或服务，以及更新内部政策。恢复工作需要跨越不同的文化和市场，确保全球各地的消费者都能看到企业的努力和改进。

（二）跨境电商品牌危机管理的意义

跨境电商品牌的危机管理不仅是一种风险控制机制，更是一种战略工具，能够在全球市场中提升企业的适应性、竞争力和发展可持续性。通过有效的危机管理，跨境电商企业能够在面对挑战时保持坚韧，甚至能够将危机转化为提升品牌价值和市场份额的机会。跨境电商品牌危机管理的意义体现在以下几方面。

1. 维护全球消费者信任

跨境电商品牌的危机管理对于维护全球消费者信任至关重要。消费者信任是品牌资产的核心，尤其是在跨境电商领域，消费者对品牌的信任直接影响购买决策和品牌忠诚度。有效的危机管理能够快速应对负面舆情，减少对消费者信任的损害。例如，当 eBay 在 2014 年遭遇大规模数据泄露时，公司迅速采取行动通知用户并强制密码重置，这种透明和负责任的响应有助于减轻消费者的担忧，维护了其作为可信赖的在线市场的形象。

2. 保护和增强品牌的全球声誉

跨境电商品牌的危机管理有助于保护和增强品牌的全球声誉。品牌声誉是企业无形资产的重要组成部分，尤其在跨境电商领域，良好的声誉可以跨越国界，吸引和保留客户。例如，面对不同国家（地区）的消费者投诉，Amazon 都能提供及时和个性化的解决方案，这种策略帮助其在全球范围内维持了良好的品牌声誉。

3. 降低潜在的财务损失

跨境电商品牌的危机管理能够降低潜在的财务损失。当危机发生时，如果处理不当，可能会导致销售下降、股价暴跌甚至法律诉讼，对企业造成重大财务损失。通过有效的危机管理，企业能够限制这些损失，保护投资者和股东的利益。例如，在 2015 年，ASOS 的主要仓库发生火灾，但其通过迅速响应和透明沟通，有效地控制了潜在的财务损失，快速恢复了其业务和市场信心。

4. 实现危机恢复与竞争优势

跨境电商品牌的危机管理有助于企业从危机中恢复并获得竞争优势。在全球市场中，危机管理不仅是解决问题的手段，也是机会，可以通过危机管理展示企业的责任感和创新能力。例如，当 SAMSUNG 面临 Galaxy Note 7 电池爆炸的危机时，通过召回和重新设计产品，不仅成功地控制了危机，还通过改进技术和加强质量控制，增强了其在智能手机市场的竞争力。

5. 满足相关法律法规要求

跨境电商品牌的危机管理对于满足不同国家（地区）的法律法规要求至关重要。

跨境电商需要遵守的法律法规多样且复杂，有效的危机管理可以确保企业在面对危机时能够避免法律风险。例如，当全球多个国家实施更为严格的数据保护法规时，Facebook通过更新其隐私政策和加强数据安全措施，不仅应对了潜在的危机，还确保了其全球运营的合规性。

6. 助力企业快速适应市场变化

跨境电商品牌的危机管理有助于企业快速适应市场变化，保持业务连续性。全球市场变化迅速，危机管理使企业能够在面对突发事件时迅速调整策略，确保业务少受影响。

7. 增强企业内部凝聚力和员工危机意识

跨境电商品牌的危机管理还能够增强企业内部的凝聚力和员工的危机意识。良好的危机管理不仅能够对外展示企业形象，对内也能够强化员工对品牌的认同感和紧急情况下的应对能力。例如，苹果公司在面对产品缺陷的质疑时，通过内部沟通强化了员工对公司使命和产品质量的信念，这种内部凝聚力有助于企业员工在外部危机中展现出一致的态度和行动。

（三）跨境电商品牌危机管理的步骤

跨境电商品牌的危机管理是一个从风险评估到危机响应，再到恢复和战略整合的循环过程，旨在全球范围内保护品牌声誉并增强应对未来挑战的能力。其具体工作步骤包括以下内容。

1. 风险评估

跨境电商企业在开展品牌危机管理工作时，首先需要进行全面的风险评估。这一步骤是危机管理的基石，涉及对潜在风险的识别和评估。由于业务具有国际性，跨境电商企业需要考虑不同国家（地区）的法律法规、文化差异、政治经济稳定性等因素。企业应该建立一个跨部门的风险评估团队，利用大数据和人工智能技术监控社交媒体、新闻报道和消费者反馈，以便及时发现可能影响品牌声誉的问题。此外，企业还应该定期进行模拟演练，以评估和提高团队对各种危机情境的响应能力。例如，在全球范围内监控社交媒体和新闻报道，以评估其时尚产品可能引起的文化敏感性问题，预防可能发生的品牌形象危机。

2. 制订计划

在风险评估之后，跨境电商企业需要制订详细的危机应对计划，具体应包括危机沟通策略、应急响应流程和责任分配。由于跨境电商企业面临的用户群体文化和语言多样，危机沟通策略必须考虑到跨文化沟通的复杂性，确保信息在不同国家（地区）的准确传达。同时，应急响应流程需要明确每个团队和个人在危机发生时的具体职责和行动步骤，确保危机响应的迅速和有序。例如，在 Wish 的平台上出现了大量有质量问题的商品时，其制订了一套危机应对计划，包括加强质量控制和改进客户服务，以维护其作为可靠购物平台的品牌形象。

3. 危机应对

当危机发生时，跨境电商企业必须迅速启动危机应对计划，有效应对危机。在这一阶段，时间是关键，企业需要通过各种渠道，如官方网站、社交媒体、新闻发布等，迅速向公众传达信息。信息的内容应该清晰、准确，既要表现出企业对问题的认识和控制，也要表现出对受影响群体的同情和关怀。由于跨境电商的消费者遍布全球，企业还需要考虑不同时区的沟通时机和方法。例如，当 Shein 被指控抄袭设计师作品时，该公司迅速响应，公开道歉并与设计师沟通解决方案，以减少对品牌声誉的损害。

4. 危机后的评估和恢复

在危机响应之后，跨境电商企业需要进行危机后评估和恢复工作。这包括对危机管理过程的回顾和分析，识别改进的空间，以及制订恢复计划。恢复计划应该包括如何修复品牌形象、如何弥补客户损失、如何优化产品或服务等方面。跨境电商企业需要特别关注全球消费者的感受和反馈，通过持续的沟通和实际行动来重建信任和忠诚度。例如，京东在遭受假冒商品销售的指控后，进行了内部审计和市场评估，随后加强了对供应链的监管，并通过营销活动重建品牌信任。

5. 经验整合

跨境电商企业应将危机管理经验整合到企业的长期战略中，具体做法是将危机中学到的教训应用到产品开发、市场营销、供应链管理等方面，以增强企业的整体韧性和竞争力。企业还应该更新危机管理计划，确保它能够应对未来可能出现的新风险和挑战。通过这种持续的学习和改进，企业可以更好地准备应对未来的不确定性。例如，阿里巴巴在经历过假冒商品危机后，将从危机中学到的教训整合到其品牌战略中，加大了打击假冒商品的力度，并通过品牌合作提升了自身的品牌形象。

（四）跨境电商品牌危机管理的策略

跨境电商企业的品牌危机管理策略的目的是在全球市场中保护和增强其品牌价值，

具体可从形象监控与维护、多元文化适应性、透明沟通、客户关系管理、供应链透明度和品牌恢复方面切入，具体如下。

1. 品牌形象监控与维护策略

对于跨境电商企业而言，品牌形象是其最宝贵的资产之一。因此，实施实时监控社交媒体和在线论坛的策略至关重要，这可以及时发现并应对可能损害品牌形象的言论或事件。例如，Amazon 利用机器学习工具来监测和分析客户反馈，确保品牌形象保持正面。一旦发现潜在的负面内容，Amazon 会迅速响应，采取措施减轻其影响。

2. 多元文化适应性策略

跨境电商企业需要适应不同文化背景的消费者，例如，这要求企业在危机管理时考虑到文化差异，采取适合当地文化的沟通和解决方案。例如，企业在面对某些产品在特定国家（地区）引起的争议时，会根据当地文化的敏感点调整策略，以免品牌形象受损。

3. 透明沟通策略

在危机发生时，开放和透明的沟通对于维护消费者信任至关重要。例如，当 Shein 面对抄袭指控时，公司选择公开沟通、承认错误，并提出改进措施，这有助于减少对品牌信誉的损害。

4. 客户关系管理策略

在品牌危机中，维护和加强与消费者的关系是关键。例如，eBay 在处理用户数据泄露危机时，通过个性化的电子邮件和客户服务来安抚用户，重建信任。

5. 供应链透明度策略

对于跨境电商企业来说，供应链的透明度直接关系到品牌信誉。例如，京东在面对假冒商品问题时，通过加强供应链管理和提高透明度，向消费者展示其产品的真实性和质量保证。

6. 品牌恢复策略

危机过后，如何恢复品牌形象同样重要。例如，阿里巴巴在经历假冒商品危机后，不仅加强了打击侵权行为的强度，还通过品牌营销活动和社会责任项目积极重塑品牌形象。

第八章 跨境电商品牌营销

【结语】

跨境电商企业在作出品牌营销决策前,应确定决策既能与目标消费者的期待相吻合,又能够与竞争对手形成差异化竞争优势,将品牌的信息加工提炼成最能表现品牌竞争优势,同时又能被目标消费者乐意接收的信息,然后选择恰当的渠道,将品牌信息传递给目标受众。有效的品牌传播,可以使品牌为广大消费者和社会公众所知,满足消费者需要,培养消费者忠诚度。消费者最突出的特征就是对某个产品很难长期保持不变,因此电商品牌必须加强对品牌形象的维护与更新,加速对品牌产品的创新研发,保持好的品牌形象;建立品牌危机预警系统,及时发现品牌营销中的危机,妥善处理品牌危机,恢复品牌形象,危机过后及时吸取经验教训,完善危机处理系统。

【课后习题】

一、单项选择题

1. 品牌的独特性主要通过什么实现?(　　)
   A. 独有的设计和符号　　　　B. 文化和价值观
   C. 消费者类型　　　　　　　D. 以上都是

2. 品牌营销在跨境电商中的作用不包括以下哪一项?(　　)
   A. 建立品牌形象　　　　　　B. 提升市场竞争力
   C. 降低产品质量　　　　　　D. 增强顾客忠诚度

3. 跨境电商品牌定位的核心要素是什么?(　　)
   A. 价值主张　　　　　　　　B. 价格策略
   C. 产品质量　　　　　　　　D. 广告宣传

4. 跨境电商品牌识别的内涵不包括以下哪一项?(　　)
   A. 品牌视觉元素　　　　　　B. 品牌沟通风格
   C. 品牌个性　　　　　　　　D. 品牌价格策略

5. 跨境电商品牌传播的关键内涵之一是确保品牌信息在不同文化背景下的正确理解。这主要涉及哪方面?(　　)
   A. 法律法规遵守　　　　　　B. 多渠道策略
   C. 文化适应性　　　　　　　D. 数据驱动的优化

6. 在跨境电商品牌推广的步骤中,首先应进行的是什么?(　　)
   A. 设计营销活动　　　　　　B. 全面的市场调研

C. 效果监控与调整　　　　　　D. 客户关系管理

7. 跨境电商品牌利用的关键内涵之一是品牌形象的全球统一性与本地适应性。以下哪种做法最符合这一内涵？（　　）

A. 在全球市场中使用不同的品牌标识

B. 仅在本土市场推广品牌故事

C. 在全球维持一致的品牌形象，同时融入当地文化元素

D. 完全不考虑本地市场的特点和需求

8. 跨境电商品牌发展的内涵包括哪项关键策略？（　　）

A. 在全球化和本地化之间找到平衡　　B. 专注于全球市场竞争力的提升

C. 仅通过社交媒体进行品牌推广　　　D. 仅限于提供本地化产品和服务

9. 跨境电商品牌更新的内涵不包括以下哪一项？（　　）

A. 品牌重塑　　　　　　　　　　B. 市场定位

C. 产品创新　　　　　　　　　　D. 降低产品质量

10. 在跨境电商品牌危机管理的四个关键阶段中，哪个阶段涉及建立危机管理团队和制定沟通策略？（　　）

A. 预防阶段　　　　　　　　　　B. 准备阶段

C. 响应阶段　　　　　　　　　　D. 恢复阶段

二、多选题

1. 跨境电商为品牌提供的机遇包括哪些？（　　）

A. 市场拓展与增长机遇　　　　　B. 国际化的品牌形象建立

C. 创新的营销渠道与方法　　　　D. 降低生产成本

2. 跨境电商企业开展品牌营销的意义包括哪些方面？（　　）

A. 构建和维护品牌形象　　　　　B. 适应不同市场和文化

C. 增强顾客忠诚度　　　　　　　D. 稳定产品价格

E. 提高营销效率　　　　　　　　F. 促进产品和服务创新

G. 抵御竞争者的攻击

3. 跨境电商品牌定位时需要考虑的因素包括哪些？（　　）

A. 文化适应性　　　　　　　　　B. 竞争分析

C. 价格定位　　　　　　　　　　D. 品牌个性

E. 可持续性

4. 跨境电商品牌识别的意义包括哪些方面？（　　）

A. 形成市场差异化　　　　　　B. 增强文化适应性

C. 建立市场信任　　　　　　　D. 提升品牌忠诚度

E. 降低生产成本

5. 跨境电商品牌传播的意义体现在哪些方面？（　　）

A. 增强品牌认知度　　　　　　B. 适应文化差异

C. 提升品牌忠诚度　　　　　　D. 减少品牌多样性

6. 跨境电商品牌推广的内涵包括哪些内容？（　　）

A. 产品质量控制　　　　　　　B. 数字营销的运用

C. 多语言和多文化营销　　　　D. 全球视野与本地适应

7. 跨境电商企业开展品牌利用的工作步骤包括哪些环节？（　　）

A. 市场研究　　　　　　　　　B. 明确品牌定位

C. 忽视品牌一致性　　　　　　D. 效果监测与评估

8. 跨境电商品牌发展的意义主要体现在哪些方面？（　　）

A. 提升全球市场竞争力　　　　B. 提升品牌价值

C. 促进业务增长　　　　　　　D. 建立消费者信任

E. 提升品牌影响力

9. 跨境电商品牌更新的策略包括哪些？（　　）

A. 降低客户服务质量　　　　　B. 本地化和文化适应性策略

C. 可持续性和社会责任策略　　D. 数字化和社交媒体整合策略

10. 在跨境电商品牌危机管理的策略中，哪些是企业应当采取的措施？（　　）

A. 品牌形象监控与维护　　　　B. 多元文化适应性

C. 透明沟通　　　　　　　　　D. 产品价格战略

三、判断题

1. 品牌的信誉是基于消费者对其产品或服务质量的短期认知和评价建立的。（　　）

2. 在跨境电商环境下，品牌营销仅需要关注品牌形象的全球统一和标准化，不必考虑本地化策略。（　　）

3. 跨境电商企业在全球市场扩张过程中，品牌定位可以作为风险管理的工具。（　　）

4. 品牌识别的过程中，品牌个性的塑造不利于在消费者心中建立品牌形象。（   ）

5. 跨境电商品牌传播的过程只包括品牌的视觉元素、标语和信息的传播，不包括品牌价值、文化和故事的国际化传递。（   ）

6. 在不同国家（地区）进行品牌推广时，遵守当地的法律法规并维护高标准的商业道德是必要的。（   ）

7. 品牌资产如商标、专利等的战略运用不是跨境电商可以利用来增强市场竞争力的工具。（   ）

8. 持续创新与迭代是跨境电商企业品牌发展的必要步骤。（   ）

9. 跨境电商品牌更新是一个持续的过程，需要企业不断地评估外部环境和内部运营。（   ）

10. 在跨境电商品牌危机管理中，危机后的评估和恢复不包括对危机管理过程的回顾和分析。（   ）

第九章

跨境电商风险控制

本章重点

本章学习重点是了解并熟悉跨境电商的风险控制节点。

学习目标

本章旨在让学习者了解跨境电商流程中的风险点,熟悉结算、支付、物流过程,从而知晓跨境电商各环节中隐藏的风险。完成本篇学习,学习者应获得以下成果:
(1) 了解传统国际贸易支付和跨境电商支付的区别;
(2) 掌握传统国际贸易支付和跨境电商支付的风险;
(3) 熟知跨境贸易物流流程和风险退货、退款处理;
(4) 形成跨境电商的全面控制风险的意识。

第九章 跨境电商风险控制

第一节 跨境电商平台风险和应对

本节以阿里巴巴旗下跨境电商平台速卖通为例来介绍跨境电商平台风险。

速卖通作为阿里巴巴旗下跨境电商平台之一,于2010年正式上线,在全球市场上拥有庞大的用户群体和高知名度,其主要业务包括B2C电商、批发采购和跨境物流等,覆盖了全球数百个国家(地区)的消费者和商家。目前,速卖通在全球电商市场上的市场份额领先,市值连续多年稳居全球电商平台前列。但是,随着全球跨境电商市场的竞争越来越激烈,速卖通面临的风险也逐渐增加。速卖通面临的主要风险有哪些,相应的应对策略是什么呢?

一、风险分析

(一)市场风险

跨境电商市场的不确定性是速卖通面临的最大风险之一。由于全球市场变化的不确定性,市场营销策略、对目标客户的了解和供应链管理方面的决策可能会受到很大影响。例如,全球市场上的政治、经济和社会事件可能会直接影响速卖通的市场份额、用户数量和销售额。不同国家(地区)的法律法规也可能对速卖通的业务产生负面影响,如税收、进出口许可证及海关程序等。此外,在国际贸易中还存在货币汇率风险。

(二)品牌风险

随着全球市场上跨境电商平台的竞争越来越激烈,品牌价值对跨境电商平台的成功至关重要。过多的负面新闻会降低消费者对速卖通的信任,进而影响销售额。例如,近年来跨境电商平台的售假、诈骗等事件时有发生,这些事件给消费者对速卖通的信任带来了极大的负面影响。因此,速卖通应在商品质量监管、欺诈预防,以及客户服务等方面加强监控,在保持品牌有效性的同时提高用户的满意度。

(三)供应链风险

供应链管理是速卖通成功运营所必需的关键要素。然而,不可预测的事件如货运延误、品质问题、仓储问题等都可能影响供应链的流畅性。在这方面，供应商的可靠性变得尤为重要，速卖通需要建立相应的供应商合作机制。此外，全球物流体系的复杂性也是一个潜在的风险因素。在这种情况下，应对策略是集中管理，并利用全球网络优势，寻求最佳物流方案。

（四）支付风险

在跨境电商平台上，支付也是关键的环节。支付风险包括金融欺诈、非法活动，以及支付实现不及时等因素。跨境电商平台的支付系统必须具备高安全性，避免出现用户信息泄露和汇率风险等问题，同时也要确保支付过程的顺畅和可靠。为此，需要通过建立先进的支付系统和提供全天候的客户服务来降低支付风险。

（五）政策风险

跨境电商平台可能会受到政策的限制和监管。政策风险包括政策不确定性、政策的不稳定性，以及政府对外贸易政策的相关规定等。例如，某些国家的政府可能极力维护本地电商平台的利益，限制跨境电商平台的市场份额，这将会影响市场的进一步发展。因此，速卖通应与有关政府机构开展广泛沟通和合作，促进跨境电商的稳健和合理发展。

二、应对策略

（一）拓宽市场和跨境合作

速卖通的优势在于能够服务于国内外客户，因此其应加强对海外其他市场的进一步拓展，进一步提升平台的全球化水平。同时探索更好的跨境电商合作方式，尽可能为卖家提供更为全面优质的服务，提升用户的体验感，提升品牌价值和市场竞争力。

（二）加强监管和反欺诈预防

针对售假、假票、收货后无法退款等情况，应加强对卖家资质的审查，并建立完整的市场监管体系，进一步完善平台的商品发布、销售和交易流程等，为卖家提供合理的法规支持和保障。加强消费者权益保障的力度，如建立客服中心机制，提供用户鉴定、担保交易服务等，有效抵制假货、售假和诈骗等经济犯罪行为。

第二节 跨境电商支付风险和应对

两个或两个以上国家（地区）之间因国际贸易、国际投资及其他方面所发生的国际间债权债务，借助一定的结算工具和支付系统实现资金跨国和跨地区转移的行为，称为跨境支付。不同支付方式的支付时间、支付地点和支付方法都不相同。所以这个过程中，必然会存在风险。

跨境支付渠道包括线上支付和线下支付。线下支付与原有的国际贸易的支付基本相同，只是贸易平台不在线下等各大展会，而在 B2B 和 B2C 平台上。线下支付的支付方式有：现金支付、信用证支付、托收付款、交货付款、西联汇款、交单付款、分期付款、记账付款、延期付款，通常情况下人们使用的支付方式以现金支付、信用证支付、交货付款、西联汇款为主。线上支付的方式主要是 PayPal 支付。

一、现金付款

（一）B2B 贸易中的现金支付

在跨境 B2B 贸易中，采用比较多的是电汇（Telegraphic Transfer，T/T）。电汇是指汇出行应汇款人申请，拍发加押电报、电传或 SWIFT（SWIFT 全称为 Society for Worldwide Interbank Financial Telecommunication，即环球银行金融电信协会）。每个银行都有 SWIFT Code（银行国际代码），一般用于发电汇、信用证电报，以及快速处理银行间的电报往来。中国银行、中国建设银行、中国工商银行、中国农业银行、交通银行等拥有国际结算资格的大银行，还会对自己内部的分支机构分配不同的后缀。

电汇分为两种，前 T/T 和后 T/T。在跨境贸易行业内，在发货人发货前付清 100% 货款的，称为前 T/T，类似于国内传统贸易的款到发货。当然，也可灵活应用，如先付 30% 的货款作为定金，然后在发货后支付余下的 70%。发货后再付清 100% 货款的，称为后 T/T，此时发货方掌握货权，提货凭证为船运货物正本提单。使用 T/T 付款时，要注意以下 3 个风险点。

第一，在 T/T 付款的情况下，买家在银行完成付款手续后会得到一张付款凭证，这张付款凭证俗称"水单"。见到"水单"不代表货款就已经付出，这个风险点在新手操作订单时经常出现。有些国际诈骗分子利用业务员经验不足进行诈骗。因为"水单"基本以复印件形式出现，诈骗分子将以往用过的"水单"进行涂改、篡改、伪造，或者将一张填写过信息但没有递交银行的废件单当作已经在银行付款的证明传真给发货方，诱导业务员提前把船运正本提单寄出，导致供货方在没有收到货款的情况下货物被提走，损失惨重。

第二，在 T/T 付款的情况下，即使使用真的"水单"，国际诈骗分子也可以在几个工作日内以汇款错误为理由，要求银行撤回付出的货款。他们利用时间差，一边提供真的"水单"，一边又要求银行撤回付款，使得业务人员误以为是真的"水单"。另外，诈骗分子宣称货款已经汇出，以市场急需为由，诱导业务员把正本提单寄出，导致供货方在没有收到货款的情况下货物被提走，损失惨重。

第三，在 T/T 付款的情况下，即使是用真的"水单"，在银行办理正式汇款手续，国际诈骗分子也可以把货款从银行划出。虽然使用正确的 SWIFT Code，在几天后货款就会到达收款的银行，但是诈骗分子会故意使用错的银行账户号码，或者是故意填错几个字母，那么货款到达银行后，就不能直接入到供应商账户。在 3 个工作日后，若对方银行没有提供更正函，则视作汇款错误，会自动把款项退回原来打出货款的对方银行账户中。这也会使得业务人员误以为是货款已经打出，只是没有入账而已。对方仍会以市场急需为由，诱导业务员把正本提单寄出，还是会导致供货方在没有收到货款的情况下货物被提走，损失惨重。

以上 3 点是在跨境贸易中，国际诈骗分子常用的手段。此时，应对的原则就是，以我方银行收到货款并入到人民币账户的入账单为准，实行放行正本提单原则。这样就可以降低或者避免这类风险。

（二）B2C 贸易中的现金支付

B2C 贸易中的现金支付主要是指国际信用卡支付。国际上有五大信用卡品牌，分别是威士国际组织（VISA International）、万事达卡国际组织（Mastercard International）、美国运通国际股份有限公司（American Express）、大来信用卡有限公司（Diners Club）、JCB 日本国际信用卡公司。使用国际信用卡支付与日常使用的信用卡支付类似，用透支的额度消费和购买商品。

使用国际信用卡时，要注意以下 4 个风险点。

第一，信用卡持卡人恶意透支。持卡人没有还款能力的情况下，购买跨境商品，付款未到收款账户，在货物发出后，银行收回在途的货款。

第二，持卡人谎称未收到货物。持卡人恶意说没有收到货物，或者是由他人代收，非本人签收，其拒付应有货款，提出申请冻结资金。还有，持卡人谎称说供货方是欺诈货款，在供货方收到货款后，报警称遭遇诈骗，要求归还货款。

第三，持卡人恶意挂失，在银行还没有完成挂失处理的时候，持卡人利用这短暂的时间进行网络支付，事发后称已经丢失，被不法分子盗用信用卡进行支付。在供货方收到货款后，持卡人报警称遭遇信用卡盗用，要求归还货款。

第四，持卡人恶意要求退货。根据相关政策，对方收到货物后的 7 天或 10 天内可以无条件退货。当跨境电商 B2C 采用跨境空运的方式时，快递费用相对于国内而言较高。所以对方提出退货时，供货方大都选择放弃货物，这不仅损失了货款，还损失了货物。

所以，在跨境 B2C 贸易时大都采用第三方网络支付方式，不采用信用卡支付。常用的在线第三方支付有 PayPal、Alipay 等，它们都有自己的风险控制模型，后文会进行详细解析。

二、信用证支付

信用证（Letter of Credit，L/C）是当今跨境贸易银行结算中最主要也是最常用的一种结算支付方式。它是一种由银行依照客户的要求和指示开立的有条件的承诺付款的书面文件，开具信用证的额度是由买方在开证行的信用等级和账户金额以及流水数量决定的。信用证这种付款方式是随着跨境 B2B 贸易的发展，全球各大国际结算银行参与跨境贸易结算的过程而逐步形成的。因为货款的支付是以取得符合信用证规定的货运所有单据为条件的，避免了预付货款的风险，所以信用证支付方式在很大程度上解决了进出口双方在付款和交货问题上的矛盾，它已成为跨境 B2B 贸易中的一种主要付款方式。

采用信用证付款时，买家根据买卖合同填写开证申请书并向开证银行缴纳信用证保证金。由银行，即开证行根据各企业的经营情况确定其信用度，再根据信用度来确定企业须缴纳保证金的比例，信用越好的企业缴的保证金比例越低，保证金一般等同于所要开的信用证金额。也可以提供其他保证后，请开证银行开具信用证。信用证是开给供货方的，以供货方为受益人，信用证一经开出，就成为独立于买卖合同以外的一项约定。供货方在付运期之前按照合约要求将货物付运出去，然后取得一套单证，其中包括最重要的已装船提单（B/L），而且其中的数量、日期及表面状况与买卖合约是一致的，即可前往信用证指定的银行（议付行）申请结汇。议付行按信用证条款审核单据无误后，即把货款垫付给受益人，然后通知开证人付款赎单。

采用信用证付款时，卖家有以下几个风险点要注意。

（一）进口商不按合同规定开证

信用证是银行根据开证申请人（即进口商）的要求或指示开立的。信用证的条款应与买卖合同一致，但在实际业务中如果进口商不依照合同开证，会使合同的执行遇到困难，或者使出口商遭受到额外损失的情况亦很多见。例如，进口商不按期开证或不开证；进口商在信用证中变更一些条件或增加对其有利的条款，以达到企图变更合同的目的等。

（二）进口商伪造信用证诈骗

有些进口商伪造信用证。例如，窃取其他银行已印好的空白格式信用证，与已倒闭或濒临破产银行的职员恶意串通开出信用证；将过期失效的信用证恶意涂改，变更原证的金额、装船期和受益人名称；伪造保兑信用证，即进口商在提供假信用证的基础上，为获得出口方的信任，蓄意伪造国际大银行的保兑函。出口商如警惕性不高，将遭受货款两空的损失。

（三）开证行的信用风险

信用证作为一种银行信用，在收款方提交了与信用条款完全一致的单据时，开证行承担首要的付款责任。在外贸实际业务中，由于开证行信用较差所导致的收汇困难也不乏其例。还有，开证行能否付款还会受到收货国家（地区）管制的影响，如收货国家（地区）国际收支困难、缺乏外汇储备、阻碍开证行支付货款外汇或延误支付。受益人想减轻这种风险，可以要求收款方所在国（地区）的银行保兑信用证。

（四）进口商故意设置"软条款"

信用证中的"软条款"是指信用证中加列各种条款致使信用证中的开证付款不是取决于单证是否表面相符，而是取决于第三者的履约行为。开证申请人通过制定"软条款"，在一定程度上限制了银行的第一付款人地位，从而大大降低了银行的信用程度。信用证中的"软条款"使名义上不可撤销的信用证变成可撤销的。

三、交货付款

交货付款（Cash Against Documents，C. A. D.）又称凭单付款，具体流程是卖方在完成出口装运之后，不开汇票只备妥有关货运单据在出口地、进口地或第三方向买方指定的银行或代理人收取货款，不开汇票索款。

交货付款是国际贸易现汇结算中使用的一种支付方式。买方凭卖方所提交的单据，将货款付与卖方。它的特点是交单即为交货，付款以交单为条件，其付款地点可以在卖方国家（地区），也可以在买方国家（地区）。在实际业务中，较多采用"在启运港凭单付款"。在国际结算的汇付、托收、信用证支付方式都可采用凭单付款。与托收方式中的付款交单不同的是，交货付款从买方的角度出发，即买方的付款是以卖方的交单为条件，而付款交单是从卖方的角度出发，即卖方的交单是以买方的付款为条件。与信用证方式中的"交单付款"不同的是，交货付款是从卖方的角度出发，即卖方的交单是以开证行的付款为条件，而交单付款是从开证行的角度出发，即开证行的付款是以卖方提交单据为条件。"凭单付款""付款交单""交单付款"，都是货款与单据同时交割的支付方式。

无论通过银行寄单与否，出口商切不可放一份正本提单给进口商。有的进口商可能找出种种理由，要求出口商同意不付款情况下放一份正本提单，一旦放给进口商一份正本提单，出口商的物权就丧失了。众所周知，三份正本提单具有同等法律效力，一份生效后其余两份自动失效。投保短期出口信用险，不失为安全措施之一，但保险公司对进口商的资信调查比较严格，对一个进口商的批准限额是有限的，若采用远期CAD方式，则不可能大规模采用保理业务方式来确保收汇安全。涉及四方当事人的保理业务机制有用保理机制和双保理机制两种，中国银行、中国工商银行等银行大多采用双保理机制。随着信用证在国际贸易交付方式中所占比例的下降，保理业务机制将在我国出口贸易实务中发挥越来越重要的作用。在保理业务机制的保护下，出口商可采用赊销（O/A）承兑交单（D/A）等更利于进口商的支付方式。出口商综合运用出口信用险、保理机制、进口商资信、扩大出口规模实现规模效益。

通过银行交单时，应指示委托行在给代收行面函（COVER）中注明进口商付款后变单，并申明受《跟单托收统一规则》（Uniform Rules for Collections，简称URC522）约束，这样做实际上是将交货付款方式转化为托收方式。

四、西联汇款

西联汇款是西联国际汇款公司（Western Union）的简称，是世界上领先的特快汇款公司，迄今已有170多年的历史，它拥有庞大且先进的电子汇兑金融网络，代理网点遍布全球近200个国家（地区）。西联汇款是美国的第一数据公司（FDC）的子公司，换汇限额根据对方兑付限额规定和外汇管理政策的规定执行。与普通国际汇款相比，西联汇款有较为明显的优点：无须开立银行账户；10000美元以下的业务不需提供外汇监管部门审批文件；汇款在10分钟之内就可以到账，简便快捷。

五、PayPal支付

PayPal是美国eBay公司的全资子公司，于1998年12月成立，是一个总部在美国加利福尼亚州圣荷西市的互联网服务商。它允许在使用电子邮件来标识身份的用户之间转移资金，避免了传统的邮寄支票或汇款的方法。PayPal也与一些电子商务网站合作，成为它们的货款支付方式之一。

（一）使用PayPal的优势

（1）可以高效拓展海外市场，PayPal可以覆盖国外85%的买家。

（2）降低相关成本，与西联汇款相比，T/T和PayPal针对单笔交易在10000美元以下的小额交易会更划算。

（3）可以增强买家对商家的信任，很多国外买家都对PayPal的认可接受度比较高。

（4）相比银行的传统汇款，要省时省力得多，还支持即时到账。

（5）商家因欺诈所遭受的平均损失仅为其他信用卡支付方式的16%。

（6）支持包括国际信用卡（Visa、Master Card）在内的多种付款方式。

（7）只有产生交易才产生付费佣金，没有任何开户费和年费等其他费用。

PayPal主要风险控制的方式是资金池方式。资金池方式是对每一笔的交易资金额度，抽取一部分资金留在账户中作为风险出现时用于先行赔付用。比如，一次交易的额度为100美元，让卖家先收90美元，剩下10美元在30天或45天后可以提现。以此类推第二次、第三次、第四次交易等，在第N次交易之后就会积蓄部分资金形成可供先行赔付的资金池。

（二）PayPal 账户遭到限制和查封的原因

（1）利用不真实的虚假信息注册。

（2）一个自然人连续注册多个同类型账户。

（3）库存货物不足，不能及时发货。

（4）多次遭到国际买家的投诉或有相对比较高的投诉率。

（5）过度滥用 PayPal 采购商保护机制。

（6）与其他受限制 PayPal 或 eBay 账户之间有关联。

（7）PayPal 内的余额不足以支付国际采购商的赔偿请求或信用额度不足以退单。

（8）销售产品涉及侵权、违规，销售违禁物品。

（9）登录 IP 出现异常情况。

PayPal 对于国际买家和采购商而言基本没有大的风险，但是对于中国供应商来说会有不可控制的风险点。例如，在亚马逊和 eBay 交易网站中，中国的供应商被投诉有侵犯知识产权的问题，PayPal 会直接把在资金池中的资金冻结，然后双方各自举证，如果确实存在侵权问题，不仅用资金池的资金先行赔付，还要直接关闭中国供应商在 PayPal 中的账户。如果中国供应商直接应诉，在证据清楚、事实明白的前提下举证，判定确实无误，账户会在大约 180 个工作日以后才解冻相应的风险控制的资金。不管是否侵权，首先都要限制账户使用，这对于中国供应商而言是巨大的风险，在这点上至今没有有效的解决方案。

六、外汇风险

外汇风险又称商业性外汇风险，它是指以外币计价或成交的交易，由于外币与本币的比值发生变化而带来亏损的风险，即在以外币计价成交的交易中，因为交易过程中外汇汇率的变化使得实际支付的本币现金流量变化而产生的亏损。

这种外汇风险主要是伴随着商品及劳务买卖的外汇交易而发生的，并主要由进行贸易和非贸易业务的一般企业所承担。具体来说，可将这些交易分成两大类。

一类是企业资产负债表中所有未结算的应收应付款所涉及的交易活动和以外币计价的国际投资和信贷活动；另一类是表外项目所涉及的、具有未来收付现金的交易，如远期外汇合约、期货买卖及研究开发等。在国际经济贸易中，贸易商无论采用即期支付还是延期支付都要经历一段时间，在此期间汇率的变化会给交易者带来损失，从而产生交易结算风险。

（一）外汇交易风险

由于进行本国货币与外币的交换才产生外汇风险，以外汇买卖为业务的外汇银行负担的风险主要是外汇风险。银行以外的企业在以外币进行炒股或借款，以及伴随外币炒股、借款而进行外汇交易时，也会面临同样的风险。个人买卖外汇同样也存在风险。

（二）外汇结算风险

为了未来进行外汇交易而将本国（地区）货币与外币进行兑换，因为未来进行交易时所适用的汇率没有确定，所以存在风险。以出口为例来看受险部分发生和消失的时刻。通常出口时，从签订合同到装船，再到提供信用至最终结算为止，未结算的余额的本币出口贷款是未确定的，这就会成为承受风险的受险部分。这样，承担受险部分的出口商在本币汇率疲软时，其本币出口货款会增加；本币汇率坚挺时，其本币出口货款会减少。

（三）外汇风险

在国际交易中，由于汇率的波动而引发的以外币计价的资产（或债权）与负债（或债务）的价值损益的可能，称为外汇风险。

七、避免外汇风险

避免外汇风险主要有以下6种方法。

（一）选择恰当的合同货币

在有关对外贸易和借贷等经济交易中，选择何种货币作为计价货币直接关系到交易主体是否将承担汇率风险。为了避免汇率风险，企业应该争取使用本国（地区）货币作为合同货币，在出口、资本输出时使用硬通货，而在进口、资本输入时使用软通货。同时，在合同中加列保值条款。

（二）通过在金融市场进行保值操作

主要方法有现汇交易、期货交易、期汇交易、期权交易、借款与投资、外币票据贴现等。

（三）实行资产负债表保值

对于经济主体在资产负债表会计处理过程中产生的折算风险，一般是实行资产负债表保值来化解。这种方法要求在资产负债表上以各种功能货币表示的受险资产与受险负债的数额相等，从而使其折算风险头寸为零，只有这样，汇率变动才不至于带来折算上的损失。

（四）远期结汇锁定汇率

远期结汇业务是指外汇指定银行与客户协商签订远期结汇合同，约定未来办理结汇的外币币种、金额、汇率和期限，到期外汇收入发生时，即按照该远期结汇合同订明的币种、金额、期限、汇率办理结汇的业务。远期结汇可以锁定汇兑成本，防止本币汇率上升、外币汇率下跌给出口企业带来的风险和损失。比如，某企业预计 3 个月后将收到一笔美元货款，为规避人民币汇率上升的风险，企业可与银行提前签订远期结汇合同，锁定结汇汇率。3 个月后，企业可按照约定的汇率将美元货款结汇成人民币，降低汇率风险。

（五）充分利用结算方式中的融资便利

1. 出口押汇

在托收和信用证的结算方式下，出口企业将合同（或信用证）项下全套的货权单据做抵押，向银行申请融通资金。该业务下，外贸企业可以在国外债务人付款之前从银行得到预扣利息后的且保留追索权的垫款，加速资金周转。

2. 票据贴现

出口企业用未到期的银行承兑汇票或商业承兑汇票向银行申请贴现，银行按票面金额扣除贴现利息后将余款支付给出口企业。若出口企业担心出口收汇受损失，可以通过票据贴现予以适当弥补。

3. 保付代理

出口企业向银行授让其应收账款，银行向出口企业提供坏账担保、货款催收、销售分类账管理，以及贸易融资等金融服务。一般用在赊销等信用方式出口商品或服务的交易中。该方式锁定了进口商的信用风险，外贸企业将应收账款债权转让给银行后即可获得资金融通，提前获得应收外汇账款，再根据现行国家外汇管理规定办理结汇手续，从而达到规避汇率风险的目的。

第三节 跨境电商海运风险和应对

如果跨境电商物流采用海运的方式，需要注意以下两点：一是要说明交付货物的价格构成，是否包括成本以外的其他费用，即运输费和海运中承担的保险；二是要确定交货条件，即说明采购商和供应商双方在交接货物方面彼此所承担的费用和风险，进行责任的划分。

一、交货条件

（一）工厂交货

工厂交货（EX Works Named Place，EXW）指卖方工厂所在地（车间、工厂、仓库等）负有将准备好的货物交付给国际采购商的责任，但通常不负责将货物装上国际采购商准备的车辆或办理货物结关。国际采购商承担自中国供应商所在地将货物运至预期的目的港以及目的地的全部费用和涵盖的风险。

（二）货交承运人

货交承运人（Free Carrier Named Place，FCA）指卖方应负责将其移交的货物办理出关后，在指定的地点交付给国际采购商指定的承运人照管。根据商业惯例，当中国供应商被要求与承运人通过签订合同进行协作时，在国际采购商承担风险和费用的情况下，中国供应商可以照此办理。

（三）船边交货

船边交货（Free Alongside Ship Named Port of Shipment，FAS）指卖方在指定的装运港码头或驳船上把货物交至船边，从这时起国际采购商须承担货物的灭失或损坏的全部费用和风险，另外国际采购商须办理出口结关手续。

(四）船上交货

船上交货（Free on Board Named Port of Shipment，FOB）指卖方在指定的装运港把货物送到船舷后交付，货到船舷后国际采购商须承担货物的全部费用、风险、灭失或损坏，另外要求卖方办理货物的出口结关手续。

(五）成本加运费

成本加运费（Cost and Freight Named Port of Shipment，CFR 或 C&F）指卖方必须支付把货物运至指定目的港所需的开支和运费，但货物交至船上甲板后，货物的风险、灭失或损坏及发生事故后造成的额外开支，在货物到达指定港的船舷后，就由卖方转向国际采购商承担，另外要求卖方办理货物的出口结关手续。

(六）成本、保险费加运费

成本、保险费加运费（Cost，Insurance and Freight Named Port of Shipment，CIF）指卖方除负有与"成本加运费"术语相同的义务外，还须办理货物在运输途中应由国际采购商承担货物灭失或损坏的海运保险并支付保险费。

(七）运费付至指定目的地

运费付至指定目的地（Carriage Paid to Named Place of Destination，CPT）指卖方支付货物运至指定目的地的运费。关于货物灭失或损坏的风险及货物交至承运人后发生事件所产生的任何额外费用，自货物已交付给承运人照管之时起，从卖方转由国际采购商承担。另外，卖方须办理货物出口的结关手续。本术语适用于各种运输方式，包括多式联运。

(八）运费及保险费付至指定目的地

运费及保险费付至指定目的地（Carriage and Insurance Paid to Named Place of Destination，CIP）指卖方除负有与"运费付至指定目的地"术语相同的义务外，还须办理货物在运输途中应由国际采购商承担的货物灭失或损坏风险的海运保险并支付保险费。

(九)边境交货

边境交货(Delivered at Frontier Named Place,DAF)指卖方承担如下义务:将备妥的货物运至边境上的指定地点,办理货物出口结关手续,在毗邻国家(地区)关境前交货,本术语主要适用于通过铁路、公路运输的货物,也可用于其他运输方式。

(十)目的港船上交货

目的港船上交货(Delivered Ex Ship Named Port of Destination,DES)指卖方履行如下义务:把备好的货物在指定目的港的船甲板上不办理货物进口结关手续的情况下交给国际采购商,并承担包括货物运至指定目的港的所有费用与风险。

(十一)目的港码头交货

目的港码头交货(Delivered Ex Quay /Duty Paid Named Port of Destination,DEQ)指卖方履行如下义务:将其备好的货物在指定目的港的码头办理进口结关后,交付给国际采购商,而且卖方须承担所有风险和费用,包括关税、捐税和其他交货中出现的费用。

(十二)未完税交货

未完税交货(Delivered Duty Unpaid Named Place of Destination,DDU)指卖方将备好的货物在进口国(地区)指定的地点交付,而且需承担货物运至指定地点的一切费用(不包括关税、捐税及进口时应支付的其他官方费用)和风险,另外须承担办理海关手续的费用和风险。国际采购商需承担因未能及时办理货物进口结关而引起的额外费用和风险。

(十三)完税后交货

完税后交货(Delivered Duty Paid Named Place of Destination,简称DDP)是指卖方将备好的货物在进口国(地区)指定地点交付,而且承担将货物运至指定地点的一切费用和风险,并办理进口结关。

二、海运提单及其作用

(一) 海运提单的定义

海洋运输提单（Bill of Lading）或港至港运输提单（B/L），简称海运提单。海运提单是一种运输单据，是承运人与托运人之间关于货物运输的一份契约，也是承运人出具给托运人的一份收据，还是一项物权单据，提单的收货人或合法持有人有权凭提单向承运人提取货物。

(二) 海运提单的关系人

海关提单的关系人有 4 种：承运人、托运人、收货人、被通知人。

(三) 海运提单的物权转让

海运提单按收货人分为可流通形式和不可流通形式。

1. 可流通海运提单

按提单收货人抬头划分，可流通海运提单可分为提示提单（Order B/L）、记名提单（Straight B/L）和不记名提单（Open B/L）。其表示方法又分为 3 种：一是以开证行的指定人（To Order of Issuing Bank）为抬头人，二是以申请人的指定人（To Order of Applicant）为抬头人，三是以托运人的指定人（To Order of Shipper）为抬头人。

记名提单可分为 4 种情况：一是出口商以发货人的身份做成空白背书；二是出口商以发货人的身份做成开证行的记名背书；三是信用证规定提单收货人是议付行，在寄单前，议付行做成记名背书给开证行；四是进口商付款赎单时，若提单抬头人或背书人是开证行，由开证行背书给进口商。

2. 不可流通转让海运提单

不可流通转让海运单（Non-Negotiable Sea Waybill）是承运人收到托运人交来货物而签发的收据。不可流通转让海运单的记名收货人是唯一的收货人，承运人负责把货物交给收货人，无须收回该项单据。它的基本作用如下：一是承运人收到由它照管的货物收据；二是运输合约的证明；三是解决经济纠纷时，作为货物担保的基础。

不可流通转让海运单具有以下特点：一是不可流通转让海运单不是物权凭证，不能背书转让；二是不可流通转让海运单的收货人无须出示该单据即可提货；三是不可流通转让海运单条件下，银行不能取得货物控制权；四是不可流通转让海运单除单据上写明的收货人外，他人不能提货；五是信用证没有要求不可流通转让海运单时，银行不接受不可流通转让海运单。

（四）租船合约提单

1. 租船合约提单的定义

租船合约提单（Charter Party B/L）是指在租船运输业务中，在货物装船后由船长或船东根据租船合同签发的提单。提单内容和条款与租船契约存在矛盾时，以租船契约为准。租船合约提单上应该有类似"此提单受到租船合约的约束"等文字。

2. 关于租船合约提单的特别处理

信用证要求提交与租船合约提单有关的租船合约，银行对该租船合约不予审核，但将予以照转而不承担责任。如果信用证不要求或不允许提交租船合约提单，银行将不接受租船合约提单。若由货物托运人作为船舶承租人时，则不可能产生承运人；由船舶承租人承运第三人作为托运人的货物，成为承租人时，提单应注明"运输费用及其他条款和条件根据×××租船合同办理"。

（五）多式运输单据

1. 多式运输的定义

多式运输（Multimodal Transport）是指根据多式运输合同，至少采用两种不同的运输方式，一个多式运输经营人以自己的名义负责将货物从一境内接管货物的地点运至另一境内指定交付货物的地点，并签发单一的包括全程的运输单据的运输方式。《联合运输单证统一规则》（Uniform Rules for a Combined Transport Document）、《联合国国际货物多式联运公约》（United Nations Convention on International Multimodal Transport of Goods）都是国际多式联运共同遵循的条例。多式运输的关系人有多式运输经营人、承运人、托运人、收货人。

2. 多式运输单据

多式运输所出具的运输单据叫作多式运输单据。多式运输单据表示至少采用两种不同运输方式的连贯运输。多式运输经营人的责任是从接受货物起至交付货物止。多式运输提单中船名、装货港、卸货港如有"预期"（Intended）或类似意义的修饰词，银行可接受。适合多式运输的贸易条件主要是 FCA、CPT、CIP，并以接管的日期作为装运日期。FOB、CFR、CIF 贸易条件不适合于多式运输，因为它们要求卖方船上交货（On Board）。

可流通形式的多式运输单据的部分运程为海运，其作用也与海运提单相同，具有货物收据、运输合约、物权凭证的作用，可以背书转让。不可流通形式的多式运输单据只起到货物收据和运输合约的作用，不是物权凭证。

三、海运提单风险

（一）倒签提单和预借提单

已装船提单应在货物全部装上船后签发，签发的日期必须是真实的，因为提单的签发日期将视作装运日期。如果提单在货物装船后签发，签发日期却早于实际装船日期，便构成倒签提单。如果货物尚未全部装船或货物已由承运人接管尚未开始装船的情况下签发了提单，便构成预借提单。托运人的目的是使提单签发日期符合信用证规定，顺利结汇，而倒签提单或预借提单对收货人来说则构成合谋欺诈，可能使其蒙受重大损失。

（二）伪造提单

提单是信用证所要求的主要单据，在信用证业务中，只要单据符合信用证的要求，银行即凭单付款，而不审查单据的来源及真实性。一些不法商人利用信用证"单据交易、严格相符"的特点伪造提单以骗取货款，可能货物根本没有装船，或者以次充好，欺骗客户。

（三）以保函换取清洁提单

在国际贸易中，经常会出现这种情况：承运人欲对表面状况不良的装运货物签发不清洁提单，由于银行不接受不清洁提单，托运人不能凭此结汇，因而往往向承运人出具保函（Letter of Indemnity），让承运人签发清洁提单，并保证赔偿承运人因签发清洁提单而遭受的损失，以此来换取清洁提单，从而顺利结汇。

可见，出具保函是出于国际贸易的需要，从某种意义上讲托运人和承运人都能得到一定的好处，但实际上对承运人来讲却隐藏着很大的风险。一旦收货人持清洁提单向承运人索赔，承运人必须赔付。但承运人持保函向托运人追偿时，是否能得到补偿则取决于托运人的信誉和要补偿的理由是否与保函中所保事项完全一致。而且承运人没有按照货物的实际情况签发提单，已违背了民事活动的诚信原则，往往构成与托运人串通，对善意收货人进行欺诈；如承运人提请诉讼，根据法律，任何有欺诈性的合同、协议或保证都不具有法律上的约束力，因此法院不会以保函为依据来判决保函项下发生的货损货差的责任方，承运人因收货人或提单持有人赔偿而遭受的损失不能向托运人追偿。

（四）无提单放货

海运提单是物权凭证，货物运到目的港后，承运人有义务将货物交给正本提单持有人。然而在实际业务中，有时会发生货物先于运输单据到达的情况，在我国与日本、韩国、东南亚等国家（地区）的贸易中屡见不鲜。由于收货人手头没有正本提单，无法及时提货转卖或销售，会出现产生货物压仓费用、品质变化、市场价格波动等一系列问题。遇到这种情况，习惯上通过担保提货的方式予以解决，即由收货人向船公司提供一份经银行会签的书面保函，要求在没有物权凭证的情况下先提货日后补交提单。但如果承运人将货物交给非正本提单持有人，有可能造成错误交货，构成对提单持有人的侵权。在无提单放货过程中，提取货物的不一定是合同的买方，有可能被冒领，提货人往往不易查明，也存在船方偷货的可能性。因此，无提单交货风险是很大的，船务代理凭保函放货，而不是凭提单放货，这是一种揽险自危的行为。

四、从保险分类看海运风险

保险业把海上货物运输的风险分成海上风险和外来风险。

（一）海上风险

海上风险包括自然灾害和意外事故。自然灾害仅指恶劣气候、雷电、洪水、流冰、地震、海啸，以及其他人力不可抗拒的灾害，而不是指一般自然力量所造成的灾害；意外事故主要包括船舶搁浅、触礁、沉没、碰撞、失火、爆炸，以及失踪等具有明显海洋特征的重大意外事故。

（二）外来风险

外来风险是指海上风险以外的各种风险，分为一般外来风险和特殊外来风险。一般外来风险指偷窃、破碎、渗漏、玷污、受潮、受热、串味、生锈、钩损、短量、雨淋、包装破裂等；特殊外来风险主要是指由于军事、政治及行政法令等原因造成的风险，从而引起的货物损失，如战争、罢工、交货不到、拒收等。

(三) 海运保险

海运保险分为平安险、水渍险及一切险。被保险货物遭受损失时，保险公司按照保险单上订明承保险别的条款规定进行赔偿。

1. 平安险

平安险的责任范围如下。

（1）被保险货物在运输途中由于恶劣气候、雷电、海啸、地震、洪水自然灾害造成整批货物的全部损失或推定全损。当被保险人要求赔付推定全损时，须将受损货物及其权利委付给保险公司。被保险货物用驳船运往或运离海轮的每一驳船所装的货物可视作一个整批。推定全损，是指被保险货物的实际全损已经不可避免，或者恢复、修复受损货物及运送货物到原定目的地的费用超过该目的地的货物价值。

（2）由于运输工具遭受搁浅、触礁、沉没、互撞、与流冰或其他物体碰撞及失火、爆炸意外事故造成货物的全部或部分损失。

（3）在运输工具已经发生搁浅、触礁、沉没、焚毁意外事故的情况下，货物在此前后又在海上遭受恶劣气候、雷电、海啸等自然灾害所造成的部分损失。

（4）在装卸或转运时由于一件或数件整件货物落海造成的全部或部分损失。

（5）被保险人对遭受承保责任内危险的货物采取抢救、防止或减少货损的措施而支付的合理费用，但以不超过该批被救货物的保险金额为限。

（6）运输工具遭遇海难后，在避难港由于卸货所引起的损失及在中途港、避难港由于卸货、存仓及运送货物所产生的特别费用。

（7）共同海损的牺牲、分摊和救助费用。

（8）运输契约订有"船舶互撞责任"条款，根据该条款规定应由货方偿还船方的损失。

2. 水渍险

除包括上述平安险的各项责任外，水渍险还负责被保险物由于恶劣气候、雷电、海啸、地震、洪水自然灾害所造成的部分损失。

3. 一切险

除包括上述平安险和水渍险的各项责任外，一切险还负责被保险货物在运输途中由于外来原因所致的全部或部分损失。

但本保险对下列损失不负赔偿责任：

（1）被保险人的故意行为或过失所造成的损失；

（2）发货人引起的损失；

（3）在保险责任开始前，被保险货物已存在的品质不良或数量短差所造成的损失；

（4）被保险货物的自然损耗、本质缺陷、特性及市价跌落、运输延迟所引起的损失或费用；

（5）本公司海洋运输货物战争险条款和货物运输罢工险条款规定的责任范围和除外责任。

保险人所承保的标的是保险所要保障的对象。但被保险人（投保人）投保的并不是保险标的本身，而是被保险人对保险标的所具有的利益，这个利益叫作保险利益。投保人对保险标的不具有保险利益的，保险合同无效。

国际货运保险与其他保险一样，被保险人必须对保险标的具有保险利益。这个保险利益，在国际货运中体现在对保险标的的所有权和所承担的风险责任上。以 FOB、FCA、CFR 和 CPT 方式达成的交易，货物在越过船舷后的风险由买方承担。一旦货物发生损失，买方的利益受到损失，买方就具有保险利益。

因此由买方作为被保险人向保险公司投保，保险合同只在货物越过船舷后才生效。货物越过船舷以前，买方不具有保险利益，因此不属于保险人对买方所投保险的承保范围。以 CIF 和 CIP 方式达成的交易，投保是卖方的合同义务，卖方拥有货物所有权，当然具有保险利益。卖方向保险公司投保，保险合同在货物启运地启运后即生效。

第四节　海外仓的风险和应对

虽然海外仓模式可以提高物流运输效率，但是也存在风险。为此，在使用海外仓模式时，需要对其风险加以分析，积极开拓新市场，并且加大海外仓货物管理力度，强化与当地企业的合作，推动跨境电商的健康发展。

一、海外仓的优点

（一）更低的物流成本

从海外仓直接发货给客户，相当于境内快递，较之从境内发往境外成本更低。而且比自己单独雇佣操作人员处理订单更加划算，也比自己独立租赁海外仓库管理库存划算。

（二）更快的送货时效

缩短了运输、报关、清关等各方面复杂的操作流程所需耗费的时间，用境外当地快递解决当地客户的需求，实现更快更有效的境外发货。

（三）更专业高效的仓储管理经验

不需要为仓库管理员的货物管理问题增加更多的费用，海外仓已配备了专业的管理人员。

（四）订单处理更加方便和高效

订单数据和发货数据同步，实现自动化大规模批量处理订单。

（五）库存管理和盘点更加准确

每月的销量及剩余库存系统自动显示，并且每笔订单的平摊的物流成本一目了然，不需要人工处理和汇报，自动生成日、周、月、年的报表。

（六）远程遥控方便快捷

只需要在电脑或手机前轻轻地点击鼠标，就可下达订单发货指令，海外仓的专业团队会完成操作过程。

（七）自动高效的退货处理流程

由于各种原因导致客户退货，直接退到海外仓即可直接处理，省去了境内境外两次清关的成本，以及弃货等方面产生的多余的损失。

海外仓更能获得境外买家的认可，如果卖家注意口碑营销，卖家商品在当地不仅能够获得买家的认可，也有利于卖家积累更多的资源去拓展市场，扩大产品销售领域与销售范围。在跨境电商的各大平台都希望卖家使用平台提供的海外仓，在网站搜索排名以及广告资源投入上会更有倾向性。

二、海外仓的风险

（一）自行建仓成本较高

海外仓仓储费用较高，涉及仓存费、人工费、订单处理费等各项费用，这必然会增加卖家的负担。对中小企业而言，在不具备一定经济水平、品牌基础的条件下，建立海外仓的难度很大。

（二）面临清关风险

在以往的出口贸易中，进口国（地区）清关工作通常都由进口商负责，进口商对本国（地区）海关有关法规制度、操作规范更为熟悉，通常不会出现问题。但是在跨境电商模式下，大部分买家都没有清关能力。

当卖家在海外仓发货，必然要自行去清关或委托第三方清关，各国家（地区）海关法规制度不同，出口商可能对进口国（地区）海关有关规定不了解，可能会违反有关规定。企业若是违规，必然会被罚款或者是被海关降级，企业进出口货物必然也会面临全新的审查，从而增加了企业通关成本。

（三）产品知识产权问题

近些年，在海外市场，中国中小卖家时常遭受集中账户冻结、清零等方面的困扰。海外买家高价买入仿冒品，与卖家联系，获取卖家侵犯对方知识产权的证据，向法院起诉，导致卖家账户资金被冻结。这是境外品牌商利用司法手段保护知识产权的手段。中国企业在海外大范围建立海外仓，将商品推向海外各国（地区），一旦企业出现侵犯知识产权的问题，很容易被当地警方查封货物。

（四）库存方面的问题

要做海外仓最关键的一步就是要将货物备好，只要有库存必然会面临滞销风险，尤其是一些中小卖家，在应用大数据方面没有优势，对货品是否畅销或滞销无法进行准确判断，所以在备货时，难以根据市场需求进行科学配置，从而加大了企业的库存成本。

三、海外仓风险防范措施

（一）自建海外仓风险防范措施

卖家自建海外仓要基于个性化服务需求。卖家自建海外仓的原因可能是对第三方服务满意度不高，满足个性化需求，减少综合成本。所以，要防范跨境电商物流风险，就必须要基于自身个性化服务需求决定是否自建海外仓。

海外仓要科学选取地址、规模。卖家决定自建海外仓后，要根据企业实际情况，选取科学的建仓地址、规模。

海外仓还要有效解决当地人员招聘、管理等方面的问题。因为海外仓大部分都位于发达国家（地区），所以人员成本很高，有的海外仓的人员成本甚至超过整体成本的60%。

海外仓在人员管理上必然面临着文化差异。例如，当发生爆仓后，国内一般都会临时招人或加班，以更快地完成物流任务，但在欧美等国家（地区），难以采用这些方法来解决。

（二）针对清关困难市场，可使用边境仓

针对有些市场，如俄罗斯市场，虽然其市场很大，但是因俄罗斯进口关税税率很高，本地物流业发展滞后、网点结构比较集中等，导致我国电商发往当地海外仓的货物大部分都是用"灰色清关"，这不利于俄罗斯海外仓的发展。

相较而言，边境仓依然在中国境内，能够自己掌控货物，并且人力成本较低。另外，因货物还在境内，不需要进口国（地区）清关。

客户下单之后，货物直接由边境就能够出关，既提高了清关效率，也确保了货物的安全。所以，针对价值低、质量小的货物，适合使用边境仓模式。

（三）加强海外仓货物管理

1. 确定对海外仓发货的数量

若卖家不能准确把握海外仓发货数量，尽量不要一次性发很多，可尝试使用空运的

方式先发一部分单品。在发完第一批货物后，要对各货物在市场的走势及销售情况加以分析，及时补充货物数量。

要注意及时补货。跨境电商企业通过海外仓的实时库存消息获取库存状况，并根据销售情况对库存及其销售周期加以分析，一般都会设置库存预警值，当库存量小于预警值时要立即补货，并依据销售情况去调整预警值。

2. 科学选择进仓货物

首先，要选择适应本地需求的日用快销品。这类产品的利润更高，风险相对更低，并且单价低，销量大，周转更快。主要包括工具类、生活类用品，如水龙头等产品。使用海外仓就地发货，能够以最快的时间将货物送达客户手中，并且物流费用低。

其次，可以选择境外热销的轻物流商品。一直以来，我国的跨境电商出口的都是轻物流商品，如服饰类商品等，这些商品用海外仓物流模式进行批量运输，能够节省物流成本，并且单品销量更大，可以减少压货风险。

最后，可以选择尺寸或质量较大的物流商品，如家具等，这类商品若是使用快递物流，必然会受规格的影响，即使可以寄送，费用也比较高。若使用海外仓物流模式，零售价格由卖家自主决定，毛利率更高。这类商品的外贸工厂利用海外仓物流模式，省去了许多中间环节，利润率得到了很大的提升。重物流商品使用海外仓物流模式也有一些不足，如商品单价高，如果压货，会对卖方的利润造成很大的影响。

3. 科学解决货物滞销库存

发到海外仓的货物，因各种原因，难免会产生库存，导致成本增加。这时，不能将滞销产品运回境内，因为这样不但会增加成本投入，还要办理退运货物等各项手续。此时最有效的解决方式就是采用促销手段，让货物能够尽快销售。同时，也可利用公共仓后台系统共享库存，将产品信息共享到别的卖家去销售，或者经过当地清货商去销售。在此环节，尤其要注意产品使用期限，如电池存放时间过长会使其质量受影响。

4. 加强与海外仓的沟通

不管是使用自建海外仓还是公共海外仓，跨境电商企业都必须要加强与海外仓的密切联系，库存明细、货物类型等各方面的情况都要仔细核对，全面、准确了解海外仓各方面的情况。

第五节 跨境电商空运风险和应对

一、跨境电商空运风险

不管是普通空运，还是国际快递的风险主要集中在对货权的控制上。尤为突出的是在跨境出口电商 B2C 中。在物流运输途中，快递包裹出现遗失、破损，海关查验、海关扣押、海关罚没及国际包裹退回的现象经常发生，遇到这些常见的问题，应采取合适解决的方案。

其中的主要风险为国内途中风险和国际途中风险。

（一）国内途中风险

1. 转运中货物破损或丢失

转运中货物破损或丢失，一般是由以下 4 种原因造成的。

（1）有些空运货物代理商为了获得更高的利润，往往选择偏远的航道，使得货物物流的信息非常不畅通，甚至无法查询到下落。

（2）空运物流线路太长，太远的城市不仅要空运还要车辆转运，转机转运出现车辆颠簸、转运碰撞、人为搬运，造成货物丢失或破损毁坏。

（3）少数空运货代对高价值产品扣货，甚至在仓库搬运中出现偷盗现象，这种现象比较罕见。

（4）空运物流操作人员操作不规范，乱堆乱放、暴力分拣。另外，从中国香港出货的国际快件还要面临代理查货的风险。面对这些问题，供应商要选择正规的、资质优良的国际快递货运代理公司，产品要严格包装好，做好防水防潮和防盗。

2. 海关查验没收

中国供应商在国内海关查验中易出现的问题主要有 3 个。

（1）产品侵犯知识产权。我国坚决打击假冒产品，因此海关对侵犯知识产权产品的查验是严格的。

（2）海关禁止出口的产品。液体、粉末、电池、贵金属等严禁出口的产品是无法通过海关查验的。

（3）冲关问题。主要指的是商业快递，有些商品是需要商检的，国际快递公司有时会建议中国供应商报虚假货值、货量较大产品的品名和价格冲关，但是，如果被海关查出，货物将会被退回，严重时将被海关罚没，甚至追加被罚款。中国供应商要遵纪守法，按海关规定和相关法律政策出口，在出口前了解需要的出口清单材料、报关报检资料是否齐全，或者是否有属于工业生产许可证制度下的相对应产品的生产资格证书等。

（二）国际途中风险

1. 航空安检风险

众所周知，一切危害航班信号、易燃易爆、涉嫌假冒伪劣的产品都无法通过航空安检。因此，商家运输货物中有危险品，要做好危险品证明，并在相对应的航空公司备案，同时避免有涉嫌假冒伪劣的产品。尽量避免拆除安装在产品中的电池，有电池类产品，必须要提前准备 MSDS（化学品安全说明书，亦可译为化学品安全技术说明书或化学品安全数据说明书）。

2. 转运途中的风险

国际航空快递包裹在到达客户手中前要经过很多次中转，中转次数越多，路途越长，出现问题的概率也就越大。国际快递物流中转过程中的丢失、破损、被盗、暴力分拣，还有恶劣天气导致的包裹投递延迟，中转拆包导致的外包装破损都是在转运途中较容易出现的问题。如果国际邮包中含有易碎物品，供应商要在明显处贴易碎品标签，包装箱内尽量多垫泡沫纸、气泡袋、打木架或木箱木托盘，以加固好产品，保证产品安全（木箱、木托、木架可选用三合板以避免熏蒸）。快递产品货值较高时，快递公司会建议供应商购买保险。对于交货时间要求高的货物，供应商要注意选择相对实力强和信誉高的国际大公司出货，以便于及时准确出货和随时查询。

3. 清关问题

一些南美国家（地区）的关税过高，采购商不愿清关；采购商所在国家（地区）限制进口产品；侵权产品被海关查扣；申报价值与实际不符，货物需要退回；在当地弃货、销毁；等等。这些都是比较常见的清关问题。

二、跨境电商空运风险应对

为了避免出现这些问题，供应商要了解产品在目的国（地区）的海关清关要求，避免有涉嫌侵犯知识产权的产品，尽量如实申报产品价值，如有特殊情况（比如采购商要求低价值申报），要保留好证据，最好让采购商自己选择进口清关。需要特别注意的是：商业快递邮寄到巴西，一定要写上收件人"VAT"税号；电子产品邮寄到欧盟，尤其意大利、西班牙，一般需要写上"CE"；俄罗斯、乌克兰、意大利、西班牙、葡萄牙、波兰、巴西、以色列这8个国家不能弃件或销毁。为了减少风险、合理控制成本，就要选择合适的国际快递物流公司。

对于速度要求高的产品，如欧洲、北美、大洋洲要求准时、快捷送达的货物，注意选择相对实力强和信誉高的国际大公司出货，如DHL、TNT、FEDEX等均可以全程追踪，在4~7个工作日即可到达客户手中，丢包和采购商拒绝付款的风险也相对较小。

如果采购商对交货速度没有要求，可以选择比较便宜的航空小包，航空小包可以发2千克以下的货物，优点是便宜、方便、全球通邮、价格统一，但到达时间不稳定，更新查询信息慢，丢包和客户纠纷风险大。

第六节　跨境电商退货、退运、滞留风险和应对

一、造成退货、退运、滞箱、滞港风险的主要原因

供应商出货后出现大批量质量问题；供应商发错货物或货运代理商发错目的港；采购商在采购后发生倒闭破产并无法支付货款；采购商恶意压价导致供应商无法交付货物；采购商恶意欺诈，等待目的港海关低价拍卖。

发生以上情况，供应商最后不得已才选择退货，退货的手续烦琐，并且时间相当长。所以，应尽量选择款到发货的交易模式，或者是采用不可撤销信用证作为交易结算方式，还可以在货物到港前提前催促采购商支付余下货款，至少要提前7个工作日支付。货物在到港后，采购商若不提货，超过7个工作日就产生滞箱费用和滞港费用。

二、退货需要提供的文件

退货时需要提供以下文件：出口报关单、核销单（未核销证明）；出口海运提单复印件（未退税证明）；出口报关用发票箱单；情况说明（退运协议）及来往E-mail（FAX）；进口报关资料；贸易合同。

三、直接退运步骤

全套单据无须预录，直接递给负责退运业务的海关关员即可。具体包括以下单据：手写联报关单，委托书，进口的发票、箱单，出口的发票、箱单，退运申请，退运协议，合同，提单，提货单，以及其他相关单据。

单据交给关员后，若海关提出验货则先验货。验货结束后关员填写直接退运审批表，审批表提交科长、处长审批（通常需要4~10天）。

审批结束后，将单据分成进口和出口两票，同时预录。预录时需注意贸易方式为直接退运，征免性质为其他法定；将出口的报关单号输入进口报关单的备注栏里，进口的报关单号输入出口报关单备注栏里。

刷卡待现场交单后，先申报出口。待出口放行后，将放行单（下货纸）附在进口单据上递给负责进口退运的关员。

关员审单签字以后便可放行。在审批、申报进口、申报出口时海关都有可能提出验货，若提出验货，则先验货。

四、出口退运货物办理进口手续

（一）已收汇、已核销货物

若货物已收汇、已核销，由出口商向外汇局提起书面申请并填制"出口核销退运情况申请表"，经外汇局批准后，由原发货人或代理人凭"收汇核销证明"向海关办理出口退运货物进口报关。海关凭外汇局出具的"出口收汇核销退运情况申请表"办理相应手续，并向出口商出具盖有海关验讫章的退运货物进口报关单。出口商凭外汇局出具的"已冲减出口收汇核销证明"，到外汇指定银行办理付汇手续，并进行相应的对外付汇国际收支申报，对外汇局未出具"已冲减出口收汇核销证明"的出口退汇业务，各外汇指定银行一律不得办理。

（二）出口收汇期间发生货物全部退运

在出口收汇期间发生货物全部退运进境的，由出口商凭原出口报关单（收汇联）、出口收汇核销单向海关办理出口退运货物进口申报手续。原出口报关单收汇联由海关留存，并注销相对应的出口收汇核销单（在出口收汇核销单上加盖海关"单证专用章"),同时签发进口报关单(备注栏内注明原出口报关单编号)。出口商凭海关签发的进口报关单、原出口报关单复印件及由海关注销的原出口收汇核销单,向外汇局办理注销原出口收汇核销单中退运金额手续。

(三)部分退运出口货物

若属部分退运出口货物,出口商凭原出口报关单向海关办理进口申报手续,海关在出口报关单上批注实退运数量、金额后退回出口商,同时签发出口返运货物进口报关单(备注栏上注明原出口报关单号),出口商凭海关签发的进口报关单、原出口报关单及出口收汇核销单,向外汇局注销原该出口货物相应的出口核销单下应收汇金额。

五、进口货物办理出口退运

进口货物办理出口退运时,退运人及其代理人应持海关签发的原进口货物报关单或外汇局签发的备案登记表向海关办理出口退运手续。

(一)已付汇进口货物的退运

对已付汇进口货物的退运必须先由进口商向外汇局提出申请,办理备案登记,海关凭外汇局出具的"进口退运付汇核销备案登记表",办理出口退运手续,签发进口货物退运的出口报关单(在备注栏上注明原进口报关单编号)。原进口商在收到外商退回的原进口款项时,应填写"涉外收入申报单"。对公单位还须注明对应的原对外付款申报号码,交易编码为"0208",交易附言栏内注明退款,并持海关签发的相应进口货物退运的出口报关单、银行收账通知或结汇水单、外汇局签发的"进口退运付汇核销备案登记表"、货物进口合同、运输单据等一并向外汇局办理进口货物退货退汇处理的手续,但收汇银行不得出具出口收汇核销专用联。

(二)未付汇进口货物的退运

进口商在办理未付汇的进口货物退运时,海关按以下办法处理。

对进口货物全部退运的,海关凭原进口货物报关单办理出口退运手续,留存原进口货物报关单,并签发出口退运货物报关单(备注栏注明原进口报关单号)。

对进口货物中部分退运的,海关凭原进口货物报关单办理出口手续,在原进口报关单上批注实际迟运的数量、金额后退回申报人,留存复印件。同时签发一份出口报关单

（备注栏上注明原进口报关单号）。原进口商凭海关批注的原进口报关单和签发的出口报关单办理付汇核销手续。

进出口商应将有关进出口退运货物的报关单复印件与有关进出口收付汇核销单证一并保留5年备查。

在办理进口货物的退运手续时，原进口商及发货人应提供海关或外汇局要求的其他证明文件。

进出口商在办理进出口货物迟运手续时，如发生漏报、瞒报、伪报货物退运情况，构成逃汇、套汇、骗汇行为的，将根据《中华人民共和国海关法》《中华人民共和国行政处罚法》《中华人民共和国外汇管理条例》及相关法规对其进行处罚。

【结语】

在跨境电商贸易中存在不少风险，必须增加对于风险的预判和提前规避，掌握操作流程，减少风险的发生，减少供应商在贸易中的损失。这样的损失有时候是不可估量的，特别是中小型跨境电商企业，遇到一次大的风险可能就会濒临破产。除以上的风险外，还应注意各国的当局形势，关注海关、出口信用保险公司发布的预警信息和提醒。特别是一些战乱、政治动荡国家（地区），应及时调整收汇、海运措施、物流方式。

【课后习题】

一、单项选择题

1. 中国出口保险公司主要作用是哪些？（　　）

　　A. 转移收汇风险，避免巨额损失

　　B. 提升信用等级，为出口商或进口商提供融资便利

　　C. 灵活贸易支付方式，提供担保交易

　　D. 以上选项都是

2. PayPal 账户遭到冻结，如果不应诉，账户中的被冻结的资金就会在多少天后全部清零？（　　）

　　A. 60 天　　　　　　　　　　　B. 120 天

　　C. 180 天　　　　　　　　　　 D. 240 天

3. 以下哪个行为会导致 PayPal 账户遭到冻结？（　　）

　　A. 收取客户付款账户　　　　　B. 付款商品名称中出现大量涉及品牌的词

C. 每个月都提取现金　　　　　D. 退款给已经付款的客户

4. PayPal 会审查所有交易以帮助卖家避免风险，认为付款可能存在风险或欺诈性进行审查。一般审查时间为多久？（　　）

A. 24 小时　　　　　　　　　B. 36 小时

C. 48 小时　　　　　　　　　D. 72 小时

5. 用 DHL 快递到付给国外客户，以下哪个选项是必填的？（　　）

A. 收件人账号　　　　　　　B. 公司名称

C. 收件人地址　　　　　　　D. 邮政编码/国家

二、判断题

1. 若使用货主自己的箱子配货出口，则不存在滞箱费。（　　）

2. 采用 1/3 份正本提单直接寄开证申请人即收货人做法的最大优点是方便了收货人在目的港的提货。（　　）

3. 被告知产品侵权，咨询律师后，如果不应诉，PayPal 账户中的被冻结的资金就会在 60 天后全部清零。（　　）

4. PayPal 中我的付款未标记为付款审查，这意味着 PayPal 已通过审查，并且付款受到保护。（　　）

5. DHL 到付账号全球统一为 95 或 96 开头的九位数字。（　　）